分野別 IELTS英単語

自然科学 社会科学 人文科学
研究・調査・その他の重要語

トレーニングブック

Training book

Yuji Nishibe
西部有司 監修
IELTS & TOEFL 講師

Logoport
ロゴポート 著

音声＋穴埋めディクテーションPDF
無料ダウンロード

OpenGate

はじめに

本書は、IELTSでハイスコアを目指す人のための単語集『分野別IELTS英単語』用のトレーニングブックです。単語集で学習した語彙をより確実に定着させるために、実際に手を動かして書いてみる「能動的な学習」を中心とした、ユニークな構成のトレーニングブックです。スポーツの場合、試合を見るだけで上手にならないことは多くの方が同意されると思いますが、このことは語彙習得にも当てはまります。「見ているだけ」は楽ですが、語彙の定着率を高めるためには、「読む」「聞く」だけでなく、「言う」「書く」といったアウトプットを交えるのが効果的なのです。
本書のポイントは以下のとおりです。

1 書いて覚えることで、ライティングで重要なスペリングの正確さを鍛える

30万語のデータベースをもとに厳選した見出し語1,820語を繰り返し書き、手を動かすことで記憶の定着を図ります。小学校や中学校の漢字の勉強で実践された方も多いと思いますが、繰り返し書くことは、語彙習得の際の基本的なステップです。スペリングの正確さも鍛えられ、他の語彙を書く際への波及効果も期待できます。これは難関であるライティングにおける重要な採点ポイントにも含まれるものです。

2 穴埋めディクテーションでリスニング力も向上

英文に設けた空所に、音声を聞いて単語を書き込む「穴埋めディクテーション」を行います。一見、簡単そうですが、実際にやってみると「思ったよりも書けない（聞けていない）」ことがわかります。シンプルながらリスニング力向上には非常に有効な方法で、本書では計10,000か所以上の穴埋め練習を行います。

3 無料ダウンロードPDFで繰り返しの学習が可能

穴埋めディクテーションのページはすべてダウンロードして何度も練習することが可能です。従来の書籍のような、「書いた内容を消すのが面倒」「消した跡が残る」といった心配はもうありません。

このトレーニングブックのアクティブな練習を通して語彙の定着をより確実なものにしていきましょう。

西部　有司（著者・監修者を代表して）

Contents

本書の構成

『分野別 IELTS 英単語』に収録された語彙を確実に身につけるための『分野別 IELTS 英単語トレーニングブック』。ここではその構成を見ておきましょう。

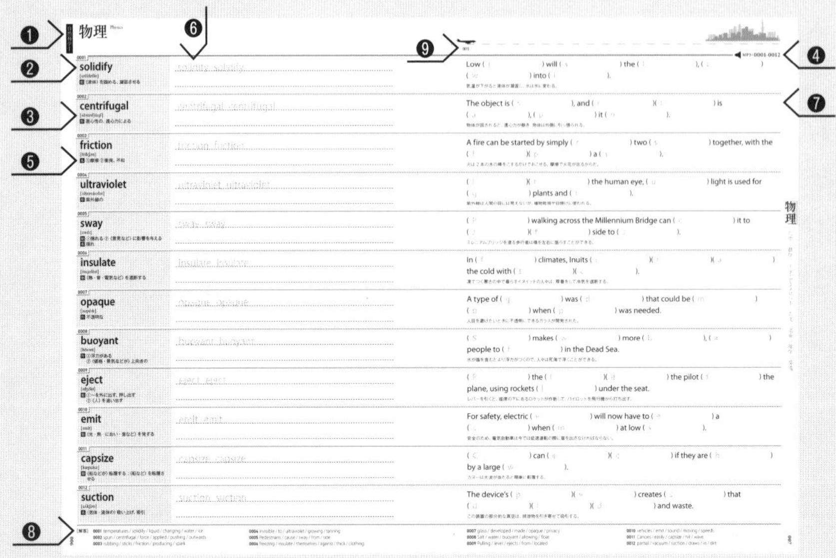

① **分野**

すべての見出し語を大きく「自然科学I」「自然科学II」「社会科学」「人文科学」「研究・調査・その他の重要語」の5つに分け、さらに38の分野に分けています。（自然科学Iは主に生命に関わらない分野、自然科学IIは関わる分野）

② **見出し語**

IELTSでハイスコアを目指すのに必須の1,820語の見出し語を分野別に収録しています。

③ **発音記号**

イギリス発音を採用しています。

④ **MP3 番号**

スマートフォンおよびPCで、すべての見出し語と例文（英語）のMP3音声をダウンロードすることができます。1見出し語に1トラックが対応しています。ダウンロード方法については **p.320** を参照してください。

⑤ **訳語**

IELTSの攻略に必要な訳語に絞って取り上げています。

⑥ **書き写しエクササイズ**

見出し語を繰り返し書き、正しいスペリングを身につけましょう。最初の2回はなぞり書きになっています。

⑦ **穴埋めディクテーション**

『分野別 IELTS 英単語』の例文に空所を設けたディクテーショントレーニングです。音声を聞き、空所を埋めてください。空所にはヒントとして1文字目が薄字で印字されていますが、ヒントありとヒントなしのPDFがダウンロードできるので、繰り返し練習してください。ダウンロード方法については **p.214**、練習の仕方については **p.264** を参照してください。

⑧ **解答**

「穴埋めディクテーション」の解答です。

⑨ **ゲージ**

そこまでに学んだ見出し語の総数を表しています。

本書で使われている記号

〈 〉… 他動詞の目的語、自動詞・形容詞の主語にあたる語句であることを表しています。

( ) … 訳語の補足説明／省略可能であることを表しています。

[ ] … 言い換え可能であることを表しています。

動 … 動詞　名 … 名詞　形 … 形容詞　副 … 副詞　前 … 前置詞

■ NISHIBE'S EYE

イギリス英語の発音やスペリングの特徴、穴埋めディクテーションの学習法など、本書の学習をより効果的にするための監修者のアドバイスをご紹介しています。

自然科学Ⅰ

Natural Science I

物理　化学　数学　工学・テクノロジー　天文　気象　地学　環境

物理 Physics

0001
solidify
[səlídəfàɪ]
動 〈液体〉を固める、凝固させる

solidify solidify

0002
centrifugal
[sèntrɪfjúːgl]
形 遠心性の、遠心力による

centrifugal centrifugal

0003
friction
[fríkʃən]
名 ①摩擦 ②衝突、不和

friction friction

0004
ultraviolet
[ʌ̀ltrəváɪələt]
形 紫外線の

ultraviolet ultraviolet

0005
sway
[swéɪ]
動 ①揺れる ②〈意見など〉に影響を与える
名 揺れ

sway sway

0006
insulate
[ínsjʊlèɪt]
動 〈熱・音・電気など〉を遮断する

insulate insulate

0007
opaque
[əʊpéɪk]
形 不透明な

opaque opaque

0008
buoyant
[bɔ́ɪənt]
形 ①浮力がある
②〈価格・景気などが〉上向きの

buoyant buoyant

0009
eject
[ɪdʒékt]
動 ①～を外に出す、押し出す
②〈人〉を追い出す

eject eject

0010
emit
[ɪmít]
動 〈光・熱・におい・音など〉を発する

emit emit

0011
capsize
[kæpsáɪz]
動 〈船などが〉転覆する；〈船など〉を転覆させる

capsize capsize

0012
suction
[sʌ́kʃən]
名 〈気体・液体の〉吸い上げ、吸引

suction suction

[解答]
0001 temperatures / solidify / liquid / changing / water / ice
0002 spun / centrifugal / force / applied / pushing / outwards
0003 rubbing / sticks / friction / producing / spark
0004 Invisible / to / ultraviolet / growing / tanning
0005 Pedestrians / cause / sway / from / side
0006 freezing / insulate / themselves / against / thick / clothing

Low (t) will (s) the (l), (c) (w) into (i).

気温が下がると液体が凝固し、水は氷に変わる。

The object is (s), and (c)(f) is (a), (p) it (o).

物体が回されると、遠心力が働き、物体は外側に引っ張られる。

A fire can be started by simply (r) two (s) together, with the (f)(p) a (s).

火は 2 本の木の棒をこするだけでおこせる。摩擦で火花が出るからだ。

(I)(t) the human eye, (u) light is used for (g) plants and (t).

紫外線は人間の目には見えないが、植物栽培や日焼けに使われる。

(P) walking across the Millennium Bridge can (c) it to (s)(f) side to (s).

ミレニアムブリッジを渡る歩行者は橋を左右に揺らすことができる。

In (f) climates, Inuits (i)(t)(a) the cold with (t)(c).

凍てつく寒さの中で暮らすイヌイットの人々は、厚着をして冷気を遮断する。

A type of (g) was (d) that could be (m) (o) when (p) was needed.

人目を避けたいときに不透明にできるガラスが開発された。

(S) makes (w) more (b), (a) people to (f) in the Dead Sea.

水が塩を含むとより浮力がつくので、人々は死海で浮くことができる。

(P) the (l)(e) the pilot (f) the plane, using rockets (l) under the seat.

レバーを引くと、座席の下にあるロケットが作動して、パイロットを飛行機から打ち出す。

For safety, electric (v) will now have to (e) a (s) when (m) at low (s).

安全のため、電気自動車は今では低速運転の際に音を出さなければならない。

(C) can (e)(c) if they are (h) by a large (w).

カヌーは大波が当たると簡単に転覆する。

The device's (p)(v) creates (s) that (d)(i)(d) and waste.

この装置の部分的な真空は、排泄物を引き寄せて吸引する。

0007 glass / developed / made / opaque / privacy
0008 Salt / water / buoyant / allowing / float
0009 Pulling / lever / ejects / from / located
0010 vehicles / emit / sound / moving / speeds
0011 Canoes / easily / capsize / hit / wave
0012 partial / vacuum / suction / draws / in / dirt

物理 Physics

0013
radiation
[rèɪdiéɪʃən]
名 ①放射線、放射能 ②放射

radiation radiation

0014
illuminate
[ɪlú:mənèɪt]
動 ①～を照らす ②～を明らかにする

illuminate illuminate

0015
sensitivity
[sènsətívəti]
名 ①（計器などの）感度 ②感受性

sensitivity sensitivity

0016
buckle
[bʌ́kl]
動（圧力・熱などで）曲がる
名 留め金、（ベルトの）バックル

buckle buckle

0017
momentum
[məʊméntəm]
名 ①勢い ②運動量、推進力

momentum momentum

0018
furnace
[fə́:nəs]
名 炉、かまど

furnace furnace

0019
temporal
[témpərəl]
形 ①時の、時間の ②現世の、世俗の

temporal temporal

0020
elastic
[ɪlǽstɪk]
形〈材質が〉弾力性のある、伸縮性の

elastic elastic

0021
revert
[rɪvə́:t]
動 戻る

revert revert

0022
harness
[há:nəs]
動〈自然の力など〉を利用する

harness harness

0023
concave
[ka:nkéɪv]
形 凹面の、凹形の

concave concave

0024
velocity
[vəlɔ́səti]
名 速度

velocity velocity

[解答] **0013** contain / radiation / affect / nuclear / material
0014 illuminated / with / light / somehow / reduced / crime
0015 increasing / sensitivity / to / light / take / darker
0016 designed / buckle / under / weight / grown
0017 gains / has / momentum / to / take / atmosphere
0018 metal / put / in / furnace / softer / shaped

The average banana does (c) some (r), but it does not (a) humans like (n)(m) does.
普通のバナナにもいくらかの放射線が含まれているが、核物質のように人体に影響することはない。

The study found that streets (i)(w) blue (l) (s)(r)(c).
その調査で、青い光で照らされている通りではなぜか犯罪が減ったことがわかった。

By (i) the camera's (s)(t)(l), you can (t) pictures in (d) areas.
光に対するカメラの感度を上げれば、比較的暗いところでも写真を撮れる。

The chair is (d) for children, so it may (b)(u) the (w) of a fully (g) adult.
そのいすは子ども用なので、大人の体重では曲がるかもしれない。

The ship (g) speed until it (h) enough (m) (t)(t) it out of the Earth's (a).
宇宙船は地球の大気圏から脱するのに十分な勢いがつくまでスピードを上げる。

The (m) is (p)(i) a (f) to make it (s) and able to be (s).
この金属は炉に入れて柔らかくし、成形することができる。

The (t) — or fourth — (d)(r) to time, as (o) to the three (s) dimensions.
時間次元、つまり四次元は、3つの空間次元とは対照的に、時に関連する。

The (t)(h) an (e)(w), so they can (f) people of all (s).
そのズボンのウエストは伸縮性があるので、どんな体形の人にもフィットする。

Upon (t) the glass, the (s)(r) (t) water and fills the (c).
ガラスに触れると、蒸気は水に戻り、容器を満たす。

The (p)(a) to (h) the (p) of (l).
物理学者たちは稲妻の力を利用しようとした。

The (i) curve of the (c)(l) is (p) for the side mirrors of (m) and cars.
凹面レンズの内向きカーブはオートバイや車のサイドミラーに適している。

On the (r) trip, the (w)(v)(c) the plane's (j) by over 10%.
復路では風速によって飛行時間が10%以上短縮される。

0019 temporal / dimension / relates / opposed / spatial
0020 trousers / have / elastic / waist / fit / sizes
0021 touching / steam / reverts / to / container
0022 physicists / attempted / harness / power / lightning
0023 inward / concave / lens / perfect / motorcycles
0024 return / wind / velocity / cuts / journey

物理
化学
数学
工学・テクノロジー
天文
気象
地学
環境

物理／化学 Physics / Chemistry

0025
pliable
[pláɪəbl]
形 曲がりやすい、柔軟な

pliable pliable

0026
whirl
[wə́ːl]
動 ①回転する ②～を回転させる

whirl whirl

0027
transmit
[trænzmít]
動 ①～を伝える；伝わる
②～を送る、伝送する

transmit transmit

0028
airtight
[éətàɪt]
形 気密の

airtight airtight

0029
malleable
[mǽliəbl]
形 ①可鍛性の、打ち延ばしできる
②〈人・考えが〉従順な

malleable malleable

0030
radiant
[réɪdiənt]
形 ①放射の ②光を放つ、輝く

radiant radiant

0031
saline
[séɪlaɪn]
形 塩分を含む

saline saline

0032
funnel
[fʌ́nl]
名 漏斗、じょうご

funnel funnel

0033
inflammable
[ɪnflǽməbl]
形 燃えやすい、可燃性の

inflammable inflammable

0034
preservative
[prɪzə́ːvətɪv]
名 保存料、防腐剤

preservative preservative

0035
rust
[rʌ́st]
動 さびる
名 (金属の) さび

rust rust

0036
froth
[frɔ́θ]
動 泡立つ
名 (ビールなどの) 泡、あぶく

froth froth

[解答] **0025** Metals / heated / make / pliable / swords / weapons
0026 factors / influence / water / whirls / around / drain
0027 Data / spaceship / transmits / back / to / farther
0028 shuttle / airtight / order / survive / journey
0029 malleable / clay / shaped / fired / solid
0030 converts / electricity / radiant / heat / through

(M) were (h) to (m) them more (p), then shaped into (s) or other (w).
金属は曲がりやすくなるように熱され、それから剣などの武器に加工された。

There are a number of (f) that (i) the direction that (w)(w)(a) a (d).
水が排水管のところで渦を巻く方向には、数多くの要因が影響を与えている。

(D) from the (s)(t)(b) (t) Earth more slowly the (f) away it gets from the planet.
宇宙船が地球から遠ざかれば遠ざかるほど、データが戻ってくる時間が遅くなる。

The (s) has to be (a) in (o) for the ship to (s) its (j) to space.
スペースシャトルは宇宙旅行を乗り切れるように気密でなければならない。

The (m)(c) is (s) before being (f) to make it (s).
可鍛性粘土は形を整えてから焼いて固くする。

The heater (c)(e) into (r)(h) slowly (t) the day.
そのヒーターは一日中、電気を放射熱にゆっくりと転換する。

A (m) of salt and water, called a (s)(s), is used in (m) and for contact (l).
塩と水の混合液は生理食塩水と呼ばれ、医療現場やコンタクトレンズ用に使われる。

A (f) was (p) in the (n) of the bottle, and (o) was (p) inside.
瓶の口にじょうごが置かれ、油が中に流し込まれた。

To (a)(c), the word "(f)" (i) of "(i)" began to be (r) in the 1920's.
取り違えを避けるために、1920 年代に inflammable（可燃性の）の代わりに flammable（可燃性の）が推奨され始めた。

Many food (p) are made with (c)(p) in order to (e) their (s) lives.
多くの食品には保存期間を延ばすために化学保存料が添加されている。

Over the (y) the (m) parts of the (v) had (r) and needed to be (r).
車の金属部分は年を経てさびていて、交換する必要があった。

The (s)(f) as it (r)(l) because of (d) plants and animals in the (w).
海中の死んだ動植物のために、海は陸に接するところで泡立っている。

0031 mixture / saline / solution / medicine / lenses
0032 funnel / placed / neck / oil / poured
0033 avoid / confusion / flammable / instead / inflammable / recommended
0034 products / chemical / preservatives / extend / shelf
0035 years / metal / vehicles / rusted / replaced
0036 sea / froths / reaches / land / dead / water

化学 Chemistry

0037 **viscous**
[vískəs]
形 〈液体が〉粘着性の、ねばねばする

viscous viscous

0038 **plaster**
[plǽstə]
名 ①しっくい、プラスター ②石膏 ③絆創膏

plaster plaster

0039 **constituent**
[kənstítjuənt]
名 構成要素、成分

constituent constituent

0040 **incandescent**
[ìnkændésnt]
形 白熱光を発する

incandescent incandescent

0041 **coarse**
[kɔ́:s]
形 きめの粗い

coarse coarse

0042 **soluble**
[sɔ́ljəbl]
形 〈物質が〉溶解できる、可溶性の

soluble soluble

0043 **ion**
[áɪən]
名 イオン

ion ion

0044 **inert**
[ɪnə́:t]
形 ①不活性の ②惰性による、不活発な

inert inert

0045 **soak**
[sə́ʊk]
動 ～を浸す；浸かる

soak soak

0046 **detergent**
[dɪtə́:dʒənt]
名 洗剤

detergent detergent

0047 **disintegrate**
[dɪsíntəgrèɪt]
動 分解する、崩壊する

disintegrate disintegrate

0048 **lethal**
[lí:θl]
形 致死の、致命的な

lethal lethal

［解答］ 0037 Viscous / resin / trapped / eventually / transformed / fossils
0038 Plaster / used / construction / bones / medicine
0039 constituent / added / container / heated / mix
0040 Incandescent / lightbulbs / daytime / concentration / make / relax
0041 Fine / coarse / varieties / salt / found
0042 pills / water-soluble / important / store / dry

(V) tree (r)(t) small insects and animals, which (e)(t) into (f).

ねばねばする樹液は小さな昆虫や動物を捕らえ、それらはやがて化石になった。

(P) is (u) to build walls in (c), and to help repair (b) in (m).

しっくいは、建設作業で壁を築いたり、医療で骨の治療を補助したりするのに使われる。

When each (c) has been (a), the (c) must be (h) for it to (m).

各成分を加えるたびに、それを混ぜ合わせるために容器を熱しなければならない。

(I)(l) are good for (d)(c), but (m) it difficult to (r) at night.

白熱電球は日中に何かに集中するにはよいが、夜くつろぐのは難しい。

(F) and (c)(v) of the pink Himalayan (s) are now (f) in supermarkets.

ヒマラヤピンク岩塩は今では粒の細かいものから粗いものまで様々なタイプがスーパーにそろっている。

The (p) are (w), so it is (i) to (s) them in a (d) place.

この錠剤は水溶性なので、水気がないところで保管するのが大事だ。

The (p) or negatively (c)(a) (missing or (c) an (e) electron) is called an (i).

プラスまたはマイナスに帯電した（つまり、電子が欠けた、または余分にある）原子をイオンと呼ぶ。

(I)(g) have no colour, (t) or smell, and (r)(r) with other (e).

不活性ガスは無色、無味、無臭で、ほかの元素と反応することもめったにない。

It is (r) to (s)(b) before (c) in order to (s) them.

豆がやわらかくなるように、調理の前に水に浸すとよい。

A (s) washing machine (r) water and (d) to (f)(e).

標準的な洗濯機は有効に機能するために水と洗剤を必要とする。

As a first science (e), children will watch a (c) or (t)(d)(i) a (s) drink.

子どもは最初の科学の実験でよく、硬貨や歯が砂糖水の中で溶けるのを見る。

(A) blood naturally (c) a small amount of (m), a large (a) would be (l).

血液には本来マグネシウムが少量含まれているが、大量にあると死に至る。

0043 positively / charged / atom / containing / extra / ion
0044 Inert / gases / taste / rarely / react / elements
0045 recommended / soak / beans / cooking / soften
0046 standard / requires / detergent / function / effectively
0047 experiment / coin / tooth / disintegrate / in / sugary
0048 Although / contains / magnesium / amount / lethal

化学／数学 Chemistry / Mathematics

0049
spit
[spít]
動 ①ぱちぱち音を立てる ②〈つばなど〉を吐く
名 つば、唾液

spit spit

0050
fluorescent
[flɔːrésnt]
形 蛍光を発する、蛍光（性）の

fluorescent fluorescent

0051
sediment
[sédəmənt]
名 沈殿物、堆積物

sediment sediment

0052
smoulder
[smóuldə]
動 くすぶる

smoulder smoulder

0053
fluid
[flúːɪd]
名 ①流体、流動体 ②液体、水分
形 流動する、流動的な

fluid fluid

0054
alloy
[ǽlɔɪ]
名 合金

alloy alloy

0055
ratio
[réɪʃiòu]
名 ①比率、割合 ②比、比例

ratio ratio

0056
dimension
[daɪménʃən]
名 ①次元 ②大きさ、面積、体積 ③側面

dimension dimension

0057
conical
[kɔ́nɪkl]
形 円錐形の

conical conical

0058
numeration
[njùːməréɪʃən]
名 数えること、記数法

numeration numeration

0059
geometric
[dʒìːəmétrɪk]
形 幾何学の

geometric geometric

0060
diameter
[daɪǽmətə]
名 直径

diameter diameter

[解答] 0049 Oil / spits / cooking / trapped / beneath / steam
0050 improve / require / wear / fluorescent / clothing
0051 heating / liquid / sediment / form / bottom / container
0052 recommends / water / campfires / longer / smouldering
0053 Battery / fluids / properly / contained / disposed
0054 Aluminium / combined / metals / create / useful / alloy

(O)(s) when (c) because water (t)(b) it has turned to (s).

料理中に油がぱちぱち言うのは、油の下に閉じ込められた水が蒸気に変わったからだ。

To (i) road safety, some cities (r) cyclists to (w) bright, (f)(c).

交通安全強化のため、自転車に乗る人に明るい蛍光色の服を着ることを求めている都市もある。

After (h) the (l), a (s) will (f) at the (b) of the (c).

その液体を熱すると、容器の底に沈殿物ができる。

The National Park Service (r) putting (w) on (c) until they are no (l)(s).

国立公園局はキャンプファイアがくすぶらなくなるまで水をかけることを推奨している。

(B)(f) need to be (p)(c) and (d) of.

バッテリー液は適切に封入し、廃棄しなければならない。

(A) is (c) with other (m) to (c) a very (u)(a).

アルミニウムを別の金属と化合させると、非常に有用な合金ができる。

(F) students (o)(m) ones (b) 3:1 (r) at the (u).

その大学では3対1の割合で女子学生の方が男子学生より多い。

Computer (g)(i) quickly, from simple animations to (c) games (w)(t)(d).

コンピュータグラフィックスはシンプルなアニメから複雑な3次元ゲームへ急速に発達した。

These (c)(t) are (s) like ice-cream (c) and are (t) found in Northern Europe.

この円錐形の木はアイスクリームコーンのような形をしていて、ヨーロッパ北部でよく見られる。

(N) is the (p) of (c) or (c) (n).

記数法とは数を数えたり計算したりする過程のことだ。

(N)(g)(s) can be (s) in the Nazca Lines in (P).

ペルーのナスカの地上絵では無数の幾何学図形が見られる。

The Hubble (S)(T)(d) is over two (m) from (e) to edge.

ハッブル宇宙望遠鏡の直径は端から端までで2メートルを超える。

0055 Female / outnumber / male / by / ratio / university
0056 graphics / improved / complicated / with / three / dimensions
0057 conical / trees / shaped / cones / typically
0058 Numeration / process / counting / calculating / numbers
0059 Numerous / geometric / shapes / seen / Peru
0060 Space / Telescope's / diameter / metres / edge

数学／工学・テクノロジー

Mathematics / Engineering & Technology

0061
rectangular
[rektǽŋgjələ]
形 ①長方形の ②直角の

rectangular rectangular

0062
vertical
[və́ːtɪkl]
形 垂直な、直立した

vertical vertical

0063
watertight
[wɔ́ːtətàɪt]
形 ①防水の、耐水の
②〈計画・アリバイなどが〉完璧な

watertight watertight

0064
adhesive
[ədhíːsɪv]
形 粘着性の
名 接着剤

adhesive adhesive

0065
mould
[mə́ʊld]
名 鋳型 動 ①～を型に入れて作る
②〈性格・世論など〉を形成する

mould mould

0066
modification
[mɔ̀dəfɪkéɪʃən]
名（部分的な）修正、変更

modification modification

0067
bolster
[bə́ʊlstə]
動 ～を支える、強化する

bolster bolster

0068
puncture
[pʌ́ŋktʃə]
動 ～を刺す、パンクさせる
名（刺したような）小さな穴

puncture puncture

0069
autonomous
[ɔːtɔ́nəməs]
形 ①自律性の、（人が）自立した
②自治の

autonomous autonomous

0070
synthetic
[sɪnθétɪk]
形 合成の、人工の

synthetic synthetic

0071
wedge
[wédʒ]
名 くさび、くさび型のもの

wedge wedge

0072
squash
[skwɔ́ʃ]
動 ①～を押しつぶす、ぺちゃんこにする
②詰め込まれる

squash squash

［解答］ 0061 long / wide / rectangular / pool / slightly / bigger
0062 rotors / of / helicopter / vertical / takeoff / landing
0063 watertight / suit / divers / stay / icy / conditions
0064 created / adhesive / tape / paint / different
0065 poured / into / mould / harden / set
0066 Major / modifications / to / allow / efficiency

At 60 metres (l) by 30 metres (w), the (r) (p) is (s)(b) than Olympic-sized pools.

その長方形のプールは縦 60 メートル、横 30 メートルなので、オリンピックサイズのプールより少し大きい。

The (r)(o) the (h) allow for (v) (t) and (l).

ヘリコプターの回転翼は垂直な離着陸を可能にする。

The (w)(s) allows (d) to (s) warm and dry in (i)(c).

その防水ウェットスーツを着用すれば、ダイバーは非常に冷たい水の中でも濡れずに暖かいままでいられる。

Richard Drew (c) the (a)(t) to help companies (p) cars in two (d) colours.

リチャード・ドリューは、メーカーが車をツートンカラーに塗装するのに役立つ粘着テープを作った。

As it is (p)(i) the (m), the chocolate will start to (h) and (s).

型に流し込まれると、チョコレートは固まり始める。

(M)(m)(t) how the car runs (a) for much better (e).

車の走行方法の大幅な変更により、効率がはるかによくなる。

The building (i)(b)(b) two steel (b) which (s) it against wind and (t).

その建物は風や揺れに耐えられるように 2 本の鉄鋼梁で補強されている。

The (t) is made out of (s)(r) in order to stop it (b)(p) by (s) objects.

タイヤは尖ったものでパンクしないように強化ゴムで作られている。

One day we might see (a)(a)(t) (p) across the world (w) a pilot.

自律飛行する飛行機がパイロットなしで世界中に乗客を運ぶ日がいつか来るかもしれない。

The (c) is (p)(t) several machines before being (c) with (s)(m).

綿はいくつかの機械で加工され、それから合成素材に組み込まれる。

The door is (k) open by (p) a (s) (w)(u) it.

ドアは、下にちょっとしたくさび型のものを差し込めば、開いたままにしておける。

(F)(l) apples and oranges (a) (s)(t)(p) juice.

リンゴやオレンジなどの果物はジュースにするために押しつぶされる。

0067 is / bolstered / by / beams / strengthen / tremors
0068 tyre / strengthened / rubber / being / punctured / sharp
0069 autonomous / airplanes / transporting / passengers / without
0070 cotton / processed / through / combined / synthetic / materials
0071 kept / pushing / simple / wedge / under
0072 Fruits / like / are / squashed / to / produce

工学・テクノロジー Engineering & Technology

0073
ore
[ɔ́ː]
名 鉱石、原鉱

ore ore

0074
deflect
[dɪflékt]
動 ～をそらす、かわす

deflect deflect

0075
puff
[pʌ́f]
名 (息・風・煙などの) ひと吹き
動 ふっと息を吐く

puff puff

0076
flex
[fléks]
動 ①収縮する ②〈手足〉を曲げる、屈伸する

flex flex

0077
toughen
[tʌ́fn]
動 ～を堅くする、強化する

toughen toughen

0078
scoop
[skúːp]
動 (スコップなどで) ～をすくう
名 ひしゃく、しゃくし

scoop scoop

0079
sag
[sǽg]
動 たわむ、曲がる

sag sag

0080
periodic
[pìəriɔ́dɪk]
形 周期的な、定期的な

periodic periodic

0081
sturdy
[stə́ːdi]
形 頑丈な、丈夫な

sturdy sturdy

0082
prototype
[próutəutàɪp]
名 ①試作品 ②原型

prototype prototype

0083
grid
[gríd]
名 ①送電網 ②格子；格子状のもの

grid grid

0084
conceivable
[kənsíːvəbl]
形 想像できる、考えられる

conceivable conceivable

[解答] **0073** dig / iron / ore / processed / products / steel
0074 surface / designed / deflect / sunlight / keeping / inside
0075 During / puffs / of / smoke / major / common
0076 concrete / bridge / flex / under / weight / removed
0077 toughening / metal / frame / injuries / accidents / likely
0078 machine / scoops / up / dirt / deposits / truck

Companies (d) up (i)(o) to be (p) into (p) such as (s).

企業は鉄鉱石を採掘し、鋼鉄などの製品に加工する。

The (s) of the building is (d) to (d) (s), (k) the (i) cool.

その建物の壁面は日光をはね返すように設計されており、そのために内部を涼しくしておける。

(D) the late 1800s, (p)(o)(s) from factories across (m) cities were a (c) sight.

1800 年代後半には大都市の至る所で工場から煙が立ち上っているのがありふれた光景だった。

The (c)(b) had begun to (f)(u) the (w) of traffic, and needed to be (r).

そのコンクリートの橋は行き交う車の重みでたわみ始め、撤去しなければならなかった。

By (t) the (m) used for the car's (f), (i) from (a) become less (l).

車の骨組みに使われる金属を強化すると、事故の際にけがをしにくくなる。

The (m)(s)(u)(d) and (d) it in the (t).

この機械は土砂をすくってトラックに載せる。

The (c)(b) to (s)(u) the (h)(w) of the snow.

雪の重みで天井がたわみ始めた。

Cars are (l)(l) to break (d) when drivers (g)(p) oil (c).

ドライバーが定期的にオイル交換をしていれば、車はそう簡単に故障しない。

The (t) must be (s)(e) to deal with bad (w) and (t).

トラックは天候や地形が悪くても十分対応できるよう頑丈でなければならない。

Before (m)(p), (p) are (c) to test a (d)(f).

大量生産の前に、装置の機能をテストするために試作品が作られる。

(F) were (f) in the (p)(g) (o) California during the (f).

カリフォルニア州の火事で、送電網に破損が見つかった。

(I)(w) not (c) a hundred years ago (t) we would one day go to (s).

我々がいつか宇宙に行くなどとは 100 年前には想像もできなかった。

0079 ceiling / began / sag / under / heavy / weight
0080 less / likely / down / get / periodic / changes
0081 trucks / sturdy / enough / weather / terrain
0082 mass / production / prototypes / created / device's / functions
0083 Faults / found / power / grid / of / fires
0084 It / was / conceivable / that / space

工学・テクノロジー Engineering & Technology

0085
impinge
[ɪmpíndʒ]
動 ①（好ましくない）影響を与える ②（権利などを）侵害する

impinge impinge

0086
ubiquity
[ju(ː)bíkwəti]
名 遍在、どこにでも存在すること

ubiquity ubiquity

0087
bump
[bʌ́mp]
動 ドンとぶつかる 名 ①（価格などの）上昇、増加 ②（道路の）凹凸、隆起

bump bump

0088
tweak
[twíːk]
名（機械などの）微調整
動 ～を微調整する

tweak tweak

0089
gizmo
[gízməu]
名（ちょっとした）機械、装置

gizmo gizmo

0090
norm
[nɔ́ːm]
名 規範、基準

norm norm

0091
alchemy
[ǽlkəmi]
名 錬金術

alchemy alchemy

0092
bypass
[báɪpæ̀ːs]
動〈問題・質問など〉を避けて通る
名 迂回路

bypass bypass

0093
intuitive
[ɪntjúːətɪv]
形 直観的な

intuitive intuitive

0094
maze
[méɪz]
名 迷路、迷宮

maze maze

0095
foreseeable
[fɔːsíːəbl]
形 予見できる、予測できる

foreseeable foreseeable

0096
submarine
[sʌ̀bmərìːn]
名 潜水艦
形 海底の

submarine submarine

［解答］
0085 Computers / impinged / on / jobs / traditionally / held
0086 ubiquity / of / Internet / given / huge / independent
0087 vacuum / cleaner / whenever / bumps / into / furniture
0088 updates / saw / small / tweaks / typically / processor
0089 replaced / gizmos / previously / owned / devices
0090 Based / technology / advancing / transportation / become / norm

(C) have (i)(o)(j)
(t)(h) by people.
コンピュータは従来人が担ってきた仕事に影響を及ぼしつつある。

The (u)(o) the (I) has (g) rise to (h) numbers of (i) online businesses.
インターネットはどこででも使えるので、膨大な数の独立系オンライン企業が立ち上がっている。

The robotic (v)(c) turns (w) it (b)(i) something, such as a wall or (f).
お掃除ロボットは、壁や家具など、何かにぶつかると向きを変える。

Yearly (u) to the product only (s)(s) (t), (t) improving the (p) and memory.
その製品の毎年恒例のバージョンアップはたいていプロセッサとメモリの改良という微調整にすぎなかった。

Smartphones have (r) the many (g) we (p) (o), such as cameras, watches, and GPS (d).
スマートフォンは、私たちがこれまで所有していたカメラ、時計、GPS 装置といった多くの機器に取って代わっている。

(B) on the speed at which this (t) is (a), driverless (t) may soon (b) the (n).
この技術が進歩しているスピードからすると、ドライバーなしの交通はすぐに標準になるかもしれない。

Technology we now take for (g) would be (s) (a) a sort of (a) to (p)(g).
私たちが今当たり前に思っているテクノロジーは、昔の世代には一種の錬金術のように見えるだろう。

(R) are looking at ways to (b) the (n) (f)(p) in our lives.
研究者は私たちの生活でガソリンを使わずに済ませる方法を探っている。

The (c)(i)(d) made it easy to use even for people not (f) with (g).
そのコントローラーは直観的に操作できるよう作られていたので、ゲームに不慣れな人でも使いやすかった。

(M) GPS systems make it easier to (n) the (m) (o)(s) in a busy city.
今日の GPS システムは混雑した都市の迷路のような通りを走行しやすくしている。

(F) cars are not (e) to be sold to the public (i) the (f)(f).
空飛ぶ車は一般販売される時期を予測できるような段階にない。

(N)(s) can (s)(u) for up to three months before they need to (r) with food.
原子力潜水艦は、食料の補給が必要になるまで最長 3 か月水中にいられる。

0091 granted / seen / as / alchemy / previous / generations
0092 Researchers / bypass / need / for / petrol
0093 controller's / intuitive / design / familiar / gaming
0094 Modern / navigate / maze / of / streets
0095 Flying / expected / in / foreseeable / future
0096 Nuclear / submarines / stay / underwater / restock

工学・テクノロジー Engineering & Technology

0097
coverage
[kʌ́vərɪdʒ]
名 ①受信地域、サービスエリア ②報道

coverage coverage

0098
pendulum
[péndjələm]
名 ①振り子 ②（世論・流行などの）変動

pendulum pendulum

0099
pitfall
[pítfɔ:l]
名 ①隠れた危険 ②（地面に掘った）落とし穴

pitfall pitfall

0100
precision
[prɪsíʒən]
名 正確さ、精密さ

precision precision

0101
glitch
[glítʃ]
名（機械などの）故障、不具合

glitch glitch

0102
exponential
[èkspəunénʃəl]
形〈増加などが〉急激な、幾何級数的な

exponential exponential

0103
duplicate
動 [djú:plɪkèɪt] 名 [djú:plɪkət]
動 ①～を複製する ②～を繰り返す
名 写し、複製

duplicate duplicate

0104
outdated
[àutdéɪtɪd]
形 時代遅れの
動 ～を時代遅れにする

outdated outdated

0105
bestow
[bɪstóu]
動 ～を与える、授与する

bestow bestow

0106
incarnation
[ìnkɑ:néɪʃən]
名 ①（ある時期における）型 ②顕現、肉体化

incarnation incarnation

0107
array
[əréɪ]
名（ずらりと）並んだもの

array array

0108
fidelity
[fɪdéləti]
名 ①（再現などの）忠実さ、正確さ ②忠誠、忠実

fidelity fidelity

[解答]
0097 network / coverage / solution / rural / costly
0098 Invented / century / pendulum / clock / swings / side
0099 battery / lasted / major / pitfall / recharge
0100 Surgical / perform / procedures / with / precision
0101 release / software / tested / repeatedly / for / glitches
0102 exponential / growth / technology / began / invention

MP3>0097-0108

Expanding 5G (n)(c) is the simplest (s) for (r) Internet access, as fibre is very (c).
光ファイバーは非常に高くつくので、地方のインターネット利用には5Gネットワークの適用範囲を拡大するのが最も簡単な解決策だ。

(I) in the 17th (c), the (p)(c) (s) side to (s).
17世紀に発明された振り子時計は左右に揺れる。

The new (b)(l) much longer, but it had one (m)(p): it took a very long time to (r).
新しいバッテリーは以前のものよりずっと長く持ったが、大きな欠陥が1つあった。充電時間がとても長かったのだ。

(S) robots can (p)(p)(w) greater (p) than human hands.
手術ロボットは人間の手よりも正確に処置を行うことができる。

Before general (r), (s) is (t)(r) (f) any (g).
ソフトウェアは一般販売の前に不具合がないかどうか繰り返し検査される。

The (e)(g) of (t) in our lives (b) with the (i) of the computer.
我々の生活におけるテクノロジーの急成長は、コンピュータの発明と共に始まった。

3D (p) are able to (d)(u) shaped plastic machine (p) quickly and (e).
3Dプリンターは特異な形をしたプラスチック製の機械部品を素早く効率的に複製できる。

With the quick (r) that new (t) are developed, old (d)(b)(o) within a year.
新しい技術が急速に開発されるので、古い機器は1年もたたないうちに時代遅れになる。

Otto Wichterle (c) the first soft contact lenses, (b) the (w)(w) improved (e).
オットー・ヴィヒテーレはソフトコンタクトレンズを初めて作り、装着者の視力を矯正した。

(P)(i)(o) the phone were very limited in (c), with only basic (f) included.
その電話の昔の型には基本的機能しかなく、今のものに比べて非常に限定されていた。

The computer program is able to (r) and label (a) (a)(o) colours and (p).
そのコンピュータプログラムは、一連の色と模様を認識して分類することができる。

The (a)(f) is (h) thanks to the two (m)(b) into the video camera.
ビデオカメラに内蔵された2つのマイクのおかげで音声の忠実度は高い。

0103 printers / duplicate / uniquely / parts / effectively
0104 rate / technologies / devices / become / outdated
0105 created / bestowing / wearer / with / eyesight
0106 Previous / incarnations / of / comparison / features
0107 recognise / an / array / of / patterns
0108 audio / fidelity / high / microphones / built

工学・テクノロジー Engineering & Technology

0109
cutting-edge
[kʌ́tɪŋèdʒ]
形 最先端の

cutting-edge cutting-edge

0110
interruption
[ìntərʌ́pʃən]
名 ①中断 ②邪魔、妨害

interruption interruption

0111
amplify
[ǽmpləfàɪ]
動 ①〜を増幅する、拡大する
②〈考えなど〉を敷衍する

amplify amplify

0112
incorporate
[ɪnkɔ́:pərèɪt]
動 ①〜を組み込む ②〜を法人化する

incorporate incorporate

0113
specification
[spèsəfɪkéɪʃən]
名 ①（遂行上必要な）要件、水準
②［specificationsで］（機械などの）仕様書

specification specification

0114
antiquated
[ǽntəkwèɪtɪd]
形 〈考え・物などが〉時代遅れの

antiquated antiquated

0115
bewildering
[bɪwíldərɪŋ]
形 途方に暮れるほどの

bewildering bewildering

0116
catalyst
[kǽtəlɪst]
名 ①触発するもの ②触媒

catalyst catalyst

0117
encode
[ɪnkóʊd]
動 〈情報など〉を暗号にする

encode encode

0118
abstraction
[æbstrǽkʃən]
名 ①抽象化 ②抽象的な考え、抽象概念

abstraction abstraction

0119
reel
[rí:l]
名 リール
動 〈魚など〉をリールでたぐり寄せる

reel reel

0120
roam
[róʊm]
動 （目的もなく）歩き回る、うろつく

roam roam

［解答］ 0109 technology / fitted / with / cutting-edge / computers
0110 battery / constant / access / without / interruption
0111 microphone / amplify / voice / far / hear
0112 technologies / incorporate / wireless / into / products / lights
0113 demand / with / specifications / fuelled / consumer / market
0114 become / antiquated / forms / media / favour / delivery

The university's new (t) campus was (f)(w) only the most (c)(c).
その大学の工学部の新キャンパスには最先端のコンピュータばかりが備えられていた。

During storms, (b) power gives (c)(a) to electricity (w)(i).
嵐の間は、バッテリー電源から途切れることなく安定して電気を利用できる。

A (m) is used to (a) the speaker's (v) so people who are (f) away can (h).
マイクは話者の声を増幅して遠くにいる人に聞こえるようにするために使われる。

Future (t) could (i)(w) power (i) everyday (p) such as (l).
今後の技術によって照明のような日用品にも無線電力が組み込まれるだろう。

The (d) for computers (w) higher (s) is (f) by the (c)(m).
より性能のよいコンピュータを求める声は消費者市場で強い。

CDs and DVDs have already (b)(a)(f) of (m) in (f) of online (d) systems.
ネット配信システムが好まれるようになり、CD や DVD はもう時代遅れの媒体になっている。

A (b)(a) of (p) opened up with the (c) of the lithium-ion (b).
リチウムイオン電池が生み出されたことにより、途方に暮れるほどの可能性が広がった。

Social (m) has been one (m)(c) of the (i) in (m)(t).
ソーシャルメディアはモバイルテクノロジーの向上を大きく触発してきたものの一つだ。

(F) need to (b)(e) so that the (c) can (u) them.
ファイルはコンピュータが識別できるように暗号化されなければならない。

(A) — the (a) to (t) understand (d) — is still one of the most difficult (t) for AI.
抽象化―データを真に理解する能力―は人工知能にとっていまだに最も難しい課題の一つだ。

(R) of (m)(t) were (u) for (s)(a) and video.
音と映像を保存するために何リールもの磁気テープが使われた。

The (r) was given (i) and (a) to (r)(o) its own to (e) the area.
そのロボットは自立していて、単独でエリア内を動き回って探索することができた。

0115 bewildering / amount / possibilities / creation / battery
0116 media / major / catalyst / improvement / mobile / technology
0117 Files / be / encoded / computer / understand
0118 Abstraction / ability / truly / data / tasks
0119 Reels / magnetic / tape / used / storing / audio
0120 robot / independence / allowed / roam / on / explore

工学・テクノロジー Engineering & Technology

0121
endeavour
[ɪndévə]
動 努める
名 努力、試み

endeavour endeavour

0122
breakthrough
[bréɪkθrù]
名 重大な発見、飛躍的進歩

breakthrough breakthrough

0123
outmoded
[àʊtmóʊdɪd]
形 時代遅れの

outmoded outmoded

0124
tint
[tínt]
動 ～に色合いをつける
名 色合い

tint tint

0125
boon
[búːn]
名 恩恵、恵み

boon boon

0126
usher
[ʌ́ʃə]
動 [usher inで] ～の先駆けとなる
名 (劇場などの) 案内係

usher usher

0127
supplant
[səpláːnt]
動 ～に取って代わる

supplant supplant

0128
blur
[bláː]
動 ～をあいまいにする

blur blur

0129
stereoscopic
[stèʊriəʊskɔ́pɪk]
形 立体的な、三次元的な

stereoscopic stereoscopic

0130
state-of-the-art
[stéɪtəvðəáːt]
形 最新式の

state-of-the-art state-of-the-art

0131
gadget
[gǽdʒɪt]
名 (小型の) 機械、装置

gadget gadget

0132
microscope
[máɪkrəskóʊp]
名 顕微鏡

microscope microscope

[解答] 0121 endeavoured / to / create / working / plane / succeeded
0122 creation / technological / breakthrough / completely / changed
0123 comparison / superpowers / countries / outmoded / defence / systems
0124 Glass / is / tinted / adding / dyes / produced
0125 washing / considered / massive / boon / saving / countless
0126 Advances / digital / technology / ushered / in / Age

The Wright brothers had (e)(t)(c) a (w)(p) for years before they (s).
ライト兄弟は空を飛べる飛行機を作ろうと何年も努力を重ねた末に成功した。

The (c) of the Internet was a (t)(b) that (c)(c) the world.
インターネットの創出は世界を完全に変えた科学技術の飛躍的進歩だった。

In (c) to world (s), many (c) have (o)(d)(s).
世界の超大国に比べれば、多くの国の防衛システムは時代遅れになっている。

(G)(i)(t) by (a) coloured (d) as it is (p).
ガラスは製造過程で着色剤を加えることで色がつけられる。

The (w) machine was (c) a (m) (b) for mothers, (s)(c) hours at home.
洗濯機は家事の時間を大いに短縮してくれ、母親たちにとって大変な恩恵に思われた。

(A) in (d)(t)(u) (i) the (A) of Information.
デジタル技術の発展が情報化時代を呼び込んだ。

(S) videos online has (s)(p) (m), and is not expected to be (r)(a) soon.
オンラインの動画ストリーミングが物理的な媒体に取って代わり、しばらくはその座を奪われることはなさそうだ。

(A) in (t) are beginning to (b) the (l) between science (f) and (r).
技術の進歩によって SF と現実の境界線があいまいになってきている。

(V)(r) glasses allow (s)(v), so the user can see the (d) of the (i) clearly.
VR ゴーグルを装着すると立体的に見えるので、使用者は画像の奥行きをはっきりと感じられる。

The (g)(i) in (s)(m) (t) is higher than any other country.
最新式軍事技術への政府の投資はほかのどの国よりも多い。

Today the number of (g) we use is actually (d), as our phones (r)(m)(d).
今日、私たちが使う機器は実は減っている。携帯電話が種々のデバイスの代わりをしているからだ。

You cannot see (b) with your (b) eyes, but you can if you (l)(t) a (m).
細菌は裸眼では見えないが、顕微鏡をのぞけば見える。

0127 Streaming / supplanted / physical / media / replaced / anytime
0128 Advances / technology / blur / lines / fiction / reality
0129 Virtual / reality / stereoscopic / vision / depth / image
0130 government's / investment / state-of-the-art / military / technology
0131 gadgets / decreasing / replace / multiple / devices
0132 bacteria / bare / look / through / microscope

工学・テクノロジー／天文 Engineering & Technology / Astronomy

0133
configuration
[kənfìgjəréɪʃən]
名 ①配置、配列 ②形態 ③（コンピュータの）設定

configuration configuration

0134
quantum
[kwɔ́ntəm]
形 ①（進歩などが）飛躍的な ②量の
名 量

quantum quantum

0135
hemisphere
[hémɪsfìə]
名 ①（地球などの）半球 ②（脳の）半球

hemisphere hemisphere

0136
amorphous
[əmɔ́:fəs]
形 ①非結晶質の ②決まった形のない、無定形の

amorphous amorphous

0137
astronaut
[ǽstrənɔ̀:t]
名 宇宙飛行士

astronaut astronaut

0138
gravity
[grǽvəti]
名 重力、万有引力

gravity gravity

0139
wobble
[wɔ́bl]
動 グラグラする、揺れる

wobble wobble

0140
infinite
[ínfənət]
形 無数の、はかり知れないほどの

infinite infinite

0141
void
[vɔ́ɪd]
名 ①空間、真空 ②すき間、割れ目
形 ①空虚な ②無効の

void void

0142
accelerate
[əksélərèɪt]
動 ①加速する ②～を加速させる

accelerate accelerate

0143
cosmic
[kɔ́zmɪk]
形 宇宙の；宇宙旅行の

cosmic cosmic

0144
orbit
[ɔ́:bət]
動 （～の）軌道を回る
名 軌道

orbit orbit

［解答］
0133 telescope / used / in / variety / different / configurations
0134 technology / seen / quantum / leap / progress / decades
0135 penguin / kind / lives / in / northern / hemisphere
0136 gas / constantly / amorphous / fixed / shape / size
0137 first / astronauts / walked / on / surface / Moon
0138 lack / gravity / reduces / muscle / astronauts / regularly

The (t) can be (u)(i) a (v) of (d)(c), with or without a computer.

望遠鏡は、コンピュータがついていてもいなくても、部品を様々に組み合わせて使うことができる。

Computer (t) has (s) a (q)(l) in (p) in the past two (d).

コンピュータ技術は過去 20 年で飛躍的進歩を遂げた。

The Galápagos (p) is the only one of its (k) that (l)(i) the (n)(h).

ガラパゴスペンギンは北半球に生息する唯一のペンギンだ。

These (g) clouds are (c) moving and (a); they are of no (f)(s) or (s).

こうしたガス雲は常に動いていて、非結晶質で、形や大きさが固定していない。

In 1969 the (f)(a)(w)(o) the (s) of the (M).

1969 年に宇宙飛行士が初めて月面を歩いた。

The (l) of (g) in space (r)(m) strength if (a) do not exercise (r).

宇宙は無重力なので、宇宙飛行士は定期的に運動をしないと筋肉が衰える。

Our (p)(s), but it also (w) up to 12 (m) from its (o)(p).

地球は回っているが、元の位置から最大 12 メートルの幅で揺れてもいる。

The (u) is (p)(i), with (b) of stars and (p) in all of the (g).

あらゆる星雲に何十億もの星や惑星があるので、宇宙は無限なのかもしれない。

(R)(a) found a (v), (e) (v) in space almost one (b) light years across.

電波天文学者は宇宙空間に直径 10 億光年ほどの広大な空洞があるのを発見した。

The ship (a)(t) full (s), and it did not (s) down until just before arriving at the (d).

船はフルスピードになるまで加速し、目的地に到着する直前まで減速しなかった。

(C)(r)(c) from the Sun, from (o) of the (s) system, and from other (g).

宇宙線は太陽、太陽系の外部、そしてその他の星雲から届く。

The company's (s)(o) the Earth, (s) in the same (l) as the world (r).

その企業の人工衛星は、地球の自転に合わせて地球の軌道を回るので、同じ位置に留まる。

0139 planet / spins / wobbles / metres / original / position
0140 universe / possibly / infinite / billions / planets / galaxies
0141 Radio / astronomers / vast / empty / void / billion
0142 accelerated / to / speed / slow / destination
0143 Cosmic / rays / come / outside / solar / galaxies
0144 satellites / orbit / staying / location / rotates

天文／気象 Astronomy / Meteorology

0145
magnify
[mǽgnəfàɪ]
動 ①〈レンズなどが〉～を拡大する
②～を大げさに見せる、誇張する

magnify magnify

0146
celestial
[səléstiəl]
形 空の、天の

celestial celestial

0147
lunar
[lú:nə]
形 月の

lunar lunar

0148
axis
[ǽksɪs]
名 ①（球体が回転する）軸、（地球の）地軸
②（座標の）軸

axis axis

0149
propel
[prəpél]
動 ～を推進する、前進させる

propel propel

0150
revolve
[rɪvɔ́lv]
動 回転する

revolve revolve

0151
astronomical
[æ̀strənɔ́mɪkl]
形 天文の、天文学（上）の

astronomical astronomical

0152
eclipse
[ɪklíps]
名 食

eclipse eclipse

0153
bearing
[béərɪŋ]
名 ①方向感覚 ②振る舞い、態度

bearing bearing

0154
extraterrestrial
[èkstrətəréstriəl]
名 地球外生物、宇宙人
形 地球外の

extraterrestrial extraterrestrial

0155
atmospheric
[æ̀tməsférɪk]
形 大気（中）の、空気の

atmospheric atmospheric

0156
torrential
[tərénʃəl]
形 奔流のような；〈雨が〉滝のような

torrential torrential

［解答］
0145 Engineers / extra / telescope / magnify / images / before
0146 sailors / dependent / celestial / navigation / stars / way
0147 lunar / landscape / characterised / rocky / plains / craters
0148 world / rotates / on / axis / once / hours
0149 rocket / propelled / around / moon / gravity / launch
0150 rotates / every / hours / revolves / around / Sun

(E) added an (e) mirror to the space (t) to (m)(i) more than ever (b).

エンジニアはその宇宙望遠鏡にもう一つ鏡を追加し、観測画像を史上最大の大きさに拡大した。

The (s) were (d) on (c)(n), using the (s) to find their (w).

船乗りは星を見て進路を割り出す天文航法に頼っていた。

A (l)(l) is (c) by (r) (p) with (c).

月の地形は、岩だらけの面にクレーターがあるのが特徴的だ。

The (w)(r)(o) its (a) (o) every 24 (h).

地球は地軸を中心にして 24 時間ごとに 1 回回る。

The (r) was (p)(a) the (m) before using (g) to (l) back to Earth.

ロケットは月を周回し、それから重力を使って地球に戻ってきた。

The Earth (r)(e) 24 (h), but (r) (a) the (S) every 365.256 days.

地球は 24 時間かけて自転するが、太陽の周りを公転するには 365.256 日かかる。

(A)(t)(a) us to see (g) many (l) years (a).

天文器具のおかげで我々は何光年も離れた銀河を見ることができる。

In 2000, there was a (t)(l)(e) which (c)(d) on the UK.

2000 年に皆既月食があり、イギリスを暗闇に包んだ。

(S) have long used the stars to (m) their (b) and (k) from (g)(l).

船乗りは長い間星を使って方向感覚を維持し、迷わないようにしてきた。

(E) of (w) on Mars gives (h) for (e)(l) in the (u).

火星に水の痕跡があることは、宇宙に地球外生物がいる可能性を示している。

When (a)(p)(d), it (s) that clouds or (s) are (c).

気圧の低下は雲や嵐の到来を示す。

(W) is (g) for (c), but (t) (r) may (d) them.

水は作物のためになるものだが、滝のような雨は作物をだめにするかもしれない。

0151 Astronomical / tools / allow / galaxies / light / away
0152 total / lunar / eclipse / cast / darkness
0153 Sailors / maintain / bearings / keep / getting / lost
0154 Evidence / water / hope / extraterrestrial / life / universe
0155 atmospheric / pressure / drops / signals / storms / coming
0156 Water / good / crops / torrential / rain / damage

気象 Meteorology

0157
thaw
[θɔ́ː]
動 〈氷・雪などが〉解ける
名 雪解け

thaw thaw

0158
stuffy
[stʌ́fi]
形 〈部屋などが〉風通しの悪い、息苦しい

stuffy stuffy

0159
drought
[dráut]
名 干ばつ

drought drought

0160
hover
[hɔ́və]
動 ①〈数値が〉ほぼ安定している
②〈空中に〉浮いたまま留まる

hover hover

0161
hail
[héɪl]
名 あられ、ひょう
動 ～を歓迎する

hail hail

0162
variable
[véəriəbl]
名 ①変数 ②変化するもの
形 可変の、変わりやすい

variable variable

0163
precipitation
[prɪsìpɪtéɪʃən]
名 降水；降水［雨］量

precipitation precipitation

0164
evaporate
[ɪvǽpərèɪt]
動 ①～を蒸発させる ②蒸発する、消える

evaporate evaporate

0165
shady
[ʃéɪdi]
形 日陰になった

shady shady

0166
downpour
[dáunpɔ̀ː]
名 どしゃ降り、豪雨

downpour downpour

0167
temperate
[témpərət]
形 ①温暖な ②穏やかな

temperate temperate

0168
muggy
[mʌ́gi]
形 〈天気が〉蒸し暑い、じめじめした

muggy muggy

［解答］
0157 ice / on / soil / thawed / farmers / seeds
0158 monsoon / arrives / stuffy / humid / throughout / country
0159 populated / state / in / drought / due / rainfall
0160 temperatures / hovered / above / freezing / dipping / minus
0161 climates / turns / to / hail / hurt / wildlife
0162 possible / variables / considered / temperature / humidity / pressure

Once the (i)(o) the (s) has (t),
(f) are able to plant (s) and trees.
地表の氷が解ければ、農家の人たちは種や木を植えることができる。

As (m) season (a), it starts to feel (s) and
(h)(t) the (c).
雨季が到来すると、国中が蒸し蒸しじめじめと感じられるようになる。

Australia's most (p)(s) is now (i)
(d)(d) to so little (r).
オーストラリアで最も人口の多い州は今、雨がほとんど降らず、干ばつになっている。

Winter (t)(h) just (a)(f),
(d) into (m) figures only after January.
冬になっても気温は 0 度をやや超えたあたりに留まり、1 月が過ぎてようやく 0 度以下になった。

In colder (c), rain (t)(t)(h),
which can (h) or even kill birds and other (w).
気候がより寒冷になると、雨があられに変わり、鳥などの野生生物を傷つけたり命さえ奪ったりしかねない。

All (p)(v) were (c), such as (t),
(h), and air (p).
気温、湿度、気圧など、考えうる限りの不確定要素が考慮された。

(D)(c)(w) much less (p) are
home to many (u) plants and animals.
降水量がはるかに少ない比較的乾燥した気候の地域には珍しい動植物が多く生息している。

They left the (t) in the (S), (w) for the
(w) to (e) and (d).
彼らはそのトレーを日なたに置き、水分が蒸発して乾くのを待った。

(D) animals (t) to sleep in (s) places because
the (h) of the sun is too (i).
砂漠の動物は日陰で眠ることが多い。太陽の熱が過酷だからだ。

(U) the dry seasons, wet seasons are (c) by (h)
(d) that can (r) in (f).
乾季と違い、雨季の特徴は豪雨で、洪水が発生することもある。

Due to the (t)(c), homes in the (a) do not
(n) to be (e) with (h).
その地域は気候が温暖なので、家に暖房を備える必要がない。

The (m)(w) of Central America (b) some, but
it (a) many (r) trying to (e) the cold.
中央アメリカの蒸し暑さを嫌がる人もいるが、寒いところから抜け出したい退職者の多くにとっては魅力的だ。

0163 Drier / climates / with / precipitation / unusual
0164 tray / Sun / waiting / water / evaporate / disappear
0165 Desert / tend / shady / heat / intense
0166 Unlike / characterised / heavy / downpours / result / flooding
0167 temperate / climate / area / need / equipped / heaters
0168 muggy / weather / bothers / attracts / retirees / escape

気象／地学 Meteorology / Geology

0169
climatic
[klaımǽtık]
形 気候（上）の、風土的な

climatic climatic

0170
turbulent
[tə́:bjələnt]
形 大荒れの

turbulent turbulent

0171
outcrop
[áutkrɔ̀p]
名（岩の）露出部

outcrop outcrop

0172
altitude
[ǽltətjù:d]
名 高さ、海抜

altitude altitude

0173
permeate
[pə́:mièıt]
動 ～に充満する、浸透する

permeate permeate

0174
estuary
[éstjuri]
名 広い河口、河口域

estuary estuary

0175
mountainous
[máuntınəs]
形 山の多い、山地の

mountainous mountainous

0176
pebble
[pébl]
名（丸い）小石

pebble pebble

0177
lava
[lá:və]
名 溶岩：火山岩

lava lava

0178
plateau
[plǽtəu]
名 ①高原、台地 ②停滞期

plateau plateau

0179
offshore
[ɔ́fʃɔ́:]
形 沖の、沖合いの

offshore offshore

0180
molten
[móultn]
形〈岩・金属などが〉溶けた

molten molten

[解答] 0169 notable / climatic / effects / apparent / bushfires / common
0170 period / calm / followed / months / turbulent / weather
0171 nothing / plain / small / hills / rocky / outcrops
0172 Sherpas / climb / altitudes / due / raised / mountains
0173 Rainwater / permeates / ground / resupplies / table / below
0174 Estuaries / connect / to / seas / typically / invertebrates

Many (n)(c)(e) are (a) in dry seasons, with (b) becoming much more (c).

山火事がますます一般的になるなど、乾期における多くの重大な気候の影響が明らかだ。

A (p) of (c) was (f) by (m) of (t)(w).

穏やかな日々のあとに何か月も大荒れの天気が続いた。

There was (n) on the (p) but (s) (h) and (r)(o).

その平野にはいくつかの小さな丘とむき出しの岩しかなかった。

(S) are able to (c) to high (a) (d) to being (r) in the (m).

シェルパ族の人たちは山で育つので、高地に登ることができる。

(R)(p) the (g) and (r) the water (t)(b).

雨水が地面に浸透し、地下水を補給する。

(E), which (c)(t)(s), are (t) full of life, including birds, fish, and (i).

海に接する河口域には概して鳥や魚や無脊椎動物といった生物がいっぱいいる。

Japan is a (m)(c), so there is not a lot of (l) that can be (u) for (a).

日本は山国なので、農業に使える土地があまりない。

(P) and other (r)(c) many of the (c)(b).

その国の海岸は小石などの岩石が広がっているところが多い。

Almost half of the (r) fires were (c) by (l) (f) a (n)(v).

最近の火事のほぼ半数は近くの火山から流れ出た溶岩によって引き起こされた。

The (h) had (t) for a week before they (r) the (p)(a) the (t) of the mountain.

ハイカーたちは１週間歩いて、ようやく山頂の高原にたどり着いた。

(W) on (o)(o)(r) may go weeks — or even months — without (s) their family on (l).

沖合いの石油掘削現場で働く人々は、陸地にいる家族と何週間も、時には何か月も会えないことがある。

(M)(l) from (d) under the (v) comes (r) out.

火山の地中深くから溶岩が噴き出す。

0175 mountainous / country / land / used / agriculture
0176 Pebbles / rocks / cover / country's / beaches
0177 recent / caused / lava / from / nearby / volcano
0178 hikers / travelled / reached / plateau / at / top
0179 Workers / offshore / oil / rigs / seeing / land
0180 Molten / lava / deep / volcano / rushing

地学 Geology

0181
glacier
[gléɪsiə]
名 氷河

glacier glacier

0182
archipelago
[àːkɪpéləgòʊ]
名 群島、諸島

archipelago archipelago

0183
terrain
[təréɪn]
名 地形、地勢

terrain terrain

0184
blast
[bláːst]
名 ①爆発、爆風 ②突風
動 ～を爆破する

blast blast

0185
iceberg
[áɪsbəːg]
名 氷山

iceberg iceberg

0186
crust
[krʌ́st]
名 ①地殻 ②（一般に）堅い外皮

crust crust

0187
erupt
[ɪrʌ́pt]
動 ①噴火する ②〈暴動などが〉勃発する

erupt erupt

0188
marsh
[máːʃ]
名 沼地、湿地

marsh marsh

0189
tremor
[trémə]
名 ①震動；微動 ②震え

tremor tremor

0190
basalt
[bǽsɔːlt]
名 玄武岩

basalt basalt

0191
mantle
[mǽntl]
名 マントル

mantle mantle

0192
penetrate
[pénətrèɪt]
動 ①～を貫く、貫通する
②浸透する、染み込む

penetrate penetrate

[解答]
0181 Huge / glaciers / breaking / melting / causing / levels
0182 archipelago / largest / islands / contained / within
0183 hilly / terrain / useful / introduction / wind / farms
0184 Blasts / volcano / destroyed / surrounding / countryside
0185 huge / iceberg / broke / off / Antarctic / float
0186 hard / layer / Earth / called / crust

(H)(g) are (b) off and (m), (c) a rise in sea (l).
巨大な氷河が崩れて溶け、海面上昇を引き起こしている。

The Indonesian (a) is the world's (l), with over 17,000 (i)(c)(w) it.
インドネシア群島は世界最大で、1万7千以上の島が含まれている。

The (h)(t) was made (u) by the (i) of (w)(f).
その丘陵地は風力発電基地を設置することによって有効活用された。

(B) from the (v)(d) much of the (s)(c).
その火山の爆発により、周囲の田園地帯の多くが損なわれた。

The (h) A-68 (i)(b)(o) from the (A) and started to (f) away.
巨大な A-68 氷山が南極から分離して漂流し始めた。

The (h)(l) of the (E) is (c) the (c).
地球の固い層は地殻と呼ばれる。

People living near an (a)(v) are usually given (p) of (w) before it (e).
活火山の近くの住人に対しては通常、火山が噴火する前に何度も警報が出る。

The (m) is an (i)(f)(a) for the birds during the (r)(s).
雨季の間、その沼地は鳥たちの大切なえさ場になる。

The (d)(t)(b) just after (s), and within (m) buildings were (c).
その恐ろしい揺れは日の出の直後に発生し、数分もしないうちに建物が崩れ始めた。

A scientist (r) the (v)(c)(s) of (r) such as (b).
その火山を調査した科学者は玄武岩などの岩石の試料を集めた。

The Earth's (m) is (m)(u)(o) many kilometres of (t)(r).
地球のマントルは何キロメートルにも及ぶ固い岩でできている。

The drill (p) the hard rock (s) and (l) was (f) inside to (r) the (s) gas.
シェールガスを取り出すために、ドリルが固い岩面を突き破り、液体が注入された。

0187 active / volcano / plenty / warning / erupts
0188 marsh / important / feeding / area / rainy / season
0189 deadly / tremors / began / sunrise / minutes / collapsing
0190 researching / volcano / collected / samples / rocks / basalt
0191 mantle / made / up / of / tough / rock
0192 penetrated / surface / liquid / forced / remove / shale

地学 Geology

0193
groove
[grú:v]
名 ①（敷居・レコードなどの）溝
②型にはまった生活

groove groove

0194
aquifer
[ǽkwəfə]
名 帯水層

aquifer aquifer

0195
dormant
[dɔ́:mənt]
形 ①〈火山などが〉活動休止中の
②冬眠中の、眠っている

dormant dormant

0196
gape
[géɪp]
動 ①〈穴・傷が〉ぽっかりと開く
②（驚きで）口をぽかんと開けて見る

gape gape

0197
avalanche
[ǽvəlɑ̀:ntʃ]
名 ①雪崩 ②殺到

avalanche avalanche

0198
silt
[sɪ́lt]
名 沈泥、シルト

silt silt

0199
hinterland
[hɪ́ntəlæ̀nd]
名 奥地、内陸地方

hinterland hinterland

0200
longitude
[lɔ́ŋgɪtjù:d]
名 経度

longitude longitude

0201
desolate
[désələt]
形 荒涼とした、人けのない

desolate desolate

0202
hilly
[hɪ́li]
形〈土地が〉丘の多い、起伏に富んだ

hilly hilly

0203
inland
形 [ɪ́nlənd] 副 [ɪnlǽnd]
形 内陸の、沿岸［国境］から離れた
副 内陸に

inland inland

0204
boulder
[bóuldə]
名（浸食を受けた）大きな丸石；巨礫（きょれき）

boulder boulder

［解答］
0193 drill / finds / groove / rock / create / narrow
0194 aquifer / underground / holds / water / essential / plants
0195 Although / dormant / volcano / dangerous / erupt
0196 mixes / underground / gaping / holes / appear
0197 Deforestation / mountainous / likelihood / of / avalanches / snowy
0198 Silt / collected / banks / used / farming

The (d)(f) a (g) in the (r) and starts to (c) a (n) hole.
ドリルは岩の溝を探り当て、小さい穴を開け始める。

The (a) — (u) rock and sand which (h) (w) — is (e) to local (p).
帯水層—地下で水を保持する岩石や砂—は地域の植物にとって欠かせないものだ。

(A) Mount Vesuvius is a (d)(v), it is still very (d) and could (e) again.
ベスビオ山は休火山だが、今でも非常に危険で、再噴火する可能性がある。

As salt (m) with water (u), (g) (h)(a) around the Dead Sea.
塩が地下で水と混じるために、死海の周囲にぽっかりと穴が開いている。

(D) in (m) areas increases the (l) (o)(a) during (s) seasons.
山間部の森林を伐採すると、雪の季節に雪崩が起きやすくなる。

(S) that (c) on the (b) of the Nile would be (u) for (f) by Egyptians.
エジプト人はナイル川の中州にたまった沈泥を農業に使った。

The (b)(h), while far from the sea, (h) depended on rivers for (a) and (t).
その内陸の過疎地は海から離れていたので、農業や輸送を行うのに川に大きく依存していた。

The (a)(d) the (l) and (l) (o) your exact (l) on Earth.
このアプリはあなたがまさにいる地球上の位置の経度と緯度を示す。

(A) a (d) can (s)(d), there is much life (b) the (s).
砂漠は荒涼としているように見えるかもしれないが、砂の下にはたくさんの生物がいる。

The (h)(n) of the (c)(m) it (d) to (b) on.
その田園地方は丘の多い地形なので建設しにくい。

(P)(p)(l)(i) are less (v) to natural (d).
内陸にある発電所の方が自然災害の影響を受けにくい。

(T) was (b) up because a (l)(b) had (f) from the mountain and was (o) the road.
交通渋滞が起きたのは、山から大きな岩が落ちて道を塞いでいたためだった。

0199 barely-populated / hinterland / heavily / agriculture / transportation
0200 application / displays / longitude / latitude / of / location
0201 Although / desert / seem / desolate / beneath / sand
0202 hilly / nature / countryside / makes / difficult / build
0203 Power / plants / located / inland / vulnerable / disasters
0204 Traffic / backed / large / boulder / fallen / obstructing

地学／環境 Geology / Environmental Science

0205
topography
[təpɑ́grəfi]
名 ①地形、地勢 ②地形図

topography topography

0206
trench
[tréntʃ]
名 ①（細長い）溝 ②塹壕

trench trench

0207
gorge
[gɔ́:dʒ]
名（小）峡谷
動 がつがつ食べる

gorge gorge

0208
swamp
[swɑ́mp]
名 沼地、湿地
動 ～を圧倒する

swamp swamp

0209
latitude
[lǽtətjù:d]
名 緯度、（ある緯度の）地域

latitude latitude

0210
erode
[ɪróud]
動 ①～を侵食する；浸食される
②〈関係など〉を損なう

erode erode

0211
deplete
[dɪplí:t]
動〈資源など〉を激減させる、枯渇させる

deplete deplete

0212
logging
[lɔ́gɪŋ]
名 伐採

logging logging

0213
habitat
[hǽbətæ̀t]
名（動植物の）生息地、生息場所

habitat habitat

0214
tumble
[tʌ́mbl]
動 ①急落する ②転ぶ、倒れる
名 転倒

tumble tumble

0215
imminent
[ímənənt]
形 切迫した、差し迫った

imminent imminent

0216
seep
[sí:p]
動 染み込む、染み出る

seep seep

［解答］ **0205** detailed / analysis / topography / of / area / dangerous
0206 millions / running / created / deep / trenches / rock
0207 limestone / gorge / features / caves / open
0208 features / large / number / swamps / animals / alligators
0209 Countries / northern / latitudes / experience / periods / daylight
0210 Waves / wind / coast / eroded / land / approximately

A (d)(a) of the (t)(o) the (a) showed how (d) the mountains were.
その地域の地形を詳細に調べると、山が非常に危険であることがわかった。

Over (m) of years, (r) water from rivers (c) (d)(t) in the (r).
何百万年もかけて、川から流れる水がその岩に深い溝を刻んだ。

The (l)(g), which cuts 137 metres into the ground, (f) two (c) that are (o) to the public.
その石灰岩の峡谷は深さ 137 メートルで、一般公開されている 2 つの洞窟が呼び物になっている。

Florida (f) a (l)(n) of (s), the home of (a) such as (a).
フロリダにはワニなどの動物が生息する沼がたくさんある。

(C) in (n)(l), such as Norway, (e) long (p) of (d) in summer.
ノルウェーなどの北方の国々では、夏は日が出ている時間が長い。

(W) and (w) hitting the (c) has (e) the (l) by (a) ten metres every year.
岸に打ちつける波や風によって、陸が毎年約 10 メートル浸食されている。

A (r) source of (r) energy needs to be found before (o) and (c)(r) are (d).
石油や石炭の資源が枯渇する前に、安定した再生可能エネルギー源を見つけなければならない。

The (a) of (c) down trees is (c) (l), and it is (d) to the local (w).
木を切り倒す行為を伐採と呼ぶが、それが地域の野生生物に悪影響を与えている。

The (n)(h)(o)(a) are (p) by many (l).
動物の自然生息地は多くの法律で守られている。

Due to (o), (n) of (s) have (t) in recent years to their (l)(f).
乱獲により、サメの数は近年、史上最低値に落ち込んでいる。

(A) such as Sumatran tigers and bonobos are (i) (i)(d)(o)(e).
スマトラトラやボノボなどの動物は絶滅の危機が差し迫っている。

(P) which (d) into rivers or (s) (i)(s) can cause damage to the (e).
殺虫剤が川に流れ込んだり土に浸み込んだりすると、環境を損なう恐れがある。

0211 reliable / renewable / oil / coal / resources / depleted
0212 act / cutting / called / logging / damaging / wildlife
0213 natural / habitats / of / animals / protected / laws
0214 overfishing / numbers / sharks / tumbled / lowest-ever / figure
0215 Animals / in / imminent / danger / of / extinction
0216 Pesticides / drain / seep / into / soil / environment

環境 Environmental Science

0217
curtail
[kəːtéɪl]
動 ～を切り詰める、削減する

curtail curtail

0218
sludge
[slʌ́dʒ]
名 (水底の) 沈泥、へどろ

sludge sludge

0219
toxic
[tɔ́ksɪk]
形 毒性のある、有毒な

toxic toxic

0220
hostile
[hɔ́staɪl]
形 ①〈環境などが〉厳しい ②敵意を持った

hostile hostile

0221
pollutant
[pəlúːtənt]
名 汚染物質、汚染源

pollutant pollutant

0222
extinct
[ɪkstínkt]
形 ①絶滅した ②死火山の

extinct extinct

0223
menace
[ménəs]
名 ①脅威、威嚇 ②厄介者
動 ～を脅かす

menace menace

0224
unfit
[ʌnfít]
形 ①（目的・条件などに）適さない
②健康でない、虚弱な

unfit unfit

0225
scarcity
[skéəsəti]
名 欠乏、不足

scarcity scarcity

0226
fume
[fjúːm]
名 (有害な) 煙、ガス

fume fume

0227
irreversible
[ìrɪvə́ːsəbl]
形 元に戻せない、不可逆の

irreversible irreversible

0228
cumulative
[kjúːmjələtɪv]
形 累積的な、累加による

cumulative cumulative

［解答］
0217 way / curtail / effect / on / environment / transport
0218 filters / water / from / sludge / waste / usable
0219 Immediately / disaster / air / toxic / residents / safety
0220 hostile / conditions / for / polar / arctic / mammals
0221 alarming / pollutants / are / commonly / found / water
0222 Although / dinosaurs / are / extinct / similarities / modern-day

The best (w) to (c) our (e)(o) the (e) is to use public (t).
環境への影響を減らす一番よい方法は公共交通機関を利用することだ。

The machine (f)(w)(f) the (s), allowing (w) to become (u) drinking water.
この機械は水をろ過して汚泥を取り除き、廃水を飲める水にする。

(I) after the (d), the (a) was (t), and (r) had to leave for their (s).
その災害の直後は大気が毒されていたので、住民は身の安全のために避難しなければならなかった。

Rising sea levels have resulted in (h)(c)(f) (p) bears and other (a)(m).
海面上昇により、ホッキョクグマなどの北極圏のほ乳類たちが生息しにくい環境になっている。

It is (a) that (p)(a)(c) (f) in our drinking (w).
飲み水に普通に汚染物質が入っているというのは憂慮すべきことだ。

(A) the (d)(a) now (e), we can see (s) in some (m) animals.
恐竜はもう絶滅しているが、現代の動物の中に類似点が認められることもある。

In his book, he (a) that the (r)(m) (b)(c) change is large (c).
彼は著書において、気候変動の背後にある真の脅威は大企業だと論じている。

(B) of the (p), the (a)(i) (u) for (h) to live in.
その場所は汚染されていて、人が住むのに適さない。

(C) change has led to an (i) in (w) (s), (p) for those from (p) countries.
気候変動により、特に貧しい国の人々が使う水が不足することが増えている。

(E)(f) from (m)(c) heavily to the (p)(c) in Vietnam.
オートバイの排気ガスはベトナムの汚染危機の大きな原因だ。

The effects of (g)(w) may (b) (i), and we can only hope to (p)(f) damage.
地球温暖化の影響は元に戻せないかもしれず、私たちに望めるのはこれ以上の悪影響を防ぐことだけかもしれない。

The (c)(e) of (h) has (r) the world's (p) of elephants to (t).
人間が及ぼす影響が累積して、世界のゾウの数は数千にまで減っている。

0223 argues / real / menace / behind / climate / corporations
0224 Because / pollution / area / is / unfit / humans
0225 Climate / increase / water / scarcity / particularly / poorer
0226 Exhaust / fumes / motorbikes / contribute / pollution / crisis
0227 global / warming / be / irreversible / prevent / further
0228 cumulative / effect / humans / reduced / population / thousands

環境 Environmental Science

0229
forestry
[fɔ́rəstri]
名 林業；森林管理

forestry forestry

0230
landfill
[lǽndfìl]
名 埋め立て（地）、廃棄物処理場

landfill landfill

0231
cherish
[tʃérɪʃ]
動 ～を大事にする

cherish cherish

0232
loom
[lúːm]
動 次第に迫って来る

loom loom

0233
decimate
[désəmèɪt]
動 ①～に大損害を与える ②多くの〈人・動物〉を殺す

decimate decimate

0234
combustible
[kəmbʌ́stəbl]
形 燃えやすい、可燃性の

combustible combustible

0235
imperative
[ɪmpérətɪv]
形 ①必須の、避けられない ②命令の

imperative imperative

0236
culprit
[kʌ́lprɪt]
名 ①問題の原因 ②犯人、容疑者

culprit culprit

0237
residue
[rézɪdjùː]
名 残り、残留物

residue residue

0238
sanctuary
[sǽŋktʃuəri]
名 ①鳥獣保護区域 ②聖域

sanctuary sanctuary

0239
endangered
[ɪndéɪndʒəd]
形 （絶滅の）危機に瀕した

endangered endangered

0240
biomass
[báɪəʊmæ̀s]
名 ①バイオマス ②生物量

biomass biomass

［解答］
0229 Education / in / forestry / essential / wishing / woodland
0230 downside / of / landfill / reused / buried / underground
0231 cherish / look / after / wildlife / lost / forever
0232 Numerous / warned / environmental / disaster / looms / ahead
0233 cod / population / been / decimated / due / overfishing
0234 use / combustible / fuel / petrol / greener / alternatives

(E)(i)(f) is (e) for those (w) to manage (w) areas.
森林地帯を管理したい人には林業教育が不可欠だ。

The main (d)(o)(l) is that the waste is not (r), just (b)(u).
埋め立ての一番の欠点は、ごみが再利用されずにただ地下に埋められることだ。

If we do not (c) and (l)(a) our (w), it could be (l)(f).
野生生物を大事にし見守ってやらなければ、永遠に失われてしまうかもしれない。

(N) climate scientists have (w) that (e) (d)(l)(a).
非常に多くの気候学者が、環境が大きく損なわれる事態が迫って来ていると警告している。

The (c)(p) has (b)(d) (d) to (o) in the North Sea.
タラは北海で乱獲されて数が激減している。

Engines (u)(c)(f) such as (p), but we are trying to use (g)(a).
エンジンはガソリンなどの可燃性燃料を使うが、私たちはもっと環境に優しい代替物を使おうとしている。

Environmentalists (w) that (i) is (i) to (r) the amount of (p) being produced (w).
環境保護主義者は、世界中で発生している汚染の量を減らすことが必須だと警告している。

(C) have (c) that there is not one (i) (c)(f) environmental (d).
気候学者たちは、環境破壊の原因は何か1つにあるわけではないという結論に達している。

(P)(l) a (c)(r) on the (o) of fruit and vegetables that should be (w) away.
果物や野菜の外側には殺虫剤の化学薬品が残っているので、それを洗い落とすべきだ。

The area was (p) for (h)(u) it was made a (s)(f) local (w) in 1983.
その場所は人気の狩猟地だったが、1983年に地域の野生生物の保護区域に指定された。

Scientists have (e)(c) at the (r) (e)(a) are (d) off.
科学者は絶滅危惧種が死に絶えつつある割合に懸念を表している。

(W)(c) and wood — (k) as (b) — are being (u) to (c) energy.
バイオマスとして知られる農産物や木材の廃棄物はエネルギー生産に使われている。

0235 warn / it / imperative / reduce / pollution / worldwide
0236 Climatologists / concluded / individual / culprit / for / damage
0237 Pesticides / leave / chemical / residue / outside / washed
0238 popular / hunting / until / sanctuary / for / wildlife
0239 expressed / concern / rate / endangered / animals / dying
0240 Waste / crops / known / biomass / used / create

環境 Environmental Science

0241
pragmatic
[prægmǽtɪk]
形 実用的な、実践的な

pragmatic pragmatic

0242
fragile
[frǽdʒaɪl]
形 ①壊れやすい、もろい ②はかない

fragile fragile

0243
rewilding
[rɪwáɪldɪŋ]
名 再野生化

rewilding rewilding

0244
catastrophe
[kətǽstrəfi]
名 ①大災害、大惨事 ②大失敗

catastrophe catastrophe

0245
Arctic
[ɑ́:ktɪk]
形 北極（圏）の
名 北極（圏）

Arctic Arctic

0246
wreak
[rí:k]
動〈損害など〉をもたらす

wreak wreak

0247
offset
動 [ɔ̀fsét] 名 [ɔ́fsèt]
動 ～を相殺する
名 相殺するもの、オフセット

offset offset

0248
litter
[lítə]
名（散らかされた）ごみ
動〈ごみなど〉を散らかす

litter litter

0249
brunt
[brʌ́nt]
名（攻撃の）矛先、矢面

brunt brunt

0250
eliminate
[ɪlímənèɪt]
動 ①～を取り除く ②～を撲滅する

eliminate eliminate

0251
havoc
[hǽvək]
名（大規模な）破壊、混乱

havoc havoc

0252
proactive
[prəʊǽktɪv]
形 先のことを考えた、事前に対策を講じる

proactive proactive

［解答］ 0241 believe / nuclear / necessary / pragmatic / clean-energy / solution
0242 threaten / fragile / homes / of / animals / rainforest
0243 rewilding / of / animals / achieved / support / wildlife
0244 series / environmental / catastrophes / damaged / economy / island
0245 Arctic / animals / such / polar / bear / living
0246 stink / wreaking / havoc / accidentally / introduced

0252

Many (b) that (n) power is a (n) part of any (p)(c)(s).

実用的なクリーンエネルギーを確保する手段として原子力発電は絶対に必要だと考える人は多い。

Humans (t) the (f)(h)(o) thousands of (a) in the Amazon (r).

人間はアマゾン雨林の何千もの動物のもろいすみかを脅かしている。

The (r)(o) many (a) can only be (a) with (s) from (w) organisations.

多くの動物の再野生化は野生生物団体の支援がなければ成しえない。

A (s) of (e)(c) greatly (d) the (e) of the small (i) nation.

環境破壊が続いたために、その小さな島国の経済は大打撃を受けた。

(A)(a), (s) as the (p) (b), are used to (l) in the cold.

ホッキョクグマなどの北極の動物は寒冷地で生きることに慣れている。

The brown (s) bug has been (w)(h) ever since it was (a)(i) to North America in 1996.

クサギカメムシは 1996 年に北アメリカにたまたま持ち込まれて以来、大損害をもたらしている。

Necessary (c)(e) can (b)(o) by (i) in green (t).

必要な炭素の排出は、環境に優しい技術への投資によって相殺できる。

Indonesia's (i)(l)(p) is (w) by (i) from other (c).

インドネシアで増加しているごみの問題は、他国から輸送されてくるものによって悪化している。

The poor are most (l) to (t) the (b) (o) the (e) of (c) change.

貧しい人たちが気候変動の影響をもろに受ける可能性が極めて高い。

The Centre for (C) Change (w) to (e) all (s)(p) by 2050.

気候変動センターは 2050 年までに使い捨てプラスチック製品を排除したいと思っている。

Global (w) is (c)(h)(t) animals and the natural (e) across the (g).

地球温暖化は世界中の動物や自然環境に大打撃を与えている。

(S) have long (w) that we need to (b) more (p)(a)(c) change.

科学者はずっと以前から気候変動について事前にもっと対策を講じる必要があると警告していた。

0247 carbon / emissions / be / offset / investing / technology
0248 increasing / litter / problem / worsened / imports / countries
0249 likely / take / brunt / of / effects / climate
0250 Climate / wants / eliminate / single-use / plastics
0251 warming / causing / havoc / to / environment / globe
0252 Scientists / warned / be / proactive / about / climate

環境 Environmental Science

0253
indiscriminate
[ìndɪskrímənət]
形 無差別の、見境のない

indiscriminate indiscriminate

0254
irrevocable
[ɪrévəkəbl]
形 変更できない、取り消せない

irrevocable irrevocable

0255
finite
[fáɪnaɪt]
形 限りのある、有限の

finite finite

0256
incineration
[ɪnsìnəréɪʃən]
名 ①焼却 ②火葬

incineration incineration

0257
disposal
[dɪspóuzl]
名 処分、処理

disposal disposal

0258
annihilate
[ənáɪəlèɪt]
動 ～を全滅させる、絶滅させる

annihilate annihilate

［解答］ **0253** widely / indiscriminate / chemicals / significant / impact / environment
0254 Although / slow / climate / long-term / effects / irrevocable
0255 Fossil / fuel / deposits / finite / alternative / forms
0256 waste / recyclable / is / sent / for / incineration
0257 disposal / of / waste / rid / incredibly / costly
0258 Unless / destruction / somehow / decreased / annihilate / itself

It is (w) known that the (i) use of (c) has a (s)(i) on the (e).

化学物質を見境なく使うと環境に多大な影響が出るということは広く知られている。

(A) we can (s) down (c) change, the (l)(e) are (i).

気候変動を遅らせることはできるが、長期的影響は避けられない。

(F)(f)(d) are (f), so (a)(f) of energy will become more and more important.

化石燃料の埋蔵量には限りがあるので、代替エネルギーがますます重要になるだろう。

Most (w) that is not (r)(i)(s) (f)(i).

リサイクルできないごみの大部分は焼却に回される。

The (d)(o) nuclear (w) is difficult; getting (r) of the materials is (i)(c).

核廃棄物の処理は困難だ。この物質の除去には途方もない費用がかかる。

(U) the (d) of nature is (s)(d), the human race may (a)(i).

自然破壊を何とかして減らさない限り、人類は滅亡してしまうかもしれない。

イギリス英語のリスニングに慣れる

日本の英語教育や教材はアメリカ式が中心なので、イギリス発音に抵抗を感じる方は少なくありませんが、以下のポイントを知っていれば対応は十分可能で、逆に楽な点もあります。

1 イギリス発音とアメリカ発音との一般的な違い

イギリス発音の代表的な特徴をいくつか挙げておきます。

• 語末／語中の r は発音を省略

アメリカ発音ではこの r を長く伸ばして発音しますが、イギリス発音ではこの r 音は入りません。アメリカ発音に慣れた日本人にとって、この r の発音の省略は、イギリス英語を聞き取りにくくしている一因となっています。

[例] door : (英) [ドー] ↔ (米) [ドアー]
coarse (本書 0041) : (英) [コース] ↔ (米) [コアース]
glacier (本書 0181) : (英) [グレイシア] ↔ (米) [グレイシャー]

• t に関する変化がない

アメリカ英語では t が [ダ] [ラ] [リ] に変化する傾向がありますが、イギリス英語ではこの変化は起こりません。

[例] better : (英) [ベ**タ**] ↔ (米) [ベ**ダー**]
water : (英) [ウォー**タ**] ↔ (米) [ウォー**ラー**]
party : (英) [パー**ティ**ー] ↔ (米) [パー**リィ**ー]

• a は普通の [ア] でよい

apple の a に関してよく「口を横に開いて [ア] と [エ] の中間の音を出す」と説明されますが、これはアメリカ発音の話。イギリス発音では原則的に、口を縦に大きく開いて [ア] と発音すれば OK です。

[例] apple : (英) [**ア**ップル] ↔ (米) [**エァ**ップル]
bath : (英) [**バー**ス] ↔ (米) [**バァ**ース]
can't : (英) [**カァ**ーント] ↔ (米) [**キャ**ーント]

本書にもしばしば、イギリス特有の発音の単語が出てきます。音声を繰り返し聞き、正しい発音をチェックしましょう。

2 IELTS の音声スピード

イギリス発音に気を取られがちですが、IELTS の音声スピードは他の英語テストに比べて遅めです。ネイティブがナチュラルスピードで話す際には、音の連結（例：have it [ハブイット] ➤ [ハビット]　look at [ルックアット] ➤ [ルカット] のように聞こえる現象）がよく起こり、これがリスニングを難しくする一因になっていますが、IELTS の音声スピードでは、この変化はあまり起きないため、聞き取りやすくなっています。

自然科学Ⅱ

Natural Science II

生物　野生動物　植物　医学　生理学　薬学　人類学　食料生産　スポーツ

生物 Biology

0259
aquatic
[əkwǽtɪk]
形 水生の、水辺の

aquatic aquatic

0260
incubate
[íŋkjəbèɪt]
動〈卵〉を抱く；孵化する

incubate incubate

0261
mammal
[mǽml]
名 ほ乳動物、ほ乳類

mammal mammal

0262
pant
[pǽnt]
動 息を切らす

pant pant

0263
susceptible
[səséptəbl]
形 影響されやすい、感染しやすい

susceptible susceptible

0264
terrestrial
[təréstriəl]
形 ①陸上の、陸生の ②地上の、地球の

terrestrial terrestrial

0265
adaptation
[æ̀dæptéɪʃən]
名 ①適応、順応 ②脚色、改作

adaptation adaptation

0266
echolocation
[èkəuləukéɪʃən]
名 反響位置測定

echolocation echolocation

0267
ashore
[əʃɔ́ː]
副 岸に［へ］、陸に［へ］

ashore ashore

0268
squeak
[skwíːk]
名 金切り声
動 金切り声を出す

squeak squeak

0269
amphibian
[æmfíbiən]
名 両生類の動物
形 両生類の

amphibian amphibian

0270
alienate
[éɪliənèɪt]
動 ～を遠ざける、阻害する

alienate alienate

［解答］
0259 Ducks / developed / perfectly / suited / aquatic / habitats
0260 Male / emperor / penguins / incubate / eggs / months
0261 Mammals / goats / commonly / raised / farms / throughout
0262 dog / pants / cool / down / evaporates / mouth
0263 winter / plants / susceptible / to / cold / freeze
0264 Terrestrial / animals / spend / lives / land / sea

(D) have (d) feet (p)(s) to their (a)(h).

アヒルは水辺の生息地にぴったり合う足を発達させてきた。

(M)(e)(p) need to (i) the (e) for over two (m).

オスのコウテイペンギンは 2 か月以上卵を抱いていなければならない。

(M) such as cows, pigs, and (g) are (c) (r) on (f)(t) Asia.

牛や豚やヤギなどのほ乳類がアジア全域の農場で広く飼育されている。

A (d)(p) when it needs to (c) itself (d), as water (e) from its (m).

犬は体温を下げなければならないときにあえぐ。そうすると、口から水分が蒸発する。

As (w) comes, many (p)(s)(t) the (c) start to (f) and die.

冬の到来とともに、寒さに弱い多くの植物が弱って枯れ始める。

(T)(a)(s) most of their (l) on (l), not in the (s) or air.

陸生動物は生涯のほとんどを海中や空中ではなく陸上で過ごす。

When (m) is not (p), (a) is sometimes an (a) only (h) for (s).

移動ができない場合、適応が時に動物が生き残る唯一の可能性である。

Animals such as (b) and (w)(u) (e)(t)(n) dark areas and find food.

コウモリやクジラといった動物は暗がりを進んでえさを見つけるために音波探知を用いる。

They (w) why these sea (a)(c) (a) when they cannot (s) for long on (d) land.

この海の動物は水のない陸地では長く生きられないのになぜ上陸するのだろう、と彼らは不思議に思った。

The dormouse (c)(w) little (s) that are (s) to the (s) a small (r) might make.

ヤマネは小さいネズミの鳴き声に似た細い金切り声でコミュニケーションをとる。

(A), such as (f), (l) in a wide (r) of (h), from lakes to (d).

カエルなどの両生類は湖から砂漠まで様々な生息地で暮らしている。

The animal (w)(a)(f) its (f) because it was (s) than the (r) of the babies.

その動物はほかの赤ちゃんより小さかったので、家族と別の場所に移された。

0265 migration / possible / adaptation / animal's / hope / survival
0266 bats / whales / use / echolocation / to / navigate
0267 wondered / animals / come / ashore / survive / dry
0268 communicates / with / squeaks / similar / sounds / rat
0269 Amphibians / frogs / live / range / habitats / deserts
0270 was / alienated / from / family / smaller / rest

生物 Biology

0271
segment
[ségmənt]
名 ①（自然にできた）部分、区分 ②線分

segment segment

0272
strain
[stréɪn]
名 菌株、変種

strain strain

0273
noxious
[nɔ́kʃəs]
形 有毒の、有害な

noxious noxious

0274
circulation
[sə̀:kjuléɪʃən]
名 ①循環 ②流通、発行部数

circulation circulation

0275
fungus
[fʌ́ŋgəs]
名（かび・キノコ・酵母菌などの）真菌

fungus fungus

0276
metamorphose
[mètəmɔ́:fəuz]
動 ①変態する ②変貌する、変容する

metamorphose metamorphose

0277
slit
[slít]
名（細長い）切れ目、裂け目

slit slit

0278
ooze
[ú:z]
動 ①〈液体〉を流れ出させる、にじみ出させる ②流れ出る、にじみ出る

ooze ooze

0279
appendage
[əpéndɪdʒ]
名 ①付属器官 ②付属物

appendage appendage

0280
nourishment
[nʌ́rɪʃmənt]
名 栄養（分）、滋養

nourishment nourishment

0281
microbe
[máɪkrəub]
名 微生物、細菌

microbe microbe

0282
shun
[ʃʌ́n]
動 ～を避ける、遠ざける

shun shun

[解答]
0271 three / segments / wasp's / body / head / abdomen
0272 create / a / strain / of / resistant / disease
0273 Hikers / warned / noxious / weeds / harmful / humans
0274 Blood / circulation / slows / passengers / remain / motionless
0275 fungus / attack / other / plants / feed / grow
0276 inside / cocoon / caterpillar / metamorphoses / into / butterfly

0282

MP3>0271-0282

The (t)(s) of the (w)(b) are the (h), thorax, and (a).

ハチの体の３つの部分は頭部、胸部、腹部だ。

Scientists managed to (c)(a)(s) (o) the plant that is (r) to the (d).

科学者たちはその病気に耐性のある植物の変種をなんとか作り出した。

(H) are (w) of the (n)(w) in the area, which are (h) to (h).

ハイカーはその地域の有毒な草に注意するよう呼びかけられている。その草は人間に害を及ぼす。

(B)(c)(s) during long flights because (p)(r)(m) for hours.

長距離飛行では乗客は何時間も動かずにいるので、血液循環が遅くなる。

The (f) will (a)(o)(p) to (f) itself and (g).

真菌はほかの植物にはびこって自らに栄養を与え、成長する。

When it's (i) a (c), the (c)(m) (i) a (b).

イモムシは繭の中にいる間にチョウに変態する。

The (n) baby (m) has (t)(s) for (e) that (h) open at all.

生まれたばかりの赤ちゃんモグラは目が小さな切れ目のようになっていて、まず開かない。

The aloe vera leaves are (s) and will (o) a (h) (l), (i) for (s).

アロエの葉を切ると、日焼け治療に最適の液がにじみ出る。

The (i) two mouth (a) are (u) for (h) or (c)(f).

その昆虫の２つの口の付属器官はえさをつかんだり切ったりするのに使われる。

The river (a) as a (s) of (n)(f) local (c), (p) both food and drinking water.

その川は地域社会の栄養源になっている。そこから食べ物も飲み水も得られるからだ。

These (t)(l) things are (c)(m), and are (i) to the (h) eye.

この小さな生物は微生物と呼ばれ、人の目には見えない。

(N)(s) sometimes shows mothers (s) or (r) the weaker babies in (f) of the (s) ones.

母親が強い子をかわいがり、弱い子を避けたり拒んだりすることも、一種の自然淘汰だ。

生物

野生動物　植物　医学　生理学　薬学　人類学　食料生産　スポーツ

0277 newly-born / mole / tiny / slits / eyes / hardly
0278 snapped / ooze / healing / liquid / ideal / sunburn
0279 insect's / appendages / used / holding / cutting / food
0280 acts / source / nourishment / for / communities / providing
0281 tiny / living / called / microbes / invisible / human
0282 Natural / selection / shunning / rejecting / favour / stronger

生物 Biology

0283
slither
[slíðə]
動 ずるずる滑る

slither slither

0284
parasite
[pǽrəsàɪt]
名 ①寄生虫 ②寄生者、パラサイト

parasite parasite

0285
terrify
[térəfàɪ]
動〈人〉を恐れさせる、怖がらせる

terrify terrify

0286
secrete
[sɪkríːt]
動〈器官が〉～を分泌する

secrete secrete

0287
interbreed
[ìntəbríːd]
動 ～を（…と）（異種）交配させる

interbreed interbreed

0288
descendant
[dɪséndənt]
名 子孫、末裔

descendant descendant

0289
heredity
[hərédəti]
名 遺伝（形質）；遺伝的性向

heredity heredity

0290
larva
[láːvə]
名 幼虫、幼生

larva larva

0291
algae
[ǽldʒiː]
名 藻、藻類

algae algae

0292
vantage
[vɑ́ːntɪdʒ]
名 有利（な立場）、優勢

vantage vantage

0293
ultrasonic
[ʌ̀ltrəsɔ́nɪk]
形 超音波の

ultrasonic ultrasonic

0294
reactive
[riǽktɪv]
形 ①反応する、敏感な
②〈物質が〉反応を起こしやすい

reactive reactive

[解答] **0283** Snakes / typical / slither / on / ground / moving
0284 number / parasites / increases / host / likely / die
0285 terrified / by / fireworks / loud / recommended / indoors
0286 Oil / secretes / from / skin / making / shiny
0287 Mules / interbreeding / and / donkeys / useful / carrying
0288 Research / revealed / descendant / of / ancient / breed

0294

MP3>0283-0294

(S) are far from (t) animals, as they (s)
(o) the (g) instead of (m) with feet.
ヘビは普通の動物とは大違いだ。足を使って動くのではなく地面を這うのだから。

If the (n) of (p)(i) too much, the
(h) animal is (l) to (d).
寄生虫が増えすぎると宿主の動物は死ぬだろう。

Dogs are (t)(b)(f) and other
(l) noises, so it is (r) to keep them (i).
犬は花火などの大きな音を怖がるので、室内に入れておくとよい。

(O)(s)(f) the (s),
(m) it look (s).
肌から皮脂が分泌され、そのために肌がテカつく。

(M), created from (i) horses (a)
(d), are (u) for (c) goods.
馬とロバを交配させて生み出されたラバは、荷物の運搬に役立つ。

(R) into the animal (r) it was a (d)
(o) an (a)(b) of cat.
その動物を調べた結果、古代の猫の種族の子孫であることが判明した。

What (i) our (b); is it (h), our
(e), or a (c) of the (t)?
我々の行動に影響を与えるものとは、遺伝だろうか。環境だろうか。あるいはこの 2 つの組み合わせだろうか。

Many (f) of (l) look (e) different from their
(a) forms, such as (t) and (c).
オタマジャクシや毛虫など、幼生の形態が成体とまったく違うものは多い。

(A) is the (p)(s) of (f) for
many (a) animals, (s) as krill.
藻はオキアミなど多くの水生動物の主要食物源だ。

Animals will (s) hours trying to find a (s)(v)
(p) from which to (o) their (p).
動物は獲物を観察するのに適した見晴らしのよい地点を何時間もかけて探そうとする。

(M) can (h) the (u)(f) that
(b) use, which allows them to (a) being eaten.
蛾はコウモリが使う超音波周波数を聞き取れるので、捕食されるのを避けることができる。

The Venus flytrap is (r); it (i)(c) when an
(i)(t) it.
ハエトリグサは敏感で、虫が触れた瞬間に葉を閉じる。

0289 influences / behaviour / heredity / environment / combination / two
0290 forms / larvae / entirely / adult / tadpoles / caterpillars
0291 Algae / primary / source / food / aquatic / such
0292 spend / suitable / vantage / point / observe / prey
0293 Moths / hear / ultrasonic / frequencies / bats / avoid
0294 reactive / instantly / closes / insect / touches

生物／野生動物 Biology / Wildlife

0295
nip
[níp]
動 ①〈動物が〉～を軽くかむ
②～をはさむ、つねる

nip nip

0296
vertebrate
[və́:təbrèɪt]
名 脊椎動物

vertebrate vertebrate

0297
scuffle
[skʌ́fl]
名 小競り合い、取っ組み合い

scuffle scuffle

0298
cellular
[séljulə]
形 細胞の、細胞でできた

cellular cellular

0299
buzzing
[bʌ́zɪŋ]
形 （虫・機械などの）ブンブンという

buzzing buzzing

0300
thermal
[θə́:ml]
形 ①保温性の高い ②熱の、温度の

thermal thermal

0301
hibernation
[hàɪbənéɪʃən]
名 冬眠

hibernation hibernation

0302
sting
[stíŋ]
動 ①〈昆虫・植物が〉（針・とげで）～を刺す
②〈心など〉を傷つける

sting sting

0303
offspring
[ɔ́fsprìŋ]
名 子、子孫

offspring offspring

0304
rodent
[róʊdnt]
名 齧歯(げっし)類の動物

rodent rodent

0305
maternal
[mətə́:nl]
形 母の、母親の

maternal maternal

0306
ritual
[rítʃuəl]
名 ①決まり切ったやり方、習慣 ②儀式
形 儀式の

ritual ritual

［解答］
0295 bite / rabbits / nip / people / means / communication
0296 Vertebrates / characterised / by / possession / spine
0297 Kittens / appear / having / scuffle / fun
0298 microscope / cellular / structure / of / plants / resembles
0299 rapid / vibration / produces / characteristic / buzzing / sound
0300 fat / fur / act / thermal / layer / protecting

0306

Some animals (b) for defence, but (r) actually (n)(p) as a (m) of (c).

自己防衛のためにかむ動物もいるが、ウサギは実はコミュニケーション手段として人を軽くかむ。

(V) are (c)(b) the (p) of a (s).

脊椎動物の特徴は背骨があることだ。

(K) often (a) to be (h) a (s), but it's only for (f); they aren't actually fighting.

子猫はよく取っ組み合いをしているようにみえるが、それはただ楽しんでいるだけで、実際はけんかしているのではない。

With a (m), one can see that the (c)(s) (o)(p)(r) the bricks of a building.

顕微鏡で見ると、植物の細胞の構造は建物のれんがに似ていることがわかる。

The (r)(v) of a bee's wings (p) its (c)(b)(s).

ハチが羽を素早くばたつかせると、あの独特なブンブンという音が出る。

Animals have (f) and (f) to (a) as a (t)(l), (p) them from the cold.

動物の体についている脂肪と毛皮は保温層として働き、動物を寒さから守る。

Before (g)(i)(h), (b) will eat enough (f) to keep them (a) through the winter.

冬眠に入る前、クマは冬の間生きていられるように十分な食べものを食べる。

Honey (b), (u)(w), (d) after (s) their (t).

ミツバチはスズメバチなどと違って標的を刺すと死んでしまう。

(D) will (f) their (o) for the (f) 6 to 24 (m) of (l).

イルカは生後 6 ～ 24 か月の間子どもに授乳する。

Many (r), such as (r), can (b)(s) during (f) because their homes are (f) of water.

洪水が起きるとネズミなど齧歯類の動物を多く見かける。住みかが水であふれるからだ。

(G) are very (m)(a); the mother (c) the child, (f) it (u) four years old.

ゴリラはとても母性の強い動物だ。母ゴリラは子どもが 4 歳になるまで抱えて歩き、えさを与える。

This (d) is a (r) to (s) the (c) is (r) to (m).

このダンスはその生物が求愛を示すときに決まって行うものだ。

0301 going / into / hibernation / bears / food / alive
0302 bees / unlike / wasps / die / stinging / target
0303 Dolphins / feed / offspring / first / months / life
0304 rodents / rats / be / seen / floods / full
0305 Gorillas / maternal / animals / carries / feeding / until
0306 dance / ritual / show / creature / ready / mate

野生動物 Wildlife

0307
captive
[kǽptɪv]
形 捕らえられた、拘束された

captive captive

0308
thrive
[θráɪv]
動 ①〈動植物が〉育つ
②〈事業などが〉栄える

thrive thrive

0309
exotic
[ɪgzɔ́tɪk]
形 ①外国産の、外来種の ②異国風の

exotic exotic

0310
superiority
[su(:)pìəriɔ́rəti]
名 優越、優勢

superiority superiority

0311
beak
[bí:k]
名 くちばし

beak beak

0312
fin
[fín]
名（魚の）ひれ

fin fin

0313
reptile
[réptaɪl]
名 は虫類（の動物）
形 は虫類の

reptile reptile

0314
bulky
[bʌ́lki]
形 かさばった、大きくて扱いにくい

bulky bulky

0315
hive
[háɪv]
名 ミツバチの巣（箱）

hive hive

0316
venomous
[vénəməs]
形〈蛇・クモ・ハチなどが〉有毒な

venomous venomous

0317
burrow
[bʌ́rəu]
動（動物が）穴を掘る
名 巣穴

burrow burrow

0318
excrete
[ɪkskrí:t]
動（～を）排泄する、分泌する

excrete excrete

［解答］
0307 regularly / criticised / keeping / animals / captive / roam
0308 animals / thrive / under / conditions / frogs / stormy
0309 Exotic / birds / mammals / increasingly / hunted / appearance
0310 Geckos / show / superiority / boss / biting / tails
0311 recognisable / for / long / red / orange / beak
0312 triangular / fin / dolphin's / back / turn / quickly

Zoos are (r)(c) for (k)(a)
(c) instead of letting them (r) free in the wild.
動物園は、動物を自然の中で自由に行動させずに閉じ込めていると、ことあるごとに批判される。

Many (a)(t)(u) special (c), like
(f), which enjoy (s) weather.
特殊な環境で繁殖する動物は多い。例えば、カエルは荒天を好む。

(E)(b) and (m) are (i)
(h) due to their unusual (a).
外来種の鳥やほ乳類はその珍しい外観のために狩られることが増えている。

(G)(s)(s) — or who is (b) —
by (b) other geckos' (t).
ヤモリはほかのヤモリの尾をかむことで優位性―どちらが上なのか―を示す。

The toucan is (r)(f) its (l)(r)
and (o)(b).
オオハシは赤とオレンジの長いくちばしで見分けがつく。

The (t)(f) on a (d)(b) helps it
to (t)(q) in the water.
イルカの三角形の背びれはイルカが水中で素早く曲がるのを助ける。

(R) such as (s) and (l) can (l)
(c) in hot and dry (c).
ヘビやトカゲなどのは虫類は暑く乾燥した気候でも快適に生きられる。

(R) are (k) for their (h) and their
(b)(b).
サイは角と大きな体で知られている。

(W) bees will use (w) to (c) their
(h) to (s)(h) for the winter.
働きバチは冬に備えて蜂蜜を蓄える巣を作るのに蜜ろうを使う。

A (b) from the (v)(v)(s) can
be (d) unless it is (t).
有毒なマムシにかまれた場合、治療しないと死に至る可能性がある。

When other (c) swim by, the (f)(b)
(i) the (g) to (h).
ほかの生物が通り過ぎると、その魚は海底に穴を掘って隠れる。

The (c)(t)(e) a (t)
(l) from its body which can kill even (h).
オオヒキガエルは体から人間さえ命を落としかねない毒液を分泌する。

0313 Reptiles / snakes / lizards / live / comfortably / climates
0314 Rhinos / known / horns / bulky / bodies
0315 Worker / wax / create / hive / store / honey
0316 bite / venomous / viper / snake / deadly / treated
0317 creatures / fish / burrows / into / ground / hide
0318 cane / toad / excretes / toxic / liquid / humans

野生動物 Wildlife

0319
predator
[prédətə]
名 捕食者、天敵

predator predator

0320
alight
[əláɪt]
動〈鳥・虫が〉降りて止まる

alight alight

0321
cling
[klíŋ]
動 しがみつく、固執する

cling cling

0322
decoy
[dí:kɔɪ]
名 おとり（役）

decoy decoy

0323
protrude
[prətrú:d]
動 突き出る

protrude protrude

0324
anatomy
[ənǽtəmi]
名 ①（解剖学的）構造 ②解剖学

anatomy anatomy

0325
entangle
[ɪntǽŋgl]
動 ～をもつれさせる、絡ませる

entangle entangle

0326
withstand
[wɪðstǽnd]
動 ～に耐える

withstand withstand

0327
courtship
[kɔ́:tʃɪp]
名 ①（動物の）求愛行動
②（女性への）求愛、求婚

courtship courtship

0328
nocturnal
[nɔktɔ́:nl]
形 ①〈動物が〉夜行性の ②夜の、夜間の

nocturnal nocturnal

0329
manoeuvre
[mənú:və]
動 ①巧みに進む ②～を巧みに操作する
名 操作、手順

manoeuvre manoeuvre

0330
streak
[strí:k]
名 ①筋、縞 ②（気質・行動などの）傾向

streak streak

［解答］ 0319 continue / natural / predators / of / animals / fall
0320 pleasantly / eagle / alight / on / nearby / rock
0321 gorillas / cling / to / mothers / until / age
0322 Plastic / decoys / placed / trees / attract / birds
0323 typical / shark / fin / protruding / from / seawater
0324 giraffe's / unique / anatomy / allows / reach / growing

As forests (c) to be destroyed, (n)(p) (o) smaller (a) are beginning to (f) in numbers.

森林破壊が続くと、小動物の天敵の数が減少し始める。

The zoologists were (p) surprised to see an (e) (a)(o) a (n)(r).

その動物学者たちはワシが近くの岩に止まるのを見て胸が躍った。

Young (g)(c)(t) their (m) (u) the (a) of three or four.

ゴリラの子は 3、4 歳になるまで母親にしがみついている。

(P)(d) are (p) in (t) to (a)(b) to them.

鳥を引きつけるために木にプラスチック製のおとりが置かれている。

The (t) sign of a (s) is a (f)(p) (f) the (s).

典型的なサメのしるしは海面から突き出た背びれだ。

The (g)(u)(a)(a) it to (r) the leaves (g) high up in the trees.

キリンはその独特な体の構造のおかげで、木の上の方に生えている葉を食べられる。

(D) fishing nets put (w) in (d), as animals (b)(e) and cannot (e).

打ち捨てられた漁網が野生動物を危険にさらしている。動物たちは網に絡まって抜け出せなくなるからだ。

(P) bears can (w) extreme (c) (c) because of their thick (l) of (f).

ホッキョクグマは厚い脂肪層のおかげで極寒の環境に耐えられる。

The (c)(o) the (m)(i) dancing, and may (e) with the (f) eating her partner.

カマキリは求愛中にダンスをし、最後にはメスがオスを食べてしまうこともある。

We (r)(s)(o) during the (d), as they are (n).

フクロウは夜行性なので、昼間に見かけることはめったにない。

The (s) of the fish (a) it to (m) (t) the (w) with (e).

魚はその形のおかげで水中を楽々と進むことができる。

The skunk is (k) by the two (s)(o) white (r)(d) the (b) of its body.

スカンクは背中の 2 本の白い縦縞で見分けられる。

0325 Discarded / wildlife / danger / become / entangled / escape
0326 Polar / withstand / cold / conditions / layer / fat
0327 courtship / of / mantis / involves / end / female
0328 rarely / see / owls / day / nocturnal
0329 shape / allows / manoeuvre / through / water / ease
0330 known / streaks / of / running / down / back

野生動物 Wildlife

0331
migratory
[máɪgrətəri]
形 移住する、移動性の

migratory migratory

0332
stash
[stǽʃ]
動 〈貴重品など〉を隠す、しまう

stash stash

0333
edible
[édəbl]
形 食べられる

edible edible

0334
spawn
[spɔ́:n]
動 (魚・カエルなどが)〈卵〉を産む
名 (魚・カエルなどの) 卵

spawn spawn

0335
prey
[préɪ]
名 えじき、獲物

prey prey

0336
energetic
[ènədʒétɪk]
形 精力的な、活発な

energetic energetic

0337
perch
[pə́:tʃ]
動 〈鳥が〉(止まり木に) 止まる
名 止まり木

perch perch

0338
dominance
[dɔ́mɪnəns]
名 支配、優勢

dominance dominance

0339
waggle
[wǽgl]
動 〈体の一部〉を小刻みに振る、揺する

waggle waggle

0340
herbivorous
[hə:bívərəs]
形 草食 (性) の

herbivorous herbivorous

0341
odour
[ə́udə]
名 におい

odour odour

0342
filthy
[fílθi]
形 汚れた、不潔な

filthy filthy

[解答] 0331 migratory / patterns / birds / altered / wind / changes
0332 autumn / squirrels / stash / nuts / need / survive
0333 particular / diet / eat / anything / edible / waste
0334 female / frog / spawn / eggs / survive / adulthood
0335 prey / of / animals / hide / predators / spaces
0336 night / owl / energetic / active / hunts / food

The (m)(p) of these (b) has been (a) by the (w)(c).
これらの鳥の移動ルートは風の変化によって変わっている。

Before (a), (s)(s) tens or hundreds of (n) they will (n) to (s) the winter.
リスは秋になる前に、冬を乗り切るのに必要な木の実を何十個、何百個も蓄える。

Mice do not have a (p)(d); they will (e) (a)(e), even their own (w).
ネズミは食べる物が特に決まっておらず、食べられるものは何でも、自分の排泄物でさえ、食べる。

The (f)(f) will (s) thousands of (e), of which only around five may (s) until (a).
メスのカエルは何千個もの卵を産むが、成長してカエルになるのはそのうちのわずか 5 個ほどだろう。

The (p)(o) wild (a) will (h) from their (p) using colour or dark (s).
野生動物の獲物は色や暗い場所を利用して捕食者から隠れようとする。

At (n), the (o) is far more (e) and (a), and this is when it (h) for (f).
フクロウは夜になるとずっと精力的で活発になり、この時にえさを探す。

The (b)(r) leave the (r), but sometimes they can be seen (p)(o)(l) in the city.
その鳥が雨林を離れることはまれだが、時に街灯に止まっているのが見かけられる。

(G) fight with their necks to (a)(d) (o)(o) and (d) who is the strongest.
キリンは、自らの優位性を主張し、誰が最強なのかを明確にするために、首を使って戦う。

When they (s) danger, the (s) may (w) their (t) to (a) other squirrels (n).
リスは危険を察知すると、しっぽを振って近くの仲間に警告する。

A (k) is a (h)(m), (l) on a (d) of (l).
コアラは葉っぱを食べて生きる草食ほ乳類だ。

The animals (u) their (n)(o) to (s) off (u)(v).
その動物は招かざる訪問者を撃退するのに、生まれつき持ったにおいを使う。

(P) are unable to (s), so they will (r) in the (m) to stay cool, which (m) them (f).
ブタは汗をかくことができないため、泥の中で転がって体を冷やす。それで体が汚れるのだ。

0337 birds / rarely / rainforest / perching / on / lampposts
0338 Giraffes / assert / dominance / over / others / determine
0339 sense / squirrels / waggle / tails / alert / nearby
0340 koala / herbivorous / mammal / living / diet / leaves
0341 use / natural / odour / scare / unwanted / visitors
0342 Pigs / sweat / roll / mud / makes / filthy

野生動物 Wildlife

0343
perseverance
[pə̀ːsəvíərəns]
名 忍耐（力）、根気強さ

perseverance perseverance

0344
abound
[əbáʊnd]
動 たくさんある、富む

abound abound

0345
replenish
[rɪplénɪʃ]
動 ～を補充する、補給する

replenish replenish

0346
potent
[póʊtənt]
形 よく効く、強力な

potent potent

0347
picky
[píki]
形 好みがうるさい、えり好みが激しい

picky picky

0348
stray
[stréɪ]
動 道に迷う、さまよう
形 ①道に迷った ②離れ離れになった

stray stray

0349
bait
[béɪt]
名 ①（釣りなどの）えさ
②おとり、誘惑するもの

bait bait

0350
proliferate
[prəʊlífərèɪt]
動 急速に増殖する

proliferate proliferate

0351
endemic
[endémɪk]
形 ①〈動植物が〉（地域に）固有の
②〈病気が〉（地域などに）特有の、風土性の

endemic endemic

0352
submerged
[sʌbmə́ːdʒd]
形 水中に沈んだ、水面下の

submerged submerged

0353
detach
[dɪtǽtʃ]
動 ～を分離する、取り外す

detach detach

0354
freshwater
[fréʃwɔ̀ːtə]
形 淡水の、真水の

freshwater freshwater

［解答］
0343 salmon's / perseverance / remarkable / climb / lay / eggs
0344 lake / abounding / with / life / only / number
0345 panda / sanctuaries / established / order / replenish / population
0346 venom / potent / responsible / for / up / deaths
0347 Female / normally / mate / making / pickier / most
0348 stray / from / home / find / leaving / alone

0354

The (s)(p) is (r); it can (c) thousands of metres just to (l) its (e).

サケの忍耐力はものすごい。ただ産卵するだけのために何千メートルも遡上するのだ。

The small (l), once (a)(w)(l), is now home to (o) a small (n) of fish.

その小さな湖はかつて生物であふれていたが、今では魚が少しいるだけだ。

In China, (p)(s) have been (e) in (o) to (r) the (p).

中国ではパンダの数を増やすために保護区が設置されている。

The fat-tailed scorpion's (v) is so (p) it is (r) (f)(u) to 400 (d) a year.

ファットテールスコーピオンの毒は猛毒で、多いときは年に 400 人がこの毒のために亡くなる。

(F) pandas (n)(m) only once a year, (m) them (p) than (m) animals.

メスパンダは通常、年に 1 度しか交尾しないので、たいがいの動物よりも好みがうるさい。

The gazelle will (s)(f) its (h) to (f) food, (l) its young (a).

ガゼルはえさを求めてねぐらを離れ、子どもを置き去りにしてしまう。

Wildlife (p) sometimes (u)(b) (t)(a)(a).

野生生物を撮る写真家は時にえさを使って動物をおびき寄せる。

The (E)(r)(p)(a) Australia (a) its (i) in 1857.

アナウサギは 1857 年にオーストラリアに持ち込まれて以来、全国で増殖した。

(E)(t) the Galapagos (i), this (t) can be found (n)(e) in the world.

このカメはガラパゴス諸島固有のもので、世界のほかのどこにも見つからない。

A sea (t) can (s)(s)(u) the (w) for (m) in winter.

ウミガメは冬には何か月も水中に潜ったままでいることがある。

After the (l) has (f), it (d)(i) (f) the (b) of the animal.

ヒルは十分に血を吸うと、動物の体から離れる。

British (l) and rivers are (h)(t) many (f)(f) and (w).

イギリスの湖や川には多くの淡水魚や野生生物が生息している。

0349 photographers / use / bait / to / attract / animals
0350 European / rabbit / proliferated / across / after / introduction
0351 Endemic / to / islands / tortoise / nowhere / else
0352 turtle / stay / submerged / under / water / months
0353 leech / fed / detaches / itself / from / body
0354 lakes / home / to / freshwater / fish / wildlife

野生動物 Wildlife

0355
elusive
[ɪlúːsɪv]
形 ①つかまえにくい、見つけにくい ②とらえどころのない
elusive elusive

0356
migrate
[máɪgrèɪt]
動 移住する、〈鳥などが〉渡る
migrate migrate

0357
navigate
[nǽvəgèɪt]
動 ①〈動物が〉進路を見つける ②航海する、進む
navigate navigate

0358
stalk
[stɔ́ːk]
動 〈動物などが〉〈獲物に〉忍び寄る
stalk stalk

0359
brood
[brúːd]
名 一度にかえったひな鳥；（動物の）ひと腹の子
brood brood

0360
solitary
[sɔ́lətəri]
形 ①〈人・動物などが〉群居しない、独居性の ②人里離れた
solitary solitary

0361
coexistence
[kòuɪgzístəns]
名 共存
coexistence coexistence

0362
juvenile
[dʒúːvənàɪl]
形 ①〈動植物が〉子どもの、若い ②青少年の
juvenile juvenile

0363
glossy
[glɔ́si]
形 つやつやした、光沢のある
glossy glossy

0364
coil
[kɔ́ɪl]
動 ～をぐるぐる巻く
名 ぐるぐる巻き
coil coil

0365
swivel
[swívl]
動 ①～を回転させる ②旋回する
swivel swivel

0366
communicative
[kəmjúːnəkèɪtɪv]
形 情報伝達の
communicative communicative

［解答］ **0355** set / hidden / track / movement / elusive / leopard
0356 woodland / creatures / migrate / before / winter / avoid
0357 use / stars / to / navigate / during / night
0358 Moving / bushes / tiger / stalks / prey / trying
0359 stay / with / brood / hatching / protect / chicks
0360 tend / live / solitary / lives / mating / territory

Scientists have to (s) up (h) cameras to (t) the (m) of the (e) snow (l).

つかまえにくいユキヒョウを追跡するために、科学者たちは隠しカメラを設置しなければならない。

These (w)(c)(m)(b) (w) to (a) the cold.

この森林地帯の生物は寒さを避けるために冬がくる前に渡る。

It is thought that birds (u) the Sun and (s)(t) (n)(d) the day and (n).

鳥は太陽と星を使って昼も夜も進路を見つけると考えられている。

(M) slowly through the (b), the (t) (s) its (p), (t) not to be seen.

トラは姿を見られないように茂みの中をゆっくりと進み、獲物に忍び寄る。

Birds will (s)(w) their (b) after (h) in order to (p) the (c).

鳥は、ひなが卵からかえると、ひなたちを守るためにずっとそばにいる。

Komodo dragons (t) to (l)(s)(l) until (m) season, when the males fight for (t).

コモドオオトカゲは単独生活をすることが多いが、発情期になるとオスは縄張り争いをする。

The barnacle and the (w), two very (d) sea animals, (l)(i)(h)(c).

フジツボとクジラは 2 つのまったく異なる海洋動物だが、快適に共存している。

(J)(b) can be (i)(b) their (f), which look different from those of (a) birds.

若い鳥はその羽毛で見分けることができる。それは成鳥の羽毛とは見た目が異なる。

The rich, (g)(f) was (u) to make (e)(c) for the (w).

その毛並みがよく光沢のある毛皮は、富裕層のための高価なコートを作るのに使われた。

The snake (b) its (p), (c) its (b) (a) the animal to stop it from (e).

ヘビは獲物をかみ、体中に巻きついて逃がさない。

The (o) can (s) its (h) 270 (d) in (e)(d).

フクロウは頭をどの方向へも 270 度回すことができる。

(B) is a (t) of (c)(s) — (h)(s), birds sing.

鳥のさえずりは一種の情報伝達のための鳴き声だ。つまり、人は話し、鳥はさえずるのだ。

0361 whale / different / live / in / happy / coexistence
0362 Juvenile / birds / identified / by / feathers / adult
0363 glossy / fur / used / expensive / coats / wealthy
0364 bites / prey / coiling / body / around / escaping
0365 owl / swivel / head / degrees / each / direction
0366 Birdsong / type / communicative / singing / humans / speak

野生動物／植物 Wildlife / Botany

0367
wag
[wǽg]
動 〈体の一部〉を振る、揺り動かす

wag wag

0368
orderly
[ɔ́:dəli]
形 整然とした、秩序ある

orderly orderly

0369
glide
[gláɪd]
動 滑るように動く、滑空する

glide glide

0370
traverse
[trəvə́:s]
動 ～を横断する

traverse traverse

0371
transparent
[trænspǽrənt]
形 透き通った、透明な

transparent transparent

0372
twig
[twíg]
名 小枝、若枝

twig twig

0373
shrub
[ʃrʌ́b]
名 低木、灌木

shrub shrub

0374
thorny
[θɔ́:ni]
形 ①〈植物が〉とげの多い
②〈問題などが〉やっかいな

thorny thorny

0375
nectar
[néktə]
名 （花の）蜜

nectar nectar

0376
overrun
[əuvərʌ́n]
動 ①（雑草・害虫などが）〈場所〉にはびこる
②～を侵略する

overrun overrun

0377
foliage
[fə́uliɪdʒ]
名 （木々の）葉

foliage foliage

0378
pollinate
[pɔ́lənèɪt]
動 ～に授粉する

pollinate pollinate

［解答］ 0367 elephants / happy / start / wagging / tails / side
0368 orderly / structure / to / wolf / pack / specific
0369 flight / combination / remarkable / strength / effortlessly / glide
0370 salmon / traverse / long / distances / kilometres / lay
0371 transparent / jellyfish / impossible / see / due / clear
0372 typically / build / nests / small / twigs / grasses

You can see when (e) are (h) because they (s) (w) their (t) from (s) to side.

ゾウがうれしいときは見てわかる。しっぽを左右に振り始めるからだ。

There is an (o)(s)(t) a (w) (p), in which each wolf holds a (s) rank.

オオカミの群れには整然とした構造があり、そこではそれぞれのオオカミが特定の地位を持っている。

The (f) of birds is a (c) of (r) wing (s) and the ability to (e)(g).

鳥の飛行は翼の驚異的な強さと苦もなく滑空する能力の組み合わせだ。

The (s)(t)(l)(d) — up to 3,000 (k) — to (l) their eggs.

サケは産卵するために最長で3千キロもの長距離を横断する。

The (t)(j) is almost (i) to (s) in the dark (d) to its (c) body.

透き通ったクラゲは、その透明な体のせいで、暗闇ではほとんど見えない。

House wrens (t)(b) their (n) out of (s)(t) and (g).

イエミソサザイは普通、小枝や草で巣を作る。

The (b)(g) flowers, (s) and (b) (d) hundreds of (v) every day.

その植物園の花や低木や茂みが毎日何百人もの来園者を引き寄せる。

The (t)(s)(o) the (r) will (p) the (f) from animals.

バラのとげだらけの茎は動物から花を守る。

Many animals and (i)(f)(o)(n), (i)(b) and butterflies.

コウモリやチョウなど、蜜を吸う動物や昆虫は多い。

The castle's (c) had not been (t) to in years, so it had (b)(o)(w)(w).

その城の中庭は何年も手入れされていなかったので、雑草がはびこるようになっていた。

(T)(f) from all over the world to (s) the (b)(a)(f).

この美しい紅葉を見るために世界中から観光客がやって来る。

Some (f) are (p) by (b), while others (r) on the wind to spread their (s) and (m).

ハチに授粉してもらう花もあれば、風に種をまき散らしてもらって繁殖する花もある。

0373 botanical / garden's / shrubs / bushes / draw / visitors
0374 thorny / stem / of / rose / protect / flower
0375 insects / feed / on / nectar / including / bats
0376 courtyard / tended / become / overrun / with / weeds
0377 Tourists / fly / see / beautiful / autumn / foliage
0378 flowers / pollinated / bees / rely / seeds / multiply

植物 Botany

0379
absorption
[əbzɔ́:pʃən]
名 ①吸収（すること）②吸収合併

absorption absorption

0380
canopy
[kǽnəpi]
名 ①林冠 ②天蓋（てんがい）、覆い

canopy canopy

0381
overhang
動 [òuvəhǽŋ] 名 [óuvəhæ̀ŋ]
動 張り出す［突き出る］
名 突出部

overhang overhang

0382
sprout
[spráut]
動 ①〈芽・葉が〉出る、生える
②〈ひげ・角（つの）などが〉生え始める 名 芽

sprout sprout

0383
lush
[lʌ́ʃ]
形〈植物が〉よく茂った、青々とした

lush lush

0384
grove
[gróuv]
名（柑橘類・オリーブなどの）果樹園

grove grove

0385
propagate
[prɔ́pəgèit]
動 ①繁殖する；～を繁殖させる
②伝わる、伝播する

propagate propagate

0386
seedling
[sí:dliŋ]
名 実生の草木；苗木

seedling seedling

0387
spore
[spɔ́:]
名 胞子

spore spore

0388
vegetation
[vèdʒətéiʃən]
名（ある地域に生育する）植物、植生

vegetation vegetation

0389
perennial
[pəréniəl]
形〈植物が〉多年生の
名 多年生植物

perennial perennial

0390
hardy
[hɑ́:di]
形 ①〈植物が〉耐寒性の
②〈人・動物が〉頑丈な、たくましい

hardy hardy

［解答］
0379 absorption / of / carbon / dioxide / plants / essential
0380 tend / stay / high / in / canopies / predators
0381 overhanging / vines / make / archways / garden / late
0382 start / leaves / begin / sprout / from / branches
0383 rainforest / known / lush / greenery / abundant / wildlife
0384 fans / used / keep / orange / groves / damaged

The (a)(o)(c)(d) by (p) is (e) to all life on Earth.

植物による二酸化炭素の吸収は地球のすべての生物にとって非常に重要だ。

Monkeys (t) to (s)(h)(i) the (c) of the trees, away from (p) on the ground.

サルは地上の捕食者から逃れるために木の上の方にとどまっていることが多い。

The (o)(v) of the wisteria (m) the (a) in the (g) beautiful in (l) spring.

張り出したフジのつるが晩春の庭のアーチ道を美しく飾っている。

At the (s) of spring, new (l)(b) to (s)(f) the (b).

春の始まりに枝から新しい葉が生え始める。

The Amazon (r) is (k) for its (l) (g) and (a)(w).

アマゾン熱帯雨林はうっそうとした森林と無数の野生生物で知られている。

Large (f) are (u) in the winter to (k) the (o)(g) from being (d) by the cold.

オレンジ樹林が冷害を受けないように、冬には大きな送風機が使われる。

Many (f) have (b)(p)(f) (c) from a single (p) plant.

1 本の親木から切った枝から多くの花が繁殖した。

(F) the (s)(c) a (s) that will (h) become a (f) tree.

種から苗が育ち、うまくいけばそれが成木になる。

(S)(f)(p) are (r) into the (a) in the process of (r).

繁殖の過程で植物の胞子が空中に放出される。

(L)(v) can be (s)(a) by the (c) of tall (b).

この地域の植生は高層ビル建設によって深刻な影響を受けかねない。

Many (g)(p)(p)(p) because (p) new ones every year is too much (w).

庭いじりをする人はだいたい多年生の植物を好む。毎年新しい植物を植えるのは手間だからだ。

(P) in cold (c) need to (b)(h) in order to (s) the (h) winters.

寒冷気候の植物は厳しい冬を生き抜くために耐寒性でなければならない。

0385 flowers / been / propagated / from / cuttings / parent
0386 From / seed / comes / seedling / hopefully / full-grown
0387 Spores / from / plants / released / air / reproduction
0388 Local / vegetation / severely / affected / construction / buildings
0389 gardeners / prefer / perennial / plants / planting / work
0390 Plants / climates / be / hardy / survive / harsh

植物／医学 Botany / Medicine

0391
decompose
[dìːkəmpóuz]
動 ①腐敗する、自然分解する
②～を（成分・元素などに）分解する

decompose decompose

0392
resilient
[rɪzíliənt]
形 ①回復力がある、立ち直りが早い
②弾力性のある

resilient resilient

0393
germinate
[dʒə́ːmənèɪt]
動 〈種が〉発芽する

germinate germinate

0394
disperse
[dɪspə́ːs]
動 ①～をまき散らす、広める
②〈群衆など〉を追い散らす

disperse disperse

0395
fragrant
[fréɪgrənt]
形 香りのよい

fragrant fragrant

0396
fatigue
[fətíːg]
名 疲労、倦怠感

fatigue fatigue

0397
epidemic
[èpədémɪk]
名 流行、伝染（病）
形 伝染性の

epidemic epidemic

0398
forgo
[fɔːgóu]
動 〈楽しみ〉を慎む、あきらめる

forgo forgo

0399
tolerance
[tɔ́lərəns]
名 ①耐性 ②寛容、寛大さ

tolerance tolerance

0400
retard
[rɪtáːd]
動 ～を遅らせる、妨げる

retard retard

0401
eradicate
[ɪrǽdəkèɪt]
動 〈病気など〉を根絶する

eradicate eradicate

0402
exploratory
[ɪksplɔ́rətəri]
形 調査の、探検の

exploratory exploratory

［解答］
0391 plant / life / decomposes / releasing / carbon / nutrients
0392 plants / resilient / to / weather / typically / survive
0393 waited / seed / germinate / grow / into / plant
0394 Dandelion / seeds / dispersed / being / blown / wind
0395 plant / known / medicinal / qualities / fragrant / aroma
0396 Fatigue / rarely / issue / guides / without / rest

0402

After death, (p)(l)(d), (r)
(c) and (n).
植物は枯れると自然分解し、炭素と栄養素を放出する。

The (p) are very (r)(t) cold (w)
and will (t)(s) winter.
それらの植物は寒さに非常に強く、通常、冬越しする。

They (w) for the (s) to (g) and
(g)(i) a small (p).
彼らは種が発芽して小さな植物に成長するのを待った。

(D)(s) are (d) by (b)
(b) by the (w).
タンポポの種は風に吹き飛ばされてまき散らされる。

The (p) is (k) not only for its (m)
(q) but also its (f)(a).
その植物は薬効だけでなく、かぐわしい香りでも知られている。

(F) is (r) an (i) for the (g), as
they are able to walk (w)(r).
ガイドは休みなく歩けるので、疲労はめったに問題にならない。

We all (k)(o)(h) your (h), yet
it has (b) an (e) in the United States.
私たちの誰もが肥満は健康を害すると知っているが、それでもなおアメリカでは肥満がはやっている。

If an (i) is (s) to lose (w), it is
(r) to (f)(d).
減量に苦しんでいる人がいたら、デザートをあきらめることをお勧めする。

The King of Pontus (r) ate small (a) of (p) to
(d) a (t)(a) it.
ポントスの王は定期的に少量の毒を飲んで、体が毒に耐えられるようにした。

They (e) with a (c) that appeared to (r) the
(g) of (c)(t).
彼らはがん性腫瘍の増殖を妨げると思われる化学薬品を使って実験した。

(A) chemotherapy is an (e)(t), it cannot
(r)(e) a (c).
化学療法は効果的な治療法だが、がんを確実に根絶できるわけではない。

Some (f) of (e)(s) can now be
(d) by (c)(a).
診査手術の中には今ではカメラだけで済ませられるものもある。

0397 know / obesity / harms / health / become / epidemic
0398 individual / struggling / weight / recommended / forgo / dessert
0399 regularly / amounts / poison / develop / tolerance / against
0400 experimented / chemical / retard / growth / cancerous / tumours
0401 Although / effective / treatment / reliably / eradicate / cancer
0402 forms / exploratory / surgery / done / camera / alone

医学 Medicine

0403
sterilise
[stérəlàɪz]
動 ①～を殺菌する、消毒する
②〈土地〉を不毛にする

sterilise sterilise

0404
scrub
[skrʌ́b]
動 ～をごしごし磨く

scrub scrub

0405
feeble
[fí:bl]
形 弱い、無力な

feeble feeble

0406
dehydration
[dì:haɪdréɪʃən]
名 脱水症状

dehydration dehydration

0407
deficit
[défəsɪt]
名 ①不足、赤字 ②弱点

deficit deficit

0408
ailment
[éɪlmənt]
名 (軽い) 病気、持病

ailment ailment

0409
airborne
[éəbɔ̀:n]
形 ①〈花粉・菌などが〉風で運ばれる
②空輸の

airborne airborne

0410
insidious
[ɪnsídiəs]
形 ひそかに進む、油断のならない

insidious insidious

0411
rehabilitate
[rì:əbílətèɪt]
動 ～を社会復帰させる

rehabilitate rehabilitate

0412
leafy
[lí:fi]
形 ①〈野菜などが〉葉物の
②〈場所が〉緑の多い

leafy leafy

0413
localise
[lóʊklàɪz]
動 ①～をある地域に限定する、局部にとどめる
②～の位置を特定する

localise localise

0414
haunt
[hɔ́:nt]
動 ①～にとりつく、～を悩ませる
②〈場所〉に頻繁に現れる

haunt haunt

[解答] **0403** Tools / poorly / sterilised / surgeries / leading / infections
0404 advised / scrub / themselves / thoroughly / reduce / spreading
0405 grew / feeble / age / spent / decade / wheelchair
0406 Fires / lack / led / dying / of / dehydration
0407 deficit / of / vegetables / diet / negatively / affect
0408 Patients / disease / complain / headaches / minor / ailments

(T) were (p)(s) in early (s),
(I) to many (i).
初期の外科手術では用具がしっかりと殺菌されておらず、多くの感染症を引き起こした。

Officials (a) people to (s)(t)(t)
before leaving farms to (r) the chance of (s) disease.
当局は、病気が広がる可能性を抑えるために、農場から出る前に全身の汚れをこすり落とすよう人々に忠告した。

She (g)(f) with old (a), and she
(s) the last (d) of her life in a (w).
彼女は老齢で体が弱り、最後の 10 年は車いす生活だった。

(F) and a (l) of rain (l) to animals
(d)(o)(d) on Kangaroo Island.
カンガルー島では火事と雨不足で動物が脱水症状を引き起こして死んだ。

A (d)(o) fruit and (v) in a child's
(d) can (n)(a) their health.
子どもの食事に果物や野菜が不足すると、健康に悪影響が出ることがある。

(P) with the (d) often (c) of
(h) and other (m)(a).
その病気の患者は、しばしば頭痛とその他の軽い不調を訴える。

(I) can be (t)(t)(a)
(b), such as when people (c).
病気は、咳をした場合のように、空気感染するバクテリアを通して伝染することがある。

The COVID-19 type of (c)(i)(i), as it can take
(m) weeks to (d) after (i).
COVID-19 型のコロナウイルスは潜行性で、感染してから保菌が確認されるまで数週間かかることもある。

After a (t)(e), such as (m) service, it might be
(n) to (b)(r).
兵役のようなトラウマとなる経験をしたあとでは、社会復帰のための治療を受ける必要があるだろう。

(N) are trying to (e) adults to (s) from
(s) foods to (l)(s) instead.
栄養士は成人に糖分の多い食品の代わりに葉物のサラダを食べるよう奨励しようとしている。

(A) are (a)(d) to the (w) in
order to (l) the (i).
感染を局部にとどめておくために、抗生物質が傷に直接塗布される。

The (d)(h)(p)(w)
(f) of very (n) experiences in their lives.
その疾患を持つ人は、人生における非常につらい経験がしつこくフラッシュバックしてきて苦しむ。

0409 Illnesses / transmitted / through / airborne / bacteria / cough
0410 coronavirus / is / insidious / multiple / detect / infection
0411 traumatic / experience / military / necessary / be / rehabilitated
0412 Nutritionists / encourage / switch / sugary / leafy / salads
0413 Antibiotics / applied / directly / wound / localise / infection
0414 disorder / haunts / people / with / flashbacks / negative

医学 Medicine

0415
premature
[prémətʃə]
形 時期尚早な

premature premature

0416
distressing
[dɪstrésɪŋ]
形 ①苦悩させる ②悲惨な、みじめな

distressing distressing

0417
lethargy
[léθədʒi]
名 ①無気力、倦怠 ②嗜眠

lethargy lethargy

0418
vulnerable
[vʌ́lnərəbl]
形 〈人・体などが〉弱い、（病気に）かかりやすい

vulnerable vulnerable

0419
stammer
[stǽmə]
名 吃音、口ごもり
動 口ごもる、どもる

stammer stammer

0420
enrich
[ɪnrítʃ]
動 ①〜を向上させる、〈栄養価など〉を高める ②〜を豊かにする ③〈同位元素〉を濃縮する

enrich enrich

0421
inject
[ɪndʒékt]
動 〜を注射する、注入する

inject inject

0422
habitual
[həbítʃuəl]
形 ①常習的な ②習慣的な、いつもの

habitual habitual

0423
counteract
[kàuntəǽkt]
動 〈悪影響など〉を中和する、和らげる

counteract counteract

0424
longevity
[lɔndʒévəti]
名 ①長寿 ②寿命

longevity longevity

0425
decent
[dí:snt]
形 よい、きちんとした

decent decent

0426
dietary
[dáɪətəri]
形 飲食物の、食事の

dietary dietary

［解答］
0415 premature / death / infection / caused / gunshot / wound
0416 results / of / medical / tests / were / distressing
0417 Lethargy / general / lack / responsiveness / sign / illness
0418 deeper / divers / become / vulnerable / to / risks
0419 Children / with / stammer / taken / speech / therapist
0420 Numerous / are / enriched / with / iron / nutrients

His (p)(d) at just 37 was due to an (i)
(c) by a (g)(w).
彼がわずか37歳という若さで亡くなったのは、銃撃による傷から感染したためだった。

The (r)(o) the (m)(t)
(w)(d), yet there was still hope.
医療検査の結果は心が重くなるものだったが、まだ希望はあった。

(L), a (g)(l) of energy and (r),
can be a (s) of a serious (i) in a pet.
ペットが無気力で、どこかしら元気がなかったり反応が悪かったりするのは、深刻な病気の兆候かもしれない。

The (d) they go, (d)(b) more and more
(v)(t) health (r).
ダイバーは深く潜れば潜るほど、ますます健康のリスクにさらされる。

(C)(w) a (s) should be (t) to
see a (s)(t).
吃音のある子どもは言語療法士のところに連れていって診てもらうとよい。

(N) foods for vegans (a)(e)(w)
(i) and other healthy (n).
完全菜食主義者のための食品の多くは、鉄などの健康によい栄養素で強化されている。

The medicine must (b)(i)(d)
(i) the patient's (m)(t).
その薬剤は患者の筋肉組織に直接注入しなければならない。

(G) up smoking is made (s) more (d) if it is a
(h)(a), for (e).
例えば喫煙が常習的な行動になっている場合は、禁煙するのはかなり難しくなる。

This (m), if (g)(q)(e), can
(c) the (p).
この薬は、すぐに投与すれば、その毒を中和できる。

The (l)(o) her (l) can be (e) by
her healthy (d) and (r) lifestyle.
彼女が長生きなのは、健康によい食事とゆったりとした生活のおかげだろう。

A (d)(n)(s) is (i) for our
(g)(h).
心身にわたって健康でいるには、夜きちんと眠ることが重要だ。

Many (h) centres (g)(d) as well as medical
(a), since food (a) health (g).
多くの保健所では、医療だけでなく食事に関する助言も行っている。食べ物は健康に大きな影響を与えるからだ。

0421 be / injected / directly / into / muscle / tissue
0422 Giving / significantly / difficult / habitual / action / example
0423 medicine / given / quickly / enough / counteract / poison
0424 longevity / of / life / explained / diet / relaxed
0425 decent / night's / sleep / important / general / health
0426 healthcare / give / dietary / advice / affects / greatly

医学 Medicine

0427
vigorous
[vígərəs]
形 精力的な、活力にあふれた

vigorous vigorous

0428
wholesome
[hóulsəm]
形 健康によい

wholesome wholesome

0429
excessively
[ɪksésɪvli]
副 過度に、法外に

excessively excessively

0430
sanitary
[sǽnətəri]
形 公衆衛生の、衛生上の

sanitary sanitary

0431
grimace
[gríməs]
動 顔をゆがめる
名 しかめっ面

grimace grimace

0432
succumb
[səkʌ́m]
動 ①（病気などで）倒れる、死ぬ ②屈する

succumb succumb

0433
posture
[pɑ́stʃə]
名 姿勢、態度

posture posture

0434
intake
[íntèɪk]
名 摂取

intake intake

0435
specimen
[spésəmɪn]
名 標本、サンプル

specimen specimen

0436
rouse
[ráuz]
動 ①～を目覚めさせる ②～を刺激する

rouse rouse

0437
acupuncture
[ǽkjupʌ̀ŋktʃə]
名 はり（治療）

acupuncture acupuncture

0438
outbreak
[áutbrèɪk]
名（病気などの）突発、（戦争などの）勃発

outbreak outbreak

［解答］ 0427 exercise / important / recommend / vigorous / activity / per
0428 understood / benefits / of / fresh / wholesome / food
0429 People / drink / excessively / likely / liver / disease
0430 poor / sanitary / conditions / highlighted / presence / rats
0431 accident / grimaced / with / pain / whenever / sit
0432 pressure / succumbed / to / physical / mental / illnesses

Light (e) is (i), but some doctors (r) over an hour of (v)(a)(p) week.
軽い運動は大事だが、週に1時間以上の激しい運動を勧める医者もいる。

It wasn't until the 1990s that we really (u) the (b) (o)(f), (w)(f).
1990年代になってようやく私たちは新鮮で健康によい食べ物の恩恵を真に理解した。

(P) who (d)(e) are more (l) to get (l)(d).
大酒飲みは肝臓疾患にかかりやすい。

The (p)(s)(c) were (h) by the (p) of (r) in the kitchen.
ひどい衛生状態の極めつけは台所にいるネズミたちだった。

In the days after the (a), she (g)(w) (p)(w) she tried to (s) up.
事故後の数日間、彼女は起き上がろうとするたびに痛みで顔をゆがめた。

Owing to the (p) of their jobs, many workers have (s) (t)(p) and (m)(i).
多くの労働者が仕事のプレッシャーから心身の病いに倒れている。

Sitting (u) and (m)(g)(p) (t) the day is (e) for back health.
一日中背筋を伸ばして座り、よい姿勢を保つことが、背中の健康に欠かせない。

(D) food (c)(i) in schools, (v) (i) was down (o).
学校での食物消費量は増加したのに、ビタミン摂取量は全体として減った。

Every (b)(s)(t) from (c) in the (a) was (t) for the disease.
その地域の牛から採取された血液検体はすべてその病気にかかっていないかどうか検査された。

(S) are (r)(f)(s) with a (t) morning exercise (r).
兵士たちはいつもの厳しい朝の訓練で眠気が吹き飛ぶ。

Putting special (n) into the skin to (r) pain or (t) other health (c) is (c)(a).
特殊な針を皮膚に刺して痛みを和らげたりそのほかの症状を治療したりすることをはり治療と呼ぶ。

The Ebola (v)(s)(o)(a) West Africa, (w) over 30,000 cases (r).
エボラウイルスは西アフリカ中で発生し、3万を超える症例が報告された。

0433 upright / maintaining / good / posture / throughout / essential
0434 Despite / consumption / increasing / vitamin / intake / overall
0435 blood / specimen / taken / cows / area / tested
0436 Soldiers / roused / from / sleep / tough / routine
0437 needles / relieve / treat / conditions / called / acupuncture
0438 virus / saw / outbreaks / across / with / reported

医学 Medicine

0439 **diagnosis**
[dàɪəgnóusɪs]
名 診断

diagnosis diagnosis

0440 **chronic**
[krɔ́nɪk]
形 慢性の

chronic chronic

0441 **nutrient**
[njú:triənt]
名 栄養物、栄養素
形 栄養になる

nutrient nutrient

0442 **cardiac**
[ká:diæ̀k]
形 心臓の

cardiac cardiac

0443 **complement**
名 [kɔ́mplɪmənt] 動 [kɔ́mplɪmènt]
名 完全にするもの、補完物
動 ～を完全にする、補完する

complement complement

0444 **mobility**
[məubíləti]
名 移動性、可動性

mobility mobility

0445 **efficacy**
[éfɪkəsi]
名 有効性

efficacy efficacy

0446 **vaccinate**
[væksənèɪt]
動 〈人〉に予防接種をする

vaccinate vaccinate

0447 **fatty**
[fǽti]
形 〈食べ物が〉脂肪を多く含む、脂っこい

fatty fatty

0448 **trait**
[tréɪ]
名 特徴

trait trait

0449 **insert**
[ɪnsə́:t]
動 ～を挿入する、差し込む

insert insert

0450 **mutate**
[mju:téɪt]
動 突然変異する、～を変化させる

mutate mutate

[解答] **0439** seek / formal / diagnosis / from / doctor / researching
0440 patient / suffered / from / chronic / pain / medicine
0441 concentrated / diet / with / nutrients / essential / astronauts
0442 leafy / improves / reducing / chance / cardiac / disease
0443 Supplements / complement / to / healthy / lifestyle / replacement
0444 disease / reduced / mobility / to / almost / zero

Patients should (s) a (f)(d)(f) a (d) instead of (r) online.
患者はネット検索をする代わりに医師にちゃんと診断してもらうべきだ。

The (p)(s)(f)(c) (p) for years until he took this (m).
その患者はこの薬を使うまで何年も慢性の痛みに苦しんでいた。

A (c)(d)(w) enough (n) is (e) for (a) on long journeys.
長期滞在中の宇宙飛行士には十分な栄養素を含む濃縮食品が不可欠だ。

Eating (l) green vegetables (i) the health of your heart, (r) the (c) of (c)(d).
葉物野菜を食べると、心臓が健康になり、心臓病になる可能性が低減する。

(S) are a good (c)(t) a (h) (l), but they aren't a (r).
サプリメントは健康的な生活のためのよい補完物だが、食事の代わりにはならない。

Motor neurone (d)(r) Stephen Hawking's (m) (t)(a)(z).
運動ニューロン疾患によってスティーブン・ホーキングはほとんど動くことができなくなった。

The (e)(o) the needle-based (t) is (d) by most of the (m)(c).
医療業界のほとんどの人は鍼治療の有効性を疑っている。

Before (t) to Uganda, (t) need to (b) (v)(a)(h) and cholera.
ウガンダに渡航する前に、旅行者は肝炎とコレラの予防接種をする必要がある。

(F)(f), such as (h), should not be (p) of a (r)(d).
ハンバーガーのような脂っこい食べ物は日常的に食べるべきではない。

A person's (p)(t) are (a) by (g) as well as by (l)(c).
人の身体的特徴は取り入れているライフスタイルだけでなく遺伝にも影響を受ける。

The (t) was (i)(i) the patient's (m) so he could (b)(p).
患者が正常に呼吸できるように、口にチューブが挿入された。

The (f)(v)(m)(r), which is one reason flu (s) are not always (e).
インフルエンザウイルスはどんどん変異していく。それが、予防接種が必ずしも有効ではない一つの理由だ。

0445 efficacy / of / treatment / doubted / medical / community
0446 travelling / travellers / be / vaccinated / against / hepatitis
0447 Fatty / foods / hamburgers / part / regular / diet
0448 physical / traits / affected / genes / lifestyle / choices
0449 tube / inserted / into / mouth / breathe / properly
0450 flu / virus / mutates / rapidly / shots / effective

医学 Medicine

0451
mortality
[mɔːtǽləti]
名 死亡

mortality mortality

0452
genetic
[dʒənétɪk]
形 遺伝の、遺伝子の

genetic genetic

0453
assault
[əsɔ́ːlt]
動 ～を襲う、攻撃する
名 攻撃

assault assault

0454
deteriorate
[dɪtíəriərèɪt]
動 悪化する、劣化する

deteriorate deteriorate

0455
adverse
[ǽdvəːs]
形 ①有害な、不利な ②逆の、反対の

adverse adverse

0456
curse
[kə́ːs]
名 ①災い（の元）②のろい（の言葉）

curse curse

0457
ward
[wɔ́ːd]
名 病棟、病室

ward ward

0458
flush
[flʌ́ʃ]
動 ①～を勢いよく流す、洗い流す
②〈人・顔・ほおが〉紅潮する

flush flush

0459
degenerate
[dɪdʒénərèɪt]
動 退化する、悪化する

degenerate degenerate

0460
alleviate
[əlíːvièɪt]
動 〈困難・苦痛など〉を（一時的に）軽減する

alleviate alleviate

0461
discern
[dɪsə́ːn]
動 ①～を見分ける、識別する
②～を認識する

discern discern

0462
holistic
[həʊlístɪk]
形 全体論的な

holistic holistic

［解答］
0451 Mortality / rates / improved / rapidly / improvements / healthcare
0452 genetic / disease / occur / take / place / organism
0453 disease / slowly / assault / nervous / system / properly
0454 disease / health / deteriorated / rapidly / leading / death
0455 Adverse / effects / of / drug / include / muscle
0456 curse / of / addiction / cured / prescribing / approach

(M)(r) have (i)(r) due to (i) in (h) and medicine.

保健医療と医学の改善により、死亡率が急速に低下している。

A (g)(d) can (o) when changes (t)(p) in the DNA of a living (o).

生体の DNA に変化が起こると遺伝性疾患が生じることがある。

Parkinson's (d) will (s)(a) the central (n)(s), damaging one's ability to move and think (p).

パーキンソン病は中枢神経系をゆっくりと蝕み、人が正常に動いたり考えたりする能力を損なう。

By 1973, the (d) took hold and her (h)(d) (r), (l) to her (d).

彼女は 1973 年にはすでに病に侵されていて、健康状態はみるみる悪化し、死に至った。

(A)(e)(o) the (d) (i) shaking and (m) pain.

その薬の副作用には震えや筋肉痛がある。

The (c)(o)(a) cannot be (c) by (p) more drugs; a practical (a) is needed.

中毒というやっかいなものは薬をより多く処方すれば治るわけではない。実情に合わせた治療が必要だ。

(H)(w) would (e) during the week and (f)(u) at the (w).

病棟は平日は空いていて週末になるといっぱいになった。

Doctors (r) to drink (p) of water to (f) (o) any (e)(s).

医師たちは余分な塩分を洗い流すために水をたくさん飲むことを勧める。

(S) after (f) she had the (d), her (h)(d)(q).

彼女がその病気にかかっていることが判明した直後に、彼女の体調は急激に悪化した。

(M) can (a)(d), but they (c) (c) it.

薬はうつを軽減することはできるが、治すことはできない。

The (c) can (d) which (p) are (l) to (c) the (d).

そのカメラはその病気にかかっている可能性がある人を識別できる。

(H)(m)(c) medical (i) in (r) to patients' mind and (e), not just their body.

ホリスティック医学では、医療問題を、患者の体だけでなく心や感情と関連させて考える。

0457 Hospital / wards / empty / fill / up / weekends
0458 recommend / plenty / flush / out / excess / salt
0459 Shortly / finding / disease / health / degenerated / quickly
0460 Medicines / alleviate / depression / cannot / cure
0461 cameras / discern / people / likely / carry / disease
0462 Holistic / medicine / considers / issues / relation / emotions

医学／生理学 Medicine / Physiology

0463
ingestion
[ɪndʒéstʃən]
名（食物・薬品などの）摂取、吸収

ingestion ingestion

0464
choke
[tʃóuk]
動 ①窒息する；～を窒息させる ②～をふさぐ

choke choke

0465
savour
[séɪvə]
動〈食べ物〉をゆっくり味わう

savour savour

0466
suppress
[səprés]
動 ①〈好ましくないもの〉を抑える、抑制する
②～を鎮圧する

suppress suppress

0467
moisten
[mɔ́ɪsn]
動 ～を湿らす、ぬらす

moisten moisten

0468
immune
[ɪmjúːn]
形 免疫のある

immune immune

0469
soothe
[súːð]
動 ①〈苦痛など〉を和らげる
②〈人・動物〉をなだめる

soothe soothe

0470
deficiency
[dɪfíʃənsi]
名 不足、欠乏

deficiency deficiency

0471
precede
[prɪsíːd]
動 ～に先行する

precede precede

0472
sensory
[sénsəri]
形 知覚の、感覚の

sensory sensory

0473
brittle
[brítl]
形 砕けやすい、もろい

brittle brittle

0474
wean
[wíːn]
動 ①〈赤ん坊〉を離乳させる ②～を引き離す

wean wean

［解答］
0463 linked / moderate / ingestion / of / wine / improved
0464 inventor / manoeuvre / used / choked / on / food
0465 limits / ability / savour / food / distracting / flavour
0466 Diet / pills / suppress / hunger / dangerous / health
0467 Artificial / drops / moisten / eyes / experiencing / dry
0468 Humans / immune / to / variety / diseases / medicine

0474

MP3>0463-0474

Studies have (l)(m)(i)(o) red (w) to (i) heart health.
赤ワインを適度に摂取すると心臓の機能が向上することが研究によってわかっている。

The (i) of the Heimlich (m) had it (u) on himself as he (c)(o) his (f).
ハイムリック法を編み出した人は、自分が食べ物をのどに詰まらせたときにその方法を自分に使ってもらった。

Watching TV while eating (l) our (a) to (s) (f), (d) us from its (f).
食事中にテレビを見ると、味以外に気を取られて料理を楽しむ能力が低減する。

(D)(p) that (s) your (h) can be very (d) for your (h).
空腹を抑えるダイエット用の錠剤は健康に大きな危険を及ぼすことがある。

(A) eye (d) are used to (m) the (e) in people (e)(d) eye.
ドライアイの症状がある人の目を潤すのに、人口涙液の目薬が使われる。

(H) are now (i)(t) a (v) of (d), thanks to modern (m).
現代医学のおかげで人間は今や様々な病気に対して免疫がある。

This (t) medicine of (h) has been (u) for (c) to (s)(p).
この伝統的な植物療法は痛みを和らげるために何世紀もの間行われてきた。

The doctor (c) that the (a) was the (r) of a (d)(o)(i).
その医者は、貧血は鉄不足によって起こることを解明した。

(S) life events (c)(p)(a) (a) in patients with mood (d).
気分障害を患う患者が不安発作を起こす前には、通例、ストレスを感じるような出来事が生じている。

Our (s)(o) — (e) our eyes and ears — (i) us about the (w) in which we (l).
感覚器官、特に目と耳は、私たちが暮らす世界について私たちに教えてくれる。

(B)(b)(d)(a)(r) one in 15,000 people, putting millions at risk of (f).
骨粗しょう症はおよそ 1 万 5 千人に 1 人が患っていて、何百万人もの人が骨折するリスクを負っている。

After (c)(a)(w)(o) their mother's (m), they can begin to (d) other things.
子どもは離乳したらほかの飲み物を飲ませ始めてよい。

0469 traditional / herbs / used / centuries / soothe / pain
0470 clarified / anaemia / result / deficiency / of / iron
0471 Stressful / commonly / precede / anxiety / attacks / disorders
0472 sensory / organs / especially / inform / world / live
0473 Brittle / bone / disease / affects / roughly / fractures
0474 children / are / weaned / off / milk / drink

生理学 Physiology

0475
cue
[kjúː]
名 合図

cue cue

0476
pore
[pɔ́ː]
名（皮膚の）毛穴；（葉の）気孔
動 注意深く読む

pore pore

0477
peripheral
[pəríf(ə)rəl]
形 ①周囲の、周辺（部）の
②些末な、重要でない

peripheral peripheral

0478
clumsy
[klʌ́mzi]
形 ①不器用な ②不細工な、不格好な

clumsy clumsy

0479
innate
[ɪnéɪt]
形〈能力・資質などが〉生まれつき備わっている

innate innate

0480
predispose
[prìːdɪspóʊz]
動〈人〉を（病気に）かかりやすくする、傾かせる

predispose predispose

0481
womb
[wúːm]
名 子宮

womb womb

0482
threshold
[θréʃ(h)oʊld]
名 境界値、閾

threshold threshold

0483
bodily
[bɔ́dɪli]
形 肉体の、体の

bodily bodily

0484
clot
[klɔ́t]
動 凝固する
名 塊

clot clot

0485
sniff
[sníf]
動（においなどを）クンクンかぐ
名 においをかぐこと

sniff sniff

0486
dizzy
[dízi]
形 ①めまいがする、くらくらする
②そそっかしい、愚かな

dizzy dizzy

［解答］
0475 Sunlight / works / as / cue / for / awaken
0476 pores / allow / sweat / released / cool / down
0477 Peripheral / vision / loss / tunnel / difficult / front
0478 bumping / okay / being / clumsy / part / human
0479 born / innate / ability / to / communicate / verbally
0480 Research / are / predisposed / to / diseases / ethnicity

(S)(w)(a) a (c)
(f) your body to (a).
日の光は私たちの体が目覚めるための合図として働く。

The (p)(a)(s) to be (r) to
(c) the body (d).
体を冷やすために毛穴から汗が出る。

(P)(v)(l), also called (t) vision,
makes it (d) to see anything in (f) of you.
周辺視野の喪失は視野狭窄症とも呼ばれ、目の前のものがなんであれ見づらくなる。

If you are always (b) into things, it's (o); (b)
(c) is (p) of being (h).
しょっちゅう物にぶつかっていても大丈夫。どんくさいのも人間らしさの一つだ。

Humans are (b) with the (i)(a)
(t)(c)(v).
人間は言葉を使って意思疎通できる生来の能力を持って生まれてくる。

(R) showed that certain people (a)(p)
(t) some (d) due to their (e).
民族によって特定の病気にかかりやすいことが、研究によって示された。

Research (s) that an (i)(p) begins to
(d) while still (i) the (w).
研究によると、人の性格はまだ子宮の中にいるときから発達し始めるらしい。

The study (f) that our (p)(t)(i)
as we (g) older, so we feel (l) pain.
私たちは年齢を重ねるにつれ痛みの許容度が増し、あまり痛みを感じなくなるということが、その研究でわかった。

It is (b) the (a) of one and three that children
(l) to (c) their (b)(f).
子どもが身体機能をコントロールできるようになるのは1歳から3歳までの間だ。

The medical (c)(p)(b)(f)
(c), which can make even minor cuts (f).
この疾患では血液が凝固しないので、ちょっとした切り傷でも死に至ることがある。

After (p) the (s) to her (n) and
(s) it, she (k)(e) what it was.
その物質を鼻先に持ってきてかいだとき、彼女はそれが何なのかはっきりとわかった。

(B)(d) and feeling like you are going to (f)
(o) is often a (s) of (a).
めまいがして倒れそうな気がするのはだいたい貧血の症状だ。

0481 suggests / individual's / psychology / develop / in / womb
0482 found / pain / threshold / increases / get / less
0483 between / ages / learn / control / bodily / functions
0484 condition / prevents / blood / from / clotting / fatal
0485 putting / substance / nose / sniffing / knew / exactly
0486 Being / dizzy / fall / over / symptom / anaemia

生理学 Physiology

0487
olfactory
[ɔlfǽktəri]
形 嗅覚の

olfactory olfactory

0488
reflex
[rí:fleks]
名 反射（運動）；[reflexes で] 反射神経

reflex reflex

0489
neural
[n(j)úərəl]
形 神経の、神経系の

neural neural

0490
metabolism
[mətǽbəlìzm]
名 代謝（作用）、新陳代謝

metabolism metabolism

0491
optical
[ɔ́ptɪkl]
形 ①目の、視覚の、視力の ②光学の

optical optical

0492
exhale
[ekshéɪl]
動 〈息・煙など〉を吐き出す

exhale exhale

0493
respiratory
[rɪspírətəri]
形 呼吸の、呼吸に関する

respiratory respiratory

0494
inhale
[ɪnhéɪl]
動（～を）吸い込む

inhale inhale

0495
invert
[ɪnvə́:t]
動 ～を逆さにする

invert invert

0496
pathway
[pá:θwèɪ]
名 通路

pathway pathway

0497
auditory
[ɔ́:dɪtəri]
形 聴覚の、耳の

auditory auditory

0498
spine
[spáɪn]
名 脊柱、背骨

spine spine

［解答］
0487 olfactory / nerve / has / job / allows / smell
0488 automatic / reactions / called / reflexes / react / tapped
0489 Neural / pathways / connections / brain / transport / information
0490 slow / metabolism / down / easier / gain / weight
0491 Information / passes / from / optical / nerve / brain
0492 panic / advisable / inhaling / exhaling / steadily / relax

The (o)(n)(h) one (j): it (a) us to (s).

嗅覚神経の働きはただ一つ、私たちがにおいをかぐことを可能にすることだ。

These (a)(r) are (c)(r), such as when we (r) to being (t) on the knee.

膝を叩くと足が動くというような無意識の反応を反射と呼ぶ。

(N)(p) are (c) that the (b) makes to (t)(i).

神経路とは、情報を運ぶために脳が作る連絡通路だ。

The cold can (s) your (m)(d), which makes it (e) to (g)(w).

寒いと代謝が鈍ることがあり、そうすると体重が増えやすくなる。

(I)(p)(f) the (o)(n) to the (b), allowing us to see.

情報は視神経を通って脳に届き、それによって私たちは見ることができている。

If one begins to (p), it is (a) to breathe slowly, (i) and (e)(s) to (r).

パニックになり始めたら、ゆっくりと呼吸し、落ち着いて息を吸ったり吐いたりしてリラックスするとよい。

(A) is a (d) that (a) a (p)(r)(s).

ぜんそくは人の呼吸器系を侵す病気だ。

(P) with (a) need (m) to be (a) to (i)(p).

ぜんそくの人は正常に息を吸うことができるように薬を必要とする。

The (r)(r) images (u), which are then (i)(b) the (b).

網膜は像を逆さまに受け取り、脳が次にそれを逆さにする。

After (b)(d), it (t) time for new (n)(p) to (d).

脳が損傷を受けると、新しい神経経路が時間をかけて形成される。

The (a)(n)(c) the (e) to the (b) to allow humans to (h).

聴神経が耳を脳につないでいるので、人は音を聞くことができる。

The (s)(g)(f) the (b) of a person's head (d) the (m) of the back.

背骨は人の首の根本から背中の真ん中を通っている。

0493 Asthma / disease / affects / person's / respiratory / system
0494 People / asthma / medicine / able / inhale / properly
0495 retina / receives / upside-down / inverted / by / brain
0496 brain / damage / takes / neural / pathways / develop
0497 auditory / nerves / connect / ear / brain / hear
0498 spine / goes / from / base / down / middle

薬学／人類学 Pharmacy / Anthropology

0499
dose
[dóʊs]
名（薬の）１回の服用量
動 ～に投薬する

dose dose

0500
medication
[mèdəkéɪʃən]
名 ①薬剤 ②薬物療法

medication medication

0501
antidote
[ǽntɪdòʊt]
名 ①解毒剤 ②（望ましくない状態の）解消法

antidote antidote

0502
palatable
[pǽlətəbl]
形 味のよい、口に合う

palatable palatable

0503
generic
[dʒənérɪk]
形 ①ノーブランドの、一般名称で販売される ②総称的な、包括的な

generic generic

0504
antibiotic
[æ̀ntibaɪɔ́tɪk]
名 抗生物質
形 抗生物質の

antibiotic antibiotic

0505
pharmaceutical
[fɑ̀:məsjú:tɪkl]
形 製薬の；薬剤（師）の
名 調合薬

pharmaceutical pharmaceutical

0506
antiseptic
[æ̀ntiséptɪk]
名 消毒薬、防腐剤
形 殺菌の

antiseptic antiseptic

0507
disagreeable
[dìsəgrí:əbl]
形 不愉快な、好みに合わない

disagreeable disagreeable

0508
placebo
[pləsí:bəʊ]
名 偽薬、プラシーボ

placebo placebo

0509
prescribe
[prɪskráɪb]
動 ①～を処方する ②～を命じる、規定する

prescribe prescribe

0510
primeval
[praɪmí:vl]
形 原始時代の、太古の

primeval primeval

［解答］
0499 required / doses / of / medicine / stay / alive
0500 discussed / elderly / using / medications / than / ever
0501 bites / picture / hospital / find / correct / antidote
0502 Bitter / medicine / made / palatable / for / adding
0503 patents / expire / generic / drugs / enter / market
0504 Antibiotics / for / fighting / infections / essential / war

A few of the people (r) large (d)(o) the (m) to (s)(a).
その中の数人は生きていくのに大量の薬を服用する必要があった。

Doctors (d) how (e) people are now (u) more (m)(t)(e).
医師たちは高齢者がこれまで以上に薬剤を使っている現状について議論した。

If a snake (b) you, take a (p) of it so the (h) can (f) the (c)(a).
ヘビにかまれたら、病院が正しい血清がわかるようにそのヘビの写真を撮りなさい。

(B)(m) is (m) more (p) (f) children by (a) sugars and salt.
苦い薬は砂糖や塩を加えて子どもの口に合うようにしてある。

When (p)(e), (g)(d) (e) the (m) at much cheaper prices.
特許が切れると、ジェネリック医薬品がはるかに安い価格で市場に参入する。

(A)(f)(f)(i) are (e) in times of (w).
戦時には感染症と戦うための抗生物質が欠かせない。

(S)(i) in the (p)(i) has (r) modern (m).
製薬産業への多額の投資が現代医学に大変革をもたらした。

Honey and lemon have long been used as (n)(a) (t)(t) cuts, (b), and (i).
蜂蜜とレモンは切り傷、やけど、感染症を治療するための天然の消毒薬として長く用いられてきた。

Some medicines (h) a (d)(t), so (c) give them (f) to (a) to children.
薬によってはまずいものもあるので、メーカーは子どもたちが喜ぶような味をつけている。

(P) were (u)(t)(e) the positive (e) were from the drug and not (p).
偽薬は、症状の改善は薬によるものであり、心理的なものではないことを確かめるために、使われた。

Doctors said they were "deeply (w)" about the (a) of (m)(p)(t)(p).
医師たちは、患者たちに処方される薬の量について「非常に懸念して」いると語った。

Being animals, (h)(h) a (p)(d) to (s) out food and (r).
人間も動物であり、食料を探し繁殖するという原始的な欲求がある。

0505 Significant / investment / pharmaceutical / industry / revolutionised / medicine
0506 natural / antiseptics / to / treat / burns / infections
0507 have / disagreeable / taste / companies / flavours / appeal
0508 Placebos / used / to / ensure / effects / psychological
0509 worried / amount / medicine / prescribed / to / patients
0510 humans / have / primeval / desire / seek / reproduce

人類学 Anthropology

0511
toil
[tɔ́ɪl]
動 (～に) 骨を折って働く、精を出す

toil toil

0512
primate
[práɪmeɪt]
名 霊長類

primate primate

0513
sustenance
[sʌ́stənəns]
名 ①滋養物、食物 ②生活の手段

sustenance sustenance

0514
indigenous
[ɪndídʒənəs]
形 (ある土地・国に) 固有の、原産の

indigenous indigenous

0515
adolescent
[æ̀dəlésnt]
名 青年、若者
形 青年期の、思春期の

adolescent adolescent

0516
advent
[ǽdvent]
名 到来、出現

advent advent

0517
ape
[éɪp]
名 類人猿

ape ape

0518
tramp
[trǽmp]
動 どしんどしんと歩く

tramp tramp

0519
nomadic
[noʊmǽdɪk]
形 遊牧の

nomadic nomadic

0520
crude
[krúːd]
形 ①粗雑な、大雑把な ②天然の、加工していない

crude crude

0521
assimilate
[əsíməlèɪt]
動 ①〈民族などが〉同化する、適応する ②〈食べ物など〉を吸収する

assimilate assimilate

0522
spouse
[spáʊs]
名 配偶者

spouse spouse

[解答]
0511 Workers / toiled / for / hours / time / scorching
0512 unique / feature / primates / chimpanzees / use / tools
0513 relied / hunting / gathering / sustenance / farming / arrived
0514 history / indigenous / spans / more / than / years
0515 two / adolescents / missing / out / regular / exercise
0516 advent / of / fire / brought / millions / possibilities

(W) must have (t)(f)(h) at a (t) in the (s) sun.

労働者たちは灼熱の太陽のもとで何時間もぶっ続けで重労働に服したにちがいない。

One (u)(f) of (p) like (c) and baboons is their (u) of (t).

チンパンジーやヒヒのような霊長類に特有の特徴は道具を使用することだ。

Humans (r) upon (h) and (g) for (s) before modern (f)(a).

近代農業が始まる前は、人類は狩猟採集に頼って食物を得ていた。

The (h) of (i) Australians (s) (m)(t) 40,000 (y).

オーストラリアの先住民の歴史は4万年以上に及ぶ。

More than (t) in three American (a) are (m) (o) on (r)(e).

アメリカの若者の3人に2人以上が定期的な運動をしていない。

The (a)(o)(f)(b) with it (m) of (p).

火を手に入れたことにより計り知れない可能性がもたらされた。

These (h)(a) were (s) to the (m) gorilla and (d) out (a) 100,000 years ago.

これらの巨大な類人猿は現代のゴリラに似ていたが、約10万年前に絶滅した。

Several groups (t)(t) the (f) in (s) of (e)(m) and truffles.

高価なマッシュルームやトリュフを探して森中を踏み荒らすいくつかの集団がいる。

Most (c) that had once (b)(n) have now (s) down in a (p)(a).

かつての遊牧民族のほとんどが今では特定の場所に定住している。

A number of (a) species have been (o)(c) (c)(t) for use in their (d) lives.

類人猿のいくつかの種が普段の生活で使う大雑把な道具を作っているのが観察されている。

(A)(i) a new (c) is (e) for people who learn the (l)(l).

新しい国に適応するのは現地の言語を身につけている人の方が楽だ。

Although (a)(m) used to be (c), nowadays most people (c) their (o)(s).

かつては見合い結婚が一般的だったが、今では大部分の人々は自らの配偶者を選択している。

0517 huge / apes / similar / modern / died / around
0518 tramp / through / forests / search / expensive / mushrooms
0519 communities / been / nomadic / settled / particular / area
0520 ape / observed / creating / crude / tools / day-to-day
0521 Assimilating / into / country / easier / local / language
0522 arranged / marriages / common / choose / own / spouse

人類学／食料生産 Anthropology / Food Production

0523
nurture
[nə́:tʃə]
動 ～を育てる、養育する
名 養育、教育

nurture nurture

0524
forage
[fɔ́rɪdʒ]
動 (食糧を) あさる、探し回る

forage forage

0525
homogeneous
[hə̀uməudʒí:niəs]
形 同質の、同種の

homogeneous homogeneous

0526
denote
[dɪnə́ut]
動 ～を示す、意味する

denote denote

0527
sibling
[síblɪŋ]
名 (男女の別なく) 兄弟

sibling sibling

0528
chant
[tʃá:nt]
動 ～を唱える
名 聖歌、詠唱歌

chant chant

0529
bachelor
[bǽtʃələ]
名 ①独身［未婚］男性 ②学士

bachelor bachelor

0530
raft
[rá:ft]
名 いかだ；(ゴム製の) 救命ボート
動 いかだで行く

raft raft

0531
cluster
[klʌ́stə]
動 ①集まる、群がる ②～を集める
名 (果実などの) 房、(生物の) 集団

cluster cluster

0532
puberty
[pjú:bəti]
名 思春期

puberty puberty

0533
handedness
[hǽndɪdnəs]
名 利き手を好んで使う傾向

handedness handedness

0534
barren
[bǽrən]
形 〈土地が〉不毛の

barren barren

［解答］
0523 used / expected / mother / alone / nurture / child
0524 forage / for / herbs / different / types / share
0525 People / classified / as / homogeneous / ethnicity / religion
0526 colour / red / denotes / love / passion / luck
0527 typically / better / social / skills / without / siblings
0528 tribe's / musical / chanting / performed / harvesting / funerals

It (u) to be (e) that the (m)(a) would (n) the (c).
昔は母親だけが子どもを育てるものと思われていた。

Early man would (f)(f)(h) and (d)(t) of fruit to eat and (s).
原始人は野草や種々の果物を探して食べ、分け合った。

(P) are (c)(a)(h) when they share the same (e), culture, or (r).
同じ民族性、文化、宗教を共有している場合、その人々は同種と分類される。

The (c)(r)(d)(l) and (p) in some cultures, and (l) in others.
赤い色が愛と情熱を表す文化もあれば、幸運を表す文化もある。

A child with a brother or sister (t) has (b)(s) (s) than one (w) any (s).
兄弟や姉妹のいる子は一般的に、兄弟姉妹がまったくいない子よりも優れた社交術を身につけている。

The Filipino (t)(m)(c) has been (p) for centuries for rice (h) and (f).
そのフィリピンの部族の詠唱歌は、何世紀もの間、米の収穫や弔いのために歌われてきた。

After the (h) public (d), he (f) (h) a (b) again for the first time in (d).
彼は世間の注目を浴びつつ離婚をし、何十年ぶりかで再び独身になった。

The local people (t) down the (r)(o) (r) made by (t) together long pieces of (b).
地元の人たちは長い竹材を結び合わせて作ったいかだで川を下る。

New (i) will often (c)(t) in parts of a city to (b)(s)(r).
新しく入ってくる移民は、絆を深めるために、町の一画に集中して住むことが多い。

The (h)(c) that (o)(d) (p) can make teens more (a).
思春期に生じるホルモンの変化で十代は攻撃的になることがある。

(L)(i)(r) by (l) (t) 10% of the (p).
左利きは人口の10%にも満たない。

(W) a (s) of water, the (l) would be (d) and (b), with no (c) at all.
水が供給されなければ、その土地は干上がって不毛になり、作物がまったくできなくなるだろう。

0529 highly / divorce / found / himself / bachelor / decades
0530 travel / river / on / rafts / tying / bamboo
0531 immigrants / cluster / together / build / stronger / relationships
0532 hormone / changes / occur / during / puberty / aggressive
0533 Left-handedness / is / represented / less / than / population
0534 Without / supply / land / dry / barren / crops

食料生産 Food Production

0535
fishery
[fíʃəri]
名 漁業、水産業

fishery fishery

0536
infest
[ɪnfést]
動〈場所〉にはびこる、横行する

infest infest

0537
plague
[pléɪg]
動 ①～を疫病にかからせる ②～を悩ませる
名 疫病

plague plague

0538
brew
[brú:]
動 ①〈お茶など〉をいれる ②〈ビールなど〉を醸造する
③〈嵐・陰謀などが〉起こりつつある

brew brew

0539
extract
動 [ɪkstrǽkt] 名 [ékstrækt]
動 ～を抽出する、採取する
名 抽出物

extract extract

0540
ethical
[éθɪkl]
形 道徳（上）の、倫理の

ethical ethical

0541
dilute
[daɪlú:t]
動〈液体など〉を薄める、希釈する

dilute dilute

0542
teem
[tí:m]
動 [teem with で] ～でいっぱいだ

teem teem

0543
parched
[pá:tʃt]
形〈土地などが〉乾燥した、干からびた

parched parched

0544
reservoir
[rézəvwà:]
名 ため池、貯水池

reservoir reservoir

0545
infertile
[ɪnfɔ́:taɪl]
形 ①生殖力のない
②〈土地などが〉肥沃でない、やせた

infertile infertile

0546
meadow
[médəʊ]
名（放牧・干し草用の）牧草地

meadow meadow

[解答] **0535** Marine / fisheries / risk / pollution / enter / supply
0536 Pesticides / protect / being / infested / by / insects
0537 pesticides / crops / be / plagued / by / pests
0538 supposedly / healthy / brewed / from / fruit / worldwide
0539 extract / liquid / bean / pressed / in / machine
0540 ethical / products / benefit / farmers / receive / fair

(M)(f) are at (r) of plastic (p), which can (e) our food (s).

海洋漁業はプラスチック汚染の危機にあり、それは私たちの食物供給にまで影響するかもしれない。

(P) are used to (p) the crops from (b) (i)(b) these (i).

作物にこの虫がはびこらないように殺虫剤が使われる。

Without (p), our (c) would (b) (p)(b) insects and other (p).

殺虫剤がなければ、我々の作物は昆虫やその他の有害生物を介して疫病にかかってしまうだろう。

This (s)(h) drink, (b)(f) tea and (f), has become a (w) hit.

お茶と果物から作られたこの健康飲料とうたわれている飲み物が世界的なヒット商品になっている。

To (e) the (l), the (b) is (p) (i) a (m).

液体を抽出するために、豆は機械で圧搾される。

It is known that (e)(p) are a (b) to (f), as they (r)(f) pay.

倫理的な製品は農家のためになることが知られている。農家が公正な支払いを受けられるからだ。

After the (j) is (e) from the fruit, it (i) (d) to (i) the (q).

果汁は果物から絞り出されてから増量するために薄められる。

Before being treated with (p), the (c)(w) (t)(w)(i).

殺虫剤を散布する前は作物に虫が群がっていた。

The (p)(r)(l) to (s) (d)(t) the country.

河川が干からびた結果、国中が深刻な干ばつになった。

A lack of rain (l) the (r)(l) on (w), which (a) the local communities (h).

雨不足で貯水池の水量が減り、周辺地域は大打撃を受けた。

(I)(c) do not (p) milk, so they are of (l)(v) to (d) farmers.

生殖力のない牛は乳を出さないので酪農家にとってはほとんど価値がない。

Free-range animals, (u) caged animals, are allowed to (l) (i) open (m), (f) on (g).

おりに入れられた動物と違い、放し飼いの動物は広々とした牧草地で草をはんで暮らすことができる。

0541 juice / extracted / is / diluted / increase / quantity
0542 pesticides / crops / were / teeming / with / insects
0543 parched / rivers / led / severe / drought / throughout
0544 left / reservoir / low / water / affected / harshly
0545 Infertile / cows / provide / little / value / dairy
0546 unlike / live / in / meadows / feeding / grass

食料生産 Food Production

0547 **rotate**
[rəʊtéɪt]
動 ①〈農作物〉を輪作する ②（軸を中心に）回転する ③（輪番で）交替する

rotate rotate

0548 **pesticide**
[péstəsàɪd]
名 殺虫剤

pesticide pesticide

0549 **fertilise**
[fə́:təlàɪz]
動〈土地など〉を肥沃にする、～に施肥する

fertilise fertilise

0550 **poultry**
[pə́ʊltri]
名 家禽類

poultry poultry

0551 **plough**
[pláʊ]
名 すき
動 ～をすきで耕作する

plough plough

0552 **pest**
[pést]
名 害虫、有害な動物

pest pest

0553 **arable**
[ǽrəbl]
形〈土地が〉耕作に適した、耕作用の

arable arable

0554 **repel**
[rɪpél]
動 ①～を追い払う、撃退する ②～を拒絶する

repel repel

0555 **perishable**
[pérɪʃəbl]
形〈食べ物などが〉傷みやすい、日持ちしない

perishable perishable

0556 **necessitate**
[nəsésətèɪt]
動 ～を必要とする

necessitate necessitate

0557 **intensive**
[ɪnténsɪv]
形 集約的な、集中的な

intensive intensive

0558 **livestock**
[láɪvstɔ̀k]
名 家畜

livestock livestock

［解答］
0547 rotate / crops / between / types / avoid / soil
0548 cause / natural / ecosystems / introduction / pesticides / agriculture
0549 homemade / fertilise / gardens / improving / quantity / vegetables
0550 ducks / poultry / farming / damaging / environment / cattle
0551 plough / loosening / soil / used / hundreds / years
0552 grows / quickly / plant / often / eaten / pests

0558

Farmers need to (r)(c)(b) different (t) to (a) damaging the (s).
土が痩せないように、農家は異なる種類の作物を輪作する必要がある。

One (c) of damage to (n)(e) is the (i) of (p) to modern (a).
自然生態系が損なわれる一因は、現代の農業で殺虫剤が使われるようになったことだ。

People are using (h) products to (f) their (g), (i) the size and (q) of their (v).
人々は庭に施肥するのに自家製の肥料を使って、野菜の大きさや量を改善している。

As chickens and (d) are smaller, (p)(f) is less (d) to the (e) than (c) farming.
ニワトリやアヒルは比較的小さいので、家禽類の飼育の方が牛などの飼育よりも環境に害を及ぼさない。

The (p), used for (l) the (s), has been (u) for (h) of (y).
土を耕すのに使われるすきは何百年も使われている。

While it (g)(q), the (p) is (o) (e) by (p).
この植物は成長が早いが、害虫に食べられることが多い。

She had (g)(e) the small (p) of (a)(l) until she created a (c) farm.
彼女は小さな耕作用地を少しずつ広げていき、とうとう立派な農場を作ってしまった。

In small (f), (s) are used to (r) (b) that may (h) the (c).
狭い農地では、作物を荒らす鳥を追い払うためにかかしが使われる。

All (p)(f)(p) need to be (s) by their (s)(d).
傷みやすい食品はすべて販売期限までに売る必要がある。

The dramatically (i)(p)(n) an increased (r) of food (p).
人口が飛躍的に増加しているので、食糧生産率を上げる必要がある。

(I)(f) of many (c) has led to a (r) in (s)(q).
多くの作物を集中して栽培したために、土壌の質が低下している。

Farmers (l) for a (r)(w) to (p) their (v)(l) during storms.
農家は大切な家畜を嵐から守る確かな方法を探した。

0553 gradually / expanded / parcel / arable / land / complete
0554 farms / scarecrows / repel / birds / harm / crops
0555 perishable / food / products / sold / sell-by / date
0556 increasing / population / necessitates / rate / production
0557 Intensive / farming / crops / reduction / soil / quality
0558 looked / reliable / way / protect / valuable / livestock

食料生産 Food Production

0559
subsistence
[səbsístəns]
名 必要最低限の生活

subsistence subsistence

0560
devour
[dɪváuə]
動 ①～をむさぼり食う
②～を食い入るように見る、むさぼり読む

devour devour

0561
irrigation
[ìrəgéɪʃən]
名 水を引くこと、灌漑

irrigation irrigation

0562
subdue
[səbdjú:]
動 ①～を支配する、押さえつける
②〈感情〉を抑える

subdue subdue

0563
fodder
[fɔ́də]
名 家畜の飼料

fodder fodder

0564
maturity
[mətʃúərəti]
名 成熟、熟成

maturity maturity

0565
populate
[pɔ́pjəlèɪt]
動 〈場所〉に居住させる

populate populate

0566
ration
[rǽʃən]
動 ～を配給する
名 [rations で] 食料

ration ration

0567
breadbasket
[brédbà:skɪt]
名 穀倉地帯

breadbasket breadbasket

0568
by-product
[báɪprɔ̀dəkt]
名 ①副産物 ②副作用

by-product by-product

0569
degrade
[dɪgréɪd]
動 ①～の品質［価値］を下げる ②～の地位を下げる ③～を分解する

degrade degrade

0570
grazing
[gréɪzɪŋ]
名 ①放牧 ②牧草地

grazing grazing

［解答］
0559 relied / subsistence / farming / survive / staples
0560 Locusts / devour / great / amount / vegetation / destroy
0561 Modern / irrigation / crops / receiving / water / harvests
0562 gathers / honey / smoke / subdue / insects / sting
0563 Unless / requires / specific / type / fed / fodder
0564 Oranges / picked / trees / reaching / maturity / sour

Early Ireland (r) upon (s)(f), whereby people would (s) on oats and potatoes as their (s).

初期のアイルランドは自給農業に依存しており、人々はオート麦やジャガイモを主食にして生き抜いた。

(L) are known to (d) a (g)(a) of (v), which is why they can (d) crops.

イナゴは草木を大量にむさぼり食うことで知られていて、そのために作物がだめになる。

(M)(i) prevents (c) from (r) too little or too much (w), leading to better (h).

今日の灌漑は作物に供給される水が少なすぎたり多すぎたりすることを防ぐので、収穫量が増えている。

When a beekeeper (g)(h), (s) is used to (s) the (i) so they won't (s).

養蜂家が蜜を集めるとき、ハチが刺さないように煙を使っておとなしくさせる。

(U) the animal (r) a (s)(t) of food, they are just (f)(f).

特殊なえさが必要でない場合、その動物には単に家畜の飼料が与えられる。

(O) that are (p) from (t) before (r)(m) are more (s).

熟す前に木から摘んだオレンジは酸味が強い。

In 1982, New Zealand was (d)(p)(w) (s), with about 22 of them (p) person.

1982 年のニュージーランドには羊が大量に住んでいて、国民 1 人につき羊がおよそ 22 頭いた。

(D) to a (l) of (w), (b) (s) were (r).

小麦が不足したため、パンが配給制になった。

Puglia, the (b) of (I), is known for its (f) and (f)(c).

イタリアの穀倉地帯であるプーリア州は、農場と漁村で知られている。

(U) in the past, the (b) from (m) (f) — (b) — became a (h) food for millions.

小麦粉生産の副産物であるふすまは、昔は不要物だったが、何百万人もに求められる健康食品になった。

The (r)(p) of crops (d) the (s), so (f) are (n) to keep it healthy.

作物を繰り返し植えると土地が劣化するので、土地を健全に保つために肥料が必要となる。

Not only do farmers (n)(f) for (g) crops, they are (a) used for (c)(g).

農家は作物を育てるためだけに土地の手入れをするのではなく、農地は牛の放牧にも使われる。

0565 densely / populated / with / sheep / per
0566 Due / lack / wheat / bread / supplies / rationed
0567 breadbasket / Italy / farms / fishing / communities
0568 Unwanted / by-product / making / flour / bran / health
0569 repeated / planting / degrades / soil / fertilisers / necessary
0570 nurture / fields / growing / also / cattle / grazing

食料生産／スポーツ Food Production / Sport

0571
nuisance
[njú:səns]
名 迷惑、厄介なもの

nuisance nuisance

0572
meagre
[mí:gə]
形 わずかな、不十分な

meagre meagre

0573
bout
[báʊt]
名 ①（ボクシングなどの）試合
②（病気・活動が続く）期間

bout bout

0574
enhance
[ɪnhá:ns]
動 ～を高める、よくする

enhance enhance

0575
outstrip
[àʊtstríp]
動 ①～を追い越す ②～に勝る、～をしのぐ

outstrip outstrip

0576
roster
[rɔ́stə]
名 ①名簿、勤務リスト ②名簿の登録者
動 〈人〉を当番表に載せる、当番に割り当てる

roster roster

0577
descent
[dɪsént]
名 ①下ること、降下 ②血統、家系

descent descent

0578
spotless
[spɔ́tləs]
形 ①欠点のない ②汚れていない、しみひとつない

spotless spotless

0579
setback
[sétbæ̀k]
名 進歩を妨げる出来事、挫折

setback setback

0580
gymnastics
[dʒɪmnǽstɪks]
名 体操、器械体操

gymnastics gymnastics

0581
comply
[kəmpláɪ]
動（要求・希望などに）従う、応じる

comply comply

0582
triumphant
[traɪʌ́mfənt]
形 勝利を収めた、成功した

triumphant triumphant

［解答］
0571 Foxes / become / nuisance / kill / chickens / find
0572 droughts / meagre / rice / harvests / expected / coming
0573 bout / boxer / increases / risk / brain / damage
0574 machine / enhance / muscles / quicker / traditional / sports
0575 great / marathon / runner / soon / outstripped / competitors
0576 football / team / impressive / roster / celebrity / players

(F) have (b) a (n) to farm owners as they will (k) any (c) they (f).

キツネは農家の頭痛の種になっている。ニワトリを見つけると殺してしまうからだ。

Due to (d) in Thailand, (m)(r) (h) are (e) in the (c) years.

タイでは干ばつが起きたので、今後数年は米の収穫が不足すると予想される。

Every (b) a (b) enters (i) the (r) of (b)(d).

ボクサーが試合をするたびに脳の損傷リスクが増す。

A rowing (m) can (e) the (m) required far (q) than (t)(s).

ローイングマシンは従来のスポーツよりはるかに早く必要な筋肉を増強できる。

The (g)(m)(r) had (s) (o) the other (c).

その名マラソンランナーはすぐにほかの競争相手を追い越した。

The (f)(t) had an (i)(r) of 11 (c)(p).

そのサッカーチームは11人の有名選手が豪勢に名を連ねていた。

A (m)(c) doesn't finish when the (p) is (r); the (d) must be (c) also.

登頂したら登山は終わりではない。下山も果たさなければならない。

Lineker's (f)(r) was (s), as he had never (r) a (y) or red (c).

リネカーのサッカー記録には汚点がなかった。イエローカードもレッドカードももらったことがなかったからだ。

The sportsperson's (i) had been a (m)(s), and now he couldn't (p) in the (r).

そのアスリートはけがをして大きな挫折を味わい、レースに出られなくなってしまった。

Vaults, rings, and (p) bars are (f) of (g) which require great (s), (f), and (b).

跳馬、つり輪、平行棒は、大変な体の強さ、柔軟性、平衡性を要する体操種目だ。

Any sportsperson who (f) to (c)(w) the (r) will be (p) from taking (p).

ルールに従わないアスリートはいかなる者も出場を禁じる。

After (w), the (t)(t)(c) by running around the field while (h) up the (t).

勝利が決まると、勝ったチームはトロフィーを掲げながらフィールド中を駆け巡って祝った。

0577 mountain / climb / peak / reached / descent / completed
0578 footballing / record / spotless / received / yellow / card
0579 injury / major / setback / participate / race
0580 parallel / forms / gymnastics / strength / flexibility / balance
0581 fails / comply / with / rules / prohibited / part
0582 winning / triumphant / team / celebrated / holding / trophy

スポーツ Sport

0583
sprint
[sprínt]
動 (短距離を) 全速力で走る

sprint sprint

0584
stationary
[stéɪʃənəri]
形 静止した、動かない

stationary stationary

0585
bask
[bá:sk]
動 ① (注目・称賛などを) 浴びる
②日光浴をする

bask bask

0586
expend
[ɪkspénd]
動 〈労力・時間・金など〉を費やす

expend expend

0587
formidable
[fɔ:mídəbl]
形 ①偉大な、驚異的な
② 〈敵・問題などが〉手ごわい

formidable formidable

0588
martial
[má:ʃəl]
形 戦争の、軍事の

martial martial

0589
incapacitate
[ìnkəpǽsətèɪt]
動 (病気・事故などが) 〈人〉から能力を奪う

incapacitate incapacitate

0590
glamorous
[glǽmərəs]
形 魅力的な、〈仕事などが〉華やかな

glamorous glamorous

0591
outdo
[àʊtdú:]
動 ～に勝る、～をしのぐ

outdo outdo

0592
treadmill
[trédmìl]
名 ①ルームランナー
②踏み車 (人・動物が踏んで回転させる)

treadmill treadmill

0593
hurl
[hɔ́:l]
動 ～を強く投げつける、ほうり投げる

hurl hurl

0594
regimen
[rédʒəmən]
名 養生法

regimen regimen

[解答] **0583** end / sight / runners / sprinted / quickly
0584 Compared / other / players / goalkeeper / stationary
0585 sporting / competition / opportunity / bask / in / appreciation
0586 sportspeople / consume / sugar / energy / expend / exercising
0587 holds / formidable / record / ice / hockey / beaten
0588 princess / hobbies / reserved / martial / arts / archery

With the (e) in (s), (r)(s) as (q) as they could.
ゴールに近づくと、ランナーたちは全速力で走った。

(C) to the (o) football (p), a (g) is more or less (s).
ほかのサッカー選手に比べれば、ゴールキーパーはあまり動かない。

This new (s)(c) gives gamers the (o) to (b)(i) the (a) of their fans.
この新しいスポーツ競技はゲーマーにファンの称賛を浴びる機会を与える。

Some (s)(c) drinks high in (s) in order to get back the (e) they (e)(e).
アスリートの中には運動で費やすエネルギーを取り戻すために糖分の多い飲料を摂取する人もいる。

Wayne Gretzky (h) a (f)(r) in (i)(h) that may never be (b).
ウェイン・グレツキーはアイスホッケーで決して破られることがないであろうすさまじい記録を持っている。

The young (p) had many (h) typically (r) for men, including (m)(a) and (a).
その若い王女には普通は男がやるような趣味がたくさんあった。例えば、武道や弓道だ。

In the 2016 Olympics, a (g) broke his leg and (w) (i)(f) the (r) of the (c).
2016 年のオリンピックで、ある体操選手が脚を骨折し、残りの競技ができなかった。

(J) in (s) may seem (g), but they are the (r) of (y) of (t).
プロスポーツは華やかに見えるかもしれないが、そこに至るまでには何年もトレーニングを積み重ねる。

Bolt (m) to (o) his (p) 100-metre (s) with a (r) time in 2009.
ボルトは 2009 年に自らがそれまでに持っていた 100 メートル走の記録をなんとか上回り、新記録を打ち立てた。

(R)(t)(m) a day on a (t) can (i) one's health (s).
ルームランナーで 1 日 30 分走れば、健康状態の大幅な改善が期待できる。

The discus (t) is a (c) of who can (h) a (h)(p) the (f).
円盤投げは重い円盤を誰が最も遠くに投げられるかを競う種目だ。

To (p) for the (e), they had to stick to a (s) (r) of (p)(e).
そのイベントに備えるために、彼らは厳しい体力トレーニングメニューをやり通さなければならなかった。

0589 gymnast / was / incapacitated / for / rest / competition
0590 Jobs / sport / glamorous / result / years / training
0591 managed / outdo / previous / sprint / record-breaking
0592 Running / thirty / minutes / treadmill / improve / significantly
0593 throw / contest / hurl / heavy / plate / furthest
0594 prepare / event / strict / regimen / physical / exercise

スポーツ Sport

0595
explosive
[ɪksplóʊsɪv]
形 ①爆発的な、急激な ②爆発性の
名 爆発物

explosive explosive

0596
thwart
[θwɔ́:t]
動 〈人・計画など〉をくじく

thwart thwart

[解答] **0595** Explosive / exercise / sudden / sprinting / recommended / amounts
0596 tried / hardest / win / efforts / thwarted / opposing

(E)(e), such as quick, (s)(s), is (r) in small (a).

いきなり全速力で走り出すような急激な運動は少しずつやるとよい。

Although they had (t) their (h) to (w), their (e) were (t) by the (o) team.

彼らは勝つために精一杯頑張ったが、その努力は相手チームに打ち砕かれた。

正確なイギリス英語のスペリングを身につけよう

本書がお薦めする語彙習得法とは、「(文字を見るだけでなく) 書いて能動的に覚える」というものです。これによって得られる効果は主に2つあります。

1 正しいスペリングが身につく

ライティングの評価項目の一つ「語彙の豊富さ」には、「スペリングの正確さ」も含まれています。本書の左ページのなぞり書きで、見出し語を正しいスペリングで覚えるだけでなく、右ページのディクテーションでも、語彙レベルの如何に関わらず、単語を確実に正しいスペリングで書くよう心がけてください。

なお、手書きのライティングでは、字のきれいさにこだわる必要はありませんが、読みづらいと「Illegible (読みにくい)」と判断されます。スコアにもマイナスなので、練習の際にも読みやすい字を書くよう心がけましょう。

2 イギリス or アメリカのスペリングの統一

IELTSの公式の説明では「イギリス、アメリカどちらのスペリングでもOK」とされていますが、これは「英米のスペリングが混在してもOK」という意味ではありません。本書では、スペリング・音声ともにイギリス英語を採用しているので、本書で練習する際にイギリス英語のスペリングに統一しておきましょう。スペリングの違いはパターンが限られているので、以下に代表的なものを示します。

[イギリス式]		[アメリカ式]	
-ce	: licen**ce**, offen**ce**	-se	: licen**se**, offen**se**
-tre	: me**tre**, cen**tre**	-ter	: me**ter**, cen**ter**
-our	: neighb**our**, col**our**	-or	: neighb**or**, col**or**
-ise	: fertil**ise**, real**ise**	-ize	: fertil**ize**, real**ize**
-yse	: anal**yse**, paral**yse**	-yze	: anal**yze**, paral**yze**
-ogue	: anal**ogue**, dial**ogue**	-og	: anal**og**, dial**og**
※-ae	: pal**ae**ontology, p**ae**diatrician	-e	: pal**e**ontology, p**e**diatrician

※学術系単語に多い変化

• l (エル) の2パターンの扱いに注意

パターン1: イギリス式とアメリカ式で語尾のlの数が違う場合。

[イギリス式 (lが1つ)]	[アメリカ式 (lが2つ)]
-l : enro**l**, fulfi**l**	-ll : enro**ll**, fulfi**ll**

パターン2: イギリス&アメリカ式ともに語尾にlが1つの動詞で、単語中のlの直前に母音が入る場合、「現在分詞・過去形」の変化の仕方が異なる。

[イギリス式 (lが2つ)]	[アメリカ式 (lが1つ)]
cance**ll**ing / cance**ll**ed	cance**l**ing / cance**l**ed
marve**ll**ing / marve**ll**ed	marve**l**ing / marve**l**ed

パターン1と2で、lの数が逆転する点がポイントです。

社会科学

Social Sciences

政治・外交　法律　時事　経済　ビジネス　マーケティング・営業　コミュニケーション　メディア・IT　教育・キャンパス　建築　都市・交通　観光・レジャー

政治・外交 Politics & International Relations

0597
referendum
[rèfəréndəm]
名 国民投票

referendum referendum

0598
vocal
[vóukl]
形 ①声高な、主張する ②声の、音声の

vocal vocal

0599
surveillance
[səvéɪləns]
名 監視、監督

surveillance surveillance

0600
subsidy
[sʌ́bsədi]
名 補助金、助成金

subsidy subsidy

0601
ignite
[ɪgnáɪt]
動 ①〈論争など〉に火をつける
②～に点火する

ignite ignite

0602
expel
[ɪkspél]
動 ①〈人〉を追放する
②〈におい・空気など〉を排出する

expel expel

0603
inequity
[ɪnékwəti]
名 不公平、不公正

inequity inequity

0604
objection
[əbdʒékʃən]
名 反対、反論

objection objection

0605
prop
[prɔ́p]
動 (突っかえ棒などで) ～を支える
名 つっかえ棒

prop prop

0606
appalling
[əpɔ́:lɪŋ]
形 ①ひどい、最悪の
②人をぞっとさせる、恐ろしい

appalling appalling

0607
lobby
[lɔ́bi]
動 ロビー活動をする

lobby lobby

0608
certificate
[sətífɪkət]
名 証明書

certificate certificate

[解答] **0597** government / held / referendum / know / decision / public
0598 politician / being / vocal / about / stance / environmental
0599 concerned / increased / presence / surveillance / cameras
0600 offers / financial / subsidies / encourage / investment / industry
0601 controversial / speech / ignited / debate / gun / control
0602 Embassy / were / expelled / from / country / incident

The (g)(h) a (r) in order to (k)
what (d) the (p) wanted to make.
国民がどうしたいのか知るため、政府は国民投票を実施した。

The (p) is known for (b)(v)(a)
his (s) on (e) policy.
その政治家は環境政策に関して自分の姿勢を声高に主張することで知られている。

The public is (c) about the (i)(p) of
(s), such as CCTV (c).
CCTV カメラのような監視が広まることを国民は不安に思っている。

The government (o)(f)(s) to
(e)(i) in the country's film (i).
政府は国内の映画産業への投資を促すために助成金を出している。

The President's (c)(s)(i) public
(d) about (g)(c).
大統領の問題発言によって国民の間に銃規制を巡る論議が巻き起こった。

(E) workers (w)(e)(f) the
(c) after the (i).
その事件後、大使館の職員は国外追放された。

Politicians can (g) many (s) by talking about the
(s)(i) that their (p) will (f).
政治家は、我が党は社会の不公平と戦いますと言うと、多くの支持者を獲得できる。

The (e)(r) an (o)(t) the tax
(i), saying that the poor would be most (a).
その経済学者は、最も影響を受けるのは貧しい人々だと言って、増税に異議を唱えた。

Many (p)(a)(p)(u) by
(d) from companies who (s) their policies.
多くの政治家は、その政策を支持する企業からの寄付金に支えられている。

The (p)(p) to (i) the (a)
(c) in which the (h) people were living.
その政治家はホームレスの人々が暮らすひどい環境を改善すると約束した。

(L) are (l)(a) the government's
(d) to (l) the cost of (r).
地主たちは賃貸料を制限するという政府の決定の取り消しを求めてロビー活動をしている。

He (d) the (i) of his father by (c) his
(b)(c).
彼は自分の出生証明書を調べて父親の素性を知った。

0603 gain / supporters / social / inequity / party / fight
0604 economist / raised / objection / to / increase / affected
0605 politicians / are / propped / up / donations / support
0606 politician / promised / improve / appalling / conditions / homeless
0607 Landlords / lobbying / against / decision / limit / rent
0608 discovered / identity / checking / birth / certificate

政治・外交 Politics & International Relations

0609
discriminate
[dɪskrímənèɪt]
動 ①差別する ②見分ける、区別する

discriminate discriminate

0610
bias
[báɪəs]
名 (考え方の) 偏り、偏向

bias bias

0611
consolidate
[kənsɔ́lɪdèɪt]
動 ①～を強固にする、強化する
②～を合併する、一つにまとめる

consolidate consolidate

0612
tackle
[tǽkl]
動 〈問題など〉に取り組む

tackle tackle

0613
controversial
[kɔ̀ntrəvə́:ʃəl]
形 ①論争を引き起こす ②論争好きな

controversial controversial

0614
relinquish
[rɪlíŋkwɪʃ]
動 〈地位・権力など〉を放棄する

relinquish relinquish

0615
patriotism
[pǽtriətìzm]
名 愛国心

patriotism patriotism

0616
imprison
[ɪmprízn]
動 ①～を閉じ込める、拘束する
②〈人〉を投獄する

imprison imprison

0617
statehood
[stéɪthʊ̀d]
名 国家 [州] としての地位

statehood statehood

0618
sovereign
[sɔ́vərən]
名 君主、主権者
形 主権を有する、統治する

sovereign sovereign

0619
delegate
名 [délɪgət] 動 [délɪgèɪt]
名 代表 (者)、使節
動 ～を任せる、委託する

delegate delegate

0620
lure
[ljúə]
動 ～を誘い込む、誘い出す
名 魅力

lure lure

[解答] **0609** communities / discriminated / against / opportunity / voice / concerns
0610 found / strong / bias / towards / political / media
0611 leader / consolidated / power / removing / opponents / corrupt
0612 mayor / tackle / issues / homelessness / crime / downtown
0613 destroy / buildings / roads / was / controversial / unhappy
0614 frequent / protests / relinquished / power / stepped / roles

0620

The event gave (c) who were (d)(a) the (o) to (v) their (c).

そのイベントで、差別されている人々は自分たちの懸念を訴える機会を持てた。

The study (f)(s)(b)(t) a particular (p) party in all forms of modern (m).

その調査は、今日のあらゆる形態のメディアがある特定の政党に強い偏見を抱いていることを明らかにした。

The (l)(c)(p) by (r) his (o) and (c) officials.

その指導者は政敵と腐敗した官僚を排除することによって権力を強化した。

The new (m) promised to (t) the (i) of (h) and high (c) in the (d) area.

新市長はホームレスの問題と商業地区で多発する犯罪の問題に取り組むことを約束した。

The plan to (d) old Singaporean (b) to build (r)(w)(c); the public were (u).

道路建設のために古いシンガポールの建物を取り壊す計画は論争を引き起こした。国民は不満だった。

After (f)(p), the leaders (r)(p) and (s) down from their (r).

相次ぐ抗議で、指導者たちは権力を放棄し、その役割から身を引いた。

The (a) were designed to (i)(p) and to (e) people to (j) the (w).

その宣伝広告は愛国心をあおって国民の出征を促すことを目的としていた。

Suu Kyi (w)(i)(i) her own (h) for 15 years for (d)(d).

スー・チーは民主主義を要求したために 15 年間自宅軟禁された。

In 1959, Alaska and Hawaii (g)(s)(t) (o)(b)(p) of the United States.

1959 年にアラスカとハワイは州としての地位を得て、正式にアメリカ合衆国の一部になった。

The (B)(s) — Queen Elizabeth II — (v) Aberfan to (o)(s) after the (t).

英国の君主であるエリザベス 2 世は、惨事のあと、人々を元気づけるためにアバーファンを訪れた。

(D)(r) their (c) at UN (m) and play an important role in (i)(r).

代表者は国連の会議において自国を代表し、国際関係において重要な役割を果たす。

Cleveland tries to (l)(c)(c)(t) the city with tax (b) on new housing (p).

クリーブランド市は新たな住宅プロジェクトの税を優遇することで建設会社を誘致しようとしている。

0615 advertisements / increase / patriotism / encourage / join / war
0616 was / imprisoned / in / home / demanding / democracy
0617 gained / statehood / to / officially / become / part
0618 British / sovereign / visited / offer / support / tragedy
0619 Delegates / represent / countries / meetings / international / relations
0620 lure / construction / companies / to / breaks / projects

政治・外交 Politics & International Relations

0621
decrepit
[dıkrépət]
形 老朽化した、老衰した

decrepit decrepit

0622
concession
[kənséʃən]
名 ①（対立を解消するための）譲歩
②割引、特権

concession concession

0623
demographics
[dèməugrǽfıks]
名 人口動態、人口構成

demographics demographics

0624
censure
[sénʃə]
動 ～を非難する
名（公式の）非難

censure censure

0625
amass
[əmǽs]
動 ①〈人が〉集まる、集結する
②～を蓄積する、収集する

amass amass

0626
dismal
[dízml]
形 ①みじめな、ひどい
②陰気な、暗い

dismal dismal

0627
census
[sénsəs]
名 国勢調査、人口調査

census census

0628
revitalise
[rìːváıtəlaız]
動 ～を活性化する、生き返らせる

revitalise revitalise

0629
bureaucracy
[bjuərɔ́krəsi]
名 ①お役所主義 ②（集合的に）官僚

bureaucracy bureaucracy

0630
designate
[dézıgnèıt]
動 ～を指定する、指名する

designate designate

0631
manifestation
[mæ̀nəfestéıʃən]
名 ①（感情・事態などの）表れ、しるし
②表明

manifestation manifestation

0632
backlash
[bǽklæʃ]
名（社会的）反発

backlash backlash

[解答] **0621** government / pledged / replace / decrepit / machines / next
0622 concession / speech / thanked / despite / pain / election
0623 Appealing / to / variety / demographics / elderly / winning
0624 statement / issued / member / strongly / censuring / President
0625 number / people / amassed / for / protest / government
0626 criticised / dismal / state / of / economy / worst

The (g) had (p) to (r) the most (d)(m) in the (n) 10 years.
政府は最も老朽化した機械を今後 10 年かけて入れ替えると公言した。

In her (c)(s), she (t) everyone who had supported her, (d) the (p) of losing the (e).
彼女は選挙に負けてつらかったが、敗北を認める演説の中で、支えてくれた全員に感謝した。

(A)(t) a (v) of (d), from young adults to the (e), is key to (w) an election.
若者から高齢者まで様々な年齢層に訴えることが選挙に勝つ秘訣だ。

A (s) was (i) by a (m) of the House (s)(c) the (P) for trying to start a war.
一人の下院議員が大統領が戦争を始めようとしていることを強く非難する声明を出した。

A large (n) of (p)(a)(f) a (p) outside the (g) offices.
多くの人が抗議のために官庁の外に集結した。

The President was (c) for the (d)(s) (o) the (e), it being the (w) in several years.
経済は過去数年で最悪になっていて、大統領はその悲惨な状況について批判された。

A (c)(a) a (g) to (f) out how (m) people there are and important (i) about them.
国勢調査によって政府は人口や国民に関する重要な情報を得られる。

Governments (i)(m) into cities in order to (r) their (c) and (c)(p).
政府は都市に投資して、その文化的、商業的潜在能力を活性化しようとする。

Building work was held back by (l) and (n)(b), which (r)(h) amounts of (p).
建設作業は膨大な事務手続きを求める地方と国のお役所主義によって遅延させられた。

He (s) the two buildings; one (d)(a) a (h)(c), and the other a town (h).
彼は 2 つのビルを分け、一方は健康センターに、もう一方は市役所に指定した。

The (r) was a (m)(o) the (p) (a) at the (g).
その暴動は政府に対する人々の怒りの表れだった。

(P) to increase student (f)(f) significant (p)(b), (p) from younger voters.
学費値上げの提案は国民、特に若年層の有権者から大反発を受けた。

0627 census / allows / government / find / many / information
0628 invest / money / revitalise / cultural / commercial / potential
0629 local / national / bureaucracy / required / huge / paperwork
0630 separated / designated / as / health / centre / hall
0631 riot / manifestation / of / people's / anger / government
0632 Proposals / fees / faced / public / backlash / particularly

政治・外交 Politics & International Relations

0633
enfranchise
[ɪnfrǽntʃaɪz]
動 ～に選挙権を与える

enfranchise enfranchise

0634
align
[əláɪn]
動 ①～を提携させる、連携させる
②～を一直線上に並べる

align align

0635
refrain
[rɪfréɪn]
動 (～を) 差し控える、慎む
名 (繰り返し使う) 決まり文句

refrain refrain

0636
concede
[kənsíːd]
動 ①〈試合など〉の敗北を認める
②(譲歩して) ～を (正しいと) 認める

concede concede

0637
delude
[dɪlúːd]
動 〈人〉を欺く

delude delude

0638
regenerate
[rɪdʒénərèɪt]
動 ①〈地域・組織など〉を再生させる
②〈人〉を改心させる

regenerate regenerate

0639
intervene
[ìntəvíːn]
動 介入する、仲裁する

intervene intervene

0640
centralise
[séntrəlàɪz]
動 ～を集中させる、中央集権化する

centralise centralise

0641
denigration
[dènəgréɪʃən]
名 ①軽視、蔑視 ②侮辱、中傷

denigration denigration

0642
exert
[ɪgzə́ːt]
動 〈力・影響力など〉をふるう、行使する

exert exert

0643
audacious
[ɔːdéɪʃəs]
形 大胆な、斬新な

audacious audacious

0644
municipal
[mju(ː)nísəpl]
形 地方自治体の、市 [町] の

municipal municipal

[解答] **0633** Newly / enfranchised / voters / liberal / political / parties
0634 aligns / herself / with / messages / distinctly
0635 refrain / from / using / language / lose / voters
0636 conceded / election / midnight / final / speech / leader
0637 deluded / voters / into / believing / wealthy / solve
0638 council / succeeded / regenerating / area / filled / shoppers

(N)(e)(v) are more likely to support (l)(p)(p) and policies.

新たに選挙権を与えられた人はリベラルな政党や政策を支持する傾向にある。

Although the author publicly (a)(h)(w) left-wing thinkers, her novels' (m) are (d) right-wing.

著者は公には左翼の思想家に同調しているが、小説から読み取れるメッセージは明らかに右翼の考え方だ。

Politicians know to (r)(f)(u) strong (l), as it can (l) them the support of (v).

政治家は暴言を慎まなければならないことをわきまえている。それによって有権者の支持を失いかねないからだ。

He (c) the (e) just after (m), giving his (f)(s) as (l) to the country.

彼は午前0時過ぎに選挙での敗北を認め、国民に向けてリーダーとして最後の演説をした。

The politician (d)(v)(i)(b) that taxing the (w) would (s) all of the country's problems.

その政治家は有権者を欺き、金持ちに税金をかければ国の問題はすべて解決するかのように信じ込ませた。

The (c)(s) in (r) the (a), which is now (f) with (s) every weekend.

地方議会はその地域の再生に成功し、そこは今では毎週末買い物客でごった返している。

The (g)(i)(i) the (c) by giving (f) help to the (a) banks.

政府は影響を受けた銀行に財政援助を行うことによってその危機に介入した。

After the (r), most of the (p) power in the country (w)(c)(u) a single (p).

革命後、その国の政治権力のほとんどが1つの政党に集中した。

(Y)(o)(d)(r) the (i) of women in the (w).

長年の偏見で、女性は職場でものが言えなかった。

These (p) would (e) their (p) and (c) the (p) of (r) taxes directly.

この政治家たちだったら権力を使って増税の手続きを直接コントロールするだろう。

Their (a)(p)(t)(p) (h) to all Britons became a (r) in the 1940s.

イギリスの全国民に医療を提供するという大胆な計画は1940年代に実現した。

(M)(b) such as (c) and (l) are (f) by (t).

裁判所や図書館といった地方自治体の建物には税金が使われている。

0639 government / intervened / in / crisis / financial / affected
0640 revolution / political / was / centralised / under / party
0641 Years / of / denigration / restricted / influence / workplace
0642 politicians / exert / power / control / process / raising
0643 audacious / plan / to / provide / healthcare / reality
0644 Municipal / buildings / courts / libraries / funded / taxpayers

政治・外交 Politics & International Relations

0645
oppressive
[əprésɪv]
形 ①〈権力者などが〉圧制的な ;〈税などが〉過酷な ②〈天候が〉うだるように暑い

oppressive oppressive

0646
affiliation
[əfìliéɪʃən]
名 (政治的な) 友好関係、提携

affiliation affiliation

0647
unify
[júːnəfàɪ]
動 ～を１つにする、統合する

unify unify

0648
allot
[əlɑ́t]
動〈予算・仕事・時間など〉を割り当てる

allot allot

0649
eligible
[élədʒəbl]
形 資格のある

eligible eligible

0650
tariff
[tǽrɪf]
名 関税

tariff tariff

0651
corps
[kɔ́ː]
名 (専門技術をもった) 部隊

corps corps

0652
oversee
[òʊvəsíː]
動 ～を監督する、監視する

oversee oversee

0653
ongoing
[ɔ́ngòʊɪŋ]
形 進行中の、継続している

ongoing ongoing

0654
bilateral
[baɪlǽtərəl]
形 ①二者間の ②相互的な

bilateral bilateral

0655
labyrinth
[lǽbərɪnθ]
名 迷宮、迷路

labyrinth labyrinth

0656
accredit
[əkrédɪt]
動 ～を認定する、認証する

accredit accredit

[解答] **0645** Oppressive / governments / jail / journalists / speak
0646 Keeping / political / affiliation / conversations / improve / friendships
0647 ruler / helped / unify / into / country
0648 allotted / million / to / support / native / removed
0649 Those / are / eligible / for / free / transport
0650 trade / tariffs / on / products / increased / appealing

(O)(g) will usually (j)(j) that (s) out against them.

圧制的な政府は抗議の声を上げるジャーナリストを投獄するのが常だ。

(K) your (p)(a) out of (c) can (i) your (f).

支持政党の話をしなければ友情を深めることができる。

Sheikh Zayed — the (r) of Abu Dhabi — (h) to (u) the Emirates (i) one (c), the UAE.

アブダビの支配者、ザーイド首長は複数の首長国を1つの国、アラブ首長国連邦に統合するのに一役買った。

Canada has (a) C$750 (m)(t)(s) (n) Canadians who were (r) from their families.

カナダは家族から引き離されたカナダ先住民の人々を支援するために7億5千万カナダドルを割り当てた。

(T) under the age of 25 (a)(e) (f)(f) public (t) under the new government.

新政府の下では、25歳未満の人は公共交通機関が無料になる資格を与えられる。

During the (t) war, (t)(o)(p) from China were (i) to make local products more (a).

貿易戦争の間、国産品をより魅力あるものにするために、中国製品の関税がつり上げられた。

His (e)(l)(b) with two (y) in the U.S. (M)(C).

彼は社会に出て最初の2年はアメリカ海兵隊にいた。

The UN (o)(e) in countries which (n) support with (o) and (l)(a).

国連は、組織や法的な面で援助を必要としている国々の選挙を監視する。

(P)(t) between the countries (a) (o), with a (c)(e) in the coming months.

その国々の間で平和会談が行われており、今後数か月で結論が出る見込みだ。

(B)(t)(b) the two (p) to find an (a)(c) into the night.

合意を模索する二国間協議は夜まで続いた。

(M) to another country comes with many (d), including (n) a (l)(o) new social (c).

海外移住には多くの困難が伴う。新しい社会の複雑に入り組んだしきたりに慣れることもその一つだ。

A (s) of (a)(s)(e) (s) remain (h) across the country.

学校認可制度があると、教育水準が全国的に確実に高く保たれる。

0651 early / life / began / years / Marine / Corps
0652 oversees / elections / need / organisation / legal / aspects
0653 Peace / talks / are / ongoing / conclusion / expected
0654 Bilateral / talks / between / parties / agreement / continued
0655 Moving / difficulties / navigating / labyrinth / of / customs
0656 system / accredited / schools / ensures / standards / high

政治・外交 Politics & International Relations

0657
supremacy
[su(:)préməsi]
名 優越、優位

supremacy supremacy

0658
crippling
[kríplɪŋ]
形 深刻な損害［打撃］を与える

crippling crippling

0659
entity
[éntəti]
名 独立した存在、実体

entity entity

0660
precarious
[prɪkéəriəs]
形 不安定な

precarious precarious

0661
proxy
[prɔ́ksi]
名 代理、代理人

proxy proxy

0662
reciprocal
[rɪsíprəkl]
形 相互の、互いの、互恵的な

reciprocal reciprocal

0663
besiege
[bɪsíːdʒ]
動 ～を包囲する

besiege besiege

0664
impair
[ɪmpéə]
動 〈能力など〉を弱める、損なう

impair impair

0665
disastrous
[dɪzɑ́ːstrəs]
形 破滅を招く、悲惨な

disastrous disastrous

0666
endorse
[ɪndɔ́ːs]
動 ～を承認する、支持する

endorse endorse

0667
transient
[trǽnziənt]
形 一時的な、短期の

transient transient

0668
administer
[ədmínəstə]
動 ①～を管理する、運営する ②～を行う、施行する ③〈薬〉を投与する

administer administer

［解答］
0657 military / shows / supremacy / in / yearly / displays
0658 claimed / tax / plan / lessen / crippling / debt
0659 international / relations / normally / regarded / as / entity
0660 in / precarious / situation / politically / shifts / forth
0661 embassy / served / as / proxy / for / Britain
0662 reciprocal / arrangement / allows / visit / vice / versa

The US (m)(s) its (s)(i) (y)(d) of power.

米軍は年に一度の力を誇示する機会に優位性を見せつける。

The President (c) that his new (t)(p) would help to (l) the country's (c)(d).

大統領は新たな税制計画が国の巨額の負債の軽減につながると主張した。

In (i)(r), the four countries of the United Kingdom are (n)(r)(a) one (e).

国際関係においては連合王国の 4 か国は通常 1 つの国家と見なされる。

The country is (i) a (p)(s)(p), as power (s) back and (f) between the two parties.

その国では政権が 2 党間を行ったり来たりしていて、政治的に不安定な状態だ。

The Swedish (e) in Tehran (s)(a) a (p)(f)(B) from November 2011.

2011 年 11 月以来、テヘランのスウェーデン大使館がイギリスの代理をしていた。

The (r)(a)(a) young people from Japan to (v) the UK to work and (v)(v).

相互の取り決めにより、日本とイギリスの若者は互いの国に行って働くことができる。

The (c) of Troy had (b)(b) for (y) before the Greeks (m) to (e).

ギリシャ軍はトロイの町を何年も包囲し続け、ようやく侵入することに成功した。

(D)(n)(a)(i) by their slow (t)(n).

発展途上国は通信ネットワークが低速であるために不利を被っている。

(F) to reach a (d)(a) could (h) (d)(c) for both countries.

外交協定を結べなければ、両国にとって悲惨な事態になりかねない。

Although the (c)(e)(f)(c) (e), she has offered no (s) to pay for it.

その候補者は大学教育の無償化を承認しているが、彼女はその支払い策を示していない。

One (p)(b) of the EU is allowing (t) (w) to (m) between (c).

EU の際立った利点は、短期労働者が加盟国間を渡り歩けることだ。

The UN was given the (t) of (a)(f) to (l)(c) in (r) Cambodia.

国連はカンボジアの農村のための資金を管理する任務を担った。

0663 city / been / besieged / years / managed / enter
0664 Developing / nations / are / impaired / telecommunications / networks
0665 Failure / diplomatic / agreement / have / disastrous / consequences
0666 candidate / endorses / free / college / education / solution
0667 particular / benefit / transient / workers / move / countries
0668 task / administering / funds / local / communities / rural

政治・外交／法律 Politics & International Relations / Law

0669
pronouncement
[prənáunsmənt]
名 宣言、意見表明

pronouncement pronouncement

0670
levy
[lévi]
動〈税金など〉を課す、取り立てる
名 ①徴税、課税 ②賦課金

levy levy

0671
foe
[fóu]
名 敵、（競技などの）相手

foe foe

0672
sanction
[sǽŋkʃən]
名 ①制裁（措置）②許可、認可

sanction sanction

0673
secrecy
[síːkrəsi]
名 秘密保持、秘密厳守

secrecy secrecy

0674
ally
名 [ǽlaɪ] 動 [əláɪ]
名 同盟国；同盟者
動 [be allied で] 同盟する、連合する

ally ally

0675
deploy
[dɪplɔ́ɪ]
動〈部隊など〉を配備する、展開する

deploy deploy

0676
clamour
[klǽmə]
動 ～をやかましく要求する

clamour clamour

0677
repatriate
[riːpǽtrièɪt]
動 ～を本国へ送還する

repatriate repatriate

0678
invoke
[ɪnvóuk]
動 ①〈法など〉を発動する、実施する
②〈感情〉を呼び起こす

invoke invoke

0679
deregulation
[diːrègjəléɪʃən]
名 規制解除［緩和］

deregulation deregulation

0680
recourse
[rɪkɔ́ːs]
名 助け［頼り］になるもの

recourse recourse

［解答］
0669 pronouncement / of / trade / deal / welcomed / leaders
0670 tariffs / were / levied / on / products / purchasing
0671 foes / frequently / acted / slowly / fell / defeat
0672 Economic / sanctions / imposed / on / elections / democratic
0673 Governmental / organisations / maintain / secrecy / prevent / spying
0674 attacked / only / longest-standing / ally / in

His (p)(o) the new (t)(d) was (w) by business (l).
彼が新しい貿易協定を発表すると、財界のトップたちは歓迎した。

High (t)(w)(l)(o) specific (p) to encourage local (p) instead.
特定の製品に高い関税が課されたのは、代わりに国産品の購入を促進するためだ。

Genghis Khan's (f)(f)(a) too (s) and (f) to (d).
チンギス・ハンの敵は行動を起こすのが遅すぎて敗北を喫することが多かった。

(E)(s) were (i)(o) the country for holding (e) that were not (d).
民主的でない選挙を行う国に対して経済制裁が科された。

(G)(o) need to (m)(s) to (p) other countries from (s) on them.
政府組織は他国のスパイ行為を防ぐために機密を保持しなければならない。

Napoleon (a) Portugal, Britain's (o) and (l) (a)(i) Europe.
ナポレオンはイギリスの唯一にして最古のヨーロッパの友好国であるポルトガルを攻撃した。

(T)(w)(d)(t) the (a) in order to prevent (v) from breaking out.
暴動が起こるのを防ぐために軍隊がその区域に配備された。

(C) of (j)(c) to (a) the politician (q) shortly after the (s) came out.
スキャンダルが明るみに出るやいなや、記者が大挙してその政治家を質問攻めにした。

Following the (t), their (b)(w) (r)(t) their home (c).
その惨事のあと、遺体が本国へ送還された。

A person may (i) their (r) to (r) (s) if they are (a) by a police (o).
人は警察に逮捕されても黙秘権を行使できる。

The (d)(o)(a) and (c) can be positive (e), but (n) socially.
酒とたばこの規制緩和は経済的にはプラスだろうが、社会的には好ましくないだろう。

(U) to (a) on how to (d) the money their mother had left them, they (s)(l)(r).
彼らは母親が残した遺産の分け方について意見が一致せず、法的な解決を探った。

0675 Troops / were / deployed / to / area / violence
0676 Crowds / journalists / clamoured / ask / questions / scandal
0677 tragedy / bodies / were / repatriated / to / countries
0678 invoke / right / remain / silent / arrested / officer
0679 deregulation / of / alcohol / cigarettes / economically / negative
0680 Unable / agree / divide / sought / legal / recourse

法律 Law

0681
revoke
[rɪvóʊk]
動 ～を撤回する、無効にする

revoke revoke

0682
jury
[dʒúəri]
名 陪審、陪審員団

jury jury

0683
prosecute
[prɔ́sɪkjùːt]
動 ～を起訴する

prosecute prosecute

0684
repeal
[rɪpíːl]
動 〈法律など〉を廃止する

repeal repeal

0685
quota
[kwóʊtə]
名 ①（販売などの）割り当て、ノルマ
②分け前、取り分

quota quota

0686
mandate
[mǽndeɪt]
動 ～を命じる、義務づける
名 命令

mandate mandate

0687
smuggle
[smʌ́gl]
動 ～を密輸する

smuggle smuggle

0688
enforce
[ɪnfɔ́ːs]
動 〈法律・規則など〉を施行する

enforce enforce

0689
loophole
[lúːphòʊl]
名 （法律などの）抜け穴

loophole loophole

0690
footage
[fútɪdʒ]
名 映像、（テレビ・映画などの）場面

footage footage

0691
convict
動 [kənvíkt] 名 [kɔ́nvɪkt]
動 ～に有罪判決を出す
名 罪人、囚人

convict convict

0692
jurisdiction
[dʒʊ̀ərɪsdíkʃən]
名 ①司法権、裁判権
②（法的権限の）管轄区域

jurisdiction jurisdiction

[解答] 0681 underperformance / company's / licence / revoked / contract / cancelled
0682 hearing / jury / left / court / discuss / private
0683 company / was / prosecuted / scandal / resulting / million
0684 started / repealing / many / previous / president's / laws
0685 Traffic / given / quota / of / tickets / issue
0686 law / mandates / that / cyclists / motorcyclists / wear

Due to (u), the (c)(l) was (r) and their (c)(c).
業績不振のため、その会社のライセンスは無効にされ、契約は取り消された。

After the (h) the (j)(l) the (c) room to (d) the case in (p).
審問後、陪審員たちは退廷して、密室でその事件について話し合った。

The (c)(w)(p) because of the (s), (r) in a $35 (m) fine.
その企業は不祥事のために起訴され、最終的に3500万ドルの罰金を科された。

The new President (s) by (r)(m) of the (p)(p)(l).
新大統領は手始めに前任者が作った法律の多くを廃止した。

(T) police are regularly (g) a (q) (o) how many (t) they need to (i).
交通巡査は切るべき違反切符のノルマが定期的に与えられる。

The (l)(m)(t)(c) and (m) must (w) helmets.
自転車やオートバイに乗る人はヘルメット着用が法律で義務づけられている。

The (d)(w)(c)(s) (i) at an (a) in Kenya.
その外交官たちはケニアの空港で象牙を密輸しようとしたところを捕まった。

(E)(t)(l) can be (d), as the police are unable to (m) all (d).
交通法規を守らせることは難しいことがある。警察がすべてのドライバーを監視するのは不可能だからだ。

The (w) pay less in taxes because they have (s) (l) that can (f)(l)(i) tax laws.
金持ちの方が払う税金が少ない。彼らには税法の抜け穴を見つけられる有能な弁護士がついているからだ。

The (c) had been difficult to (p) until (v) (f)(o) the (c) was discovered.
犯行のビデオ映像が見つかるまではその犯人の起訴は難しかった。

The (t) was (c) by the police with the (s) goods, so she (w)(e)(c).
その泥棒は警察に捕まったときに盗品を所持していたので、あっさりと有罪になった。

(L) police only (h)(j)(o) (c) within a (c) town or city.
地方の警察にはある特定の町や市の中での犯罪の管轄権しかない。

0687 diplomats / were / caught / smuggling / ivory / airport
0688 Enforcing / traffic / laws / difficult / monitor / drivers
0689 wealthy / skilled / lawyers / find / loopholes / in
0690 criminal / prosecute / video / footage / of / crime
0691 thief / caught / stolen / was / easily / convicted
0692 Local / have / jurisdiction / over / crimes / certain

法律 Law

0693
contention
[kənténʃən]
名 ①論争、争い ②（議論での）主張；論点

contention contention

0694
legitimate
[lɪdʒítəmət]
形 合法的な、正当な

legitimate legitimate

0695
deter
[dɪtə́ː]
動 ①～を思いとどまらせる ②～を抑止する

deter deter

0696
untangle
[ʌntǽŋgl]
動 ～のもつれを解く、解消する

untangle untangle

0697
scrutiny
[skrúːtɪni]
名 ①監視、観察 ②綿密な調査

scrutiny scrutiny

0698
conspire
[kənspáɪə]
動 ①共謀する ②同時に生じる、重なる

conspire conspire

0699
corroborate
[kərɔ́bərèɪt]
動 ～を裏付ける、支持する

corroborate corroborate

0700
shatter
[ʃǽtə]
動 ①～を粉砕する、打ち砕く ②砕け散る

shatter shatter

0701
probe
[próʊb]
動（～を）調査する
名 ①調査 ②探査機

probe probe

0702
impartial
[ɪmpáːʃəl]
形 公平な、偏見のない

impartial impartial

0703
testimony
[téstɪməni]
名 ①証言 ②証拠

testimony testimony

0704
dubious
[djúːbiəs]
形 ①疑わしい、怪しげな ②疑わしく思う

dubious dubious

［解答］
0693 cause / of / contention / dispute / land / ownership
0694 elections / resulted / first / legitimate / government / decades
0695 deter / thieves / security / cameras / installed / corner
0696 crime / mystery / untangle / understand / what / happened
0697 technology / subjected / to / scrutiny / self-driving / vehicles
0698 guilty / conspiring / with / others / fix / parts

The main (c)(o)(c) has been a (d) over (l)(o).

紛争の主要原因は土地の所有権を巡る争いだ。

The (e)(r) in the (f)(l) (g) in (d).

その選挙によって、数十年ぶりに合法的な政府が誕生した。

The buildings were designed to (d)(t), with (s)(c)(i) on every (c).

その建物は防犯カメラがあらゆる場所に設置されていて、泥棒が入りにくくなっていた。

The (c) was a (m); they would need to (u) it to (u)(w) had (h).

その犯罪は謎だった。何が起きたのか知るためには一つ一つひも解く必要があるだろう。

Recently, the (t) was (s)(t) strong (s) due to accidents caused by the (s)(v).

自動運転車が事故を起こしたため、その技術は近年、厳しい監視下に置かれるようになった。

The company was found (g) of (c)(w) (o) to (f) prices of computer (p).

その企業はコンピュータ部品の価格を維持するために他社と共謀したとして有罪になった。

The two (w)(c) her (s), (p) that she was not (r) for the (a).

2人の目撃者が彼女の話を裏付け、彼女にその事故の責任はないことが証明された。

In the video, a man (s) the (w) before (c) through and (s)(v)(i).

そのビデオ映像では、男が窓をたたき割って侵入し、様々なものを盗んでいった。

The report (p)(i)(w) any (i) (a) had (t) place or not.

その報告書は何かしらの違法行為が行われていなかったかどうかを調査したものだ。

If a (j)(i)(i), a (t) will be (f) and (u).

裁判官に偏りがなければ、裁判は公平で偏見のないものになる。

Several (e)(a) in (c) to (p) (t) regarding their (e) activities.

数人の従業員が雇用主の行為について証言するために法廷に立った。

The company's (c) were (h)(d), so it was (i) for (f)(a).

その会社の主張は非常に怪しげだったので、虚偽広告の捜査を受けた。

0699 witnesses / corroborated / story / proving / responsible / accident
0700 shattered / window / climbing / stealing / various / items
0701 probed / into / whether / illegal / activities / taken
0702 judge / is / impartial / trial / fair / unprejudiced
0703 employees / appeared / court / provide / testimony / employer's
0704 claims / highly / dubious / investigated / false / advertising

法律 Law

0705
underscore
[ʌ̀ndəskɔ́ː]
動 〜を強調する

underscore underscore

0706
masquerade
[mæ̀skəréɪd]
動 装う、なりすます
名 (真実を隠すための) 見せかけ、偽装

masquerade masquerade

0707
compliance
[kəmpláɪəns]
名 従うこと、法令順守

compliance compliance

0708
binding
[báɪndɪŋ]
形 拘束力のある

binding binding

0709
verdict
[vɔ́ːdɪkt]
名 (陪審員の) 評決

verdict verdict

0710
incidence
[ínsədəns]
名 (事件・病気などの) 発生

incidence incidence

0711
theft
[θéft]
名 盗み

theft theft

0712
composite
[kɔ́mpəzɪt]
名 合成画像、複合素材
形 いろいろな要素から成る、合成の

composite composite

0713
liable
[láɪəbl]
形 ①法的に責任がある ②〜しがちだ

liable liable

0714
inquiry
[ɪnkwáɪri]
名 ①質問すること、問い合わせ ②調査

inquiry inquiry

0715
fraud
[frɔ́ːd]
名 詐欺、詐欺行為

fraud fraud

0716
offender
[əféndə]
名 犯罪者、(法律の) 違反者

offender offender

[解答]
0705 rising / rate / crime / underscored / need / police
0706 effort / close / businesses / masquerading / as / charities
0707 In / compliance / with / regulations / ramps / wheelchairs
0708 contract / legally / binding / faced / lawsuit / breaking
0709 jury / reached / verdict / defendants / found / guilty
0710 few / high / incidence / of / crime / safer

0716

The (r)(r) of (c)(u) the (n) for more (p) in the city.

犯罪率の上昇は街の警察官の数を増やす必要があることをはっきりと示した。

There has been a big (e) to (c) down (b) (m)(a)(c).

慈善事業のように装う会社を撲滅しようという取り組みが懸命に行われている。

(l)(c)(w) local (r), all new buildings need (r) for (w).

条例により、すべての新築ビルには車いす用の傾斜路が必要だ。

The (c) was (l)(b), so the company would have (f) a (l) for (b) it.

その契約は法的拘束力のあるものだったので、その会社は契約違反で訴えられていたかもしれない。

The (j)(r) a (v) in the afternoon; the (d) were (f)(g).

陪審員は午後になって評決に達した。被告は有罪になった。

Within a (f) years, the area with a (h)(i) (o)(c) became much (s).

数年のうちに、犯罪が多発していたその地域はずっと安全になった。

Police are struggling to (p)(p)(t) (o)(p) and handbags in (t) areas.

警察は観光地で携帯電話やハンドバッグがすられるのを必死に防ごうとしている。

The police can (d) a (c)(o) the (c)(b) on what people (s).

警察は人々の目撃情報に基づいて犯人の合成画像を作成できる。

The company was (f)(l)(f) the (a) and (o) to pay the family's (m) bills.

その企業は事故に対する法的責任があるとされ、一家の医療費の支払いを命じられた。

A (f)(i) was (l) to see if the (n) had (a)(i).

その新聞社が違法な活動をしたのかどうかを調べる正式な捜査が始まった。

(F) crimes — such as (c)(c)(f) — were higher than ever due to (i)(t).

個人情報が盗まれるようになり、クレジットカード詐欺のような金融犯罪がかつてないほど増えた。

Court (d)(t) to be (t) if the (o) has (c)(c) before.

犯罪者に前科があると、判決は厳しくなる傾向がある。

0711 prevent / petty / theft / of / phones / tourist
0712 develop / composite / of / criminal / based / saw
0713 found / liable / for / accident / ordered / medical
0714 formal / inquiry / launched / newspaper / acted / illegally
0715 Financial / credit / card / fraud / identity / theft
0716 decisions / tend / tougher / offender / committed / crimes

法律／時事 Law / News

0717
manipulate
[mənípjəlèɪt]
動 ～を操作する、巧みに仕向ける

manipulate manipulate

0718
starvation
[stɑ̀:véɪʃən]
名 飢餓；餓死

starvation starvation

0719
stringent
[stríndʒənt]
形〈規則などが〉厳しい、厳格な

stringent stringent

0720
pseudo
[sjú:dəu]
形 偽の、まがいの

pseudo pseudo

0721
denounce
[dɪnáuns]
動 ～を非難する、弾劾する

denounce denounce

0722
wary
[wéəri]
形 慎重な、用心深い

wary wary

0723
integrity
[ɪntégrəti]
名 ①完全な状態 ②正直さ、誠実さ

integrity integrity

0724
onslaught
[ɔ́nslɔ̀:t]
名 ①激しい攻撃、猛襲
②大量さ、おびただしさ

onslaught onslaught

0725
discredit
[dɪskrédət]
動 ①～の信頼を傷つける ②〈考え・証拠などの正しさ〉を覆す ③～を信用しない

discredit discredit

0726
gush
[gʌ́ʃ]
動 勢いよく流れ出る、噴出する

gush gush

0727
inflate
[ɪnfléɪt]
動 ①〈価格など〉を上昇させる
②〈風船など〉をふくらませる

inflate inflate

0728
hamper
[hǽmpə]
動 ～を阻止する

hamper hamper

[解答] 0717 guilty / manipulating / crash / test / data / vehicles
0718 together / deliver / aid / risk / of / starvation
0719 hijacking / security / checks / made / significantly / stringent
0720 articles / posted / social / media / pseudo-science / misleading
0721 hunting / is / strongly / denounced / by / organisations
0722 are / wary / about / letting / nowadays / reported

0728

The company was found (g) of (m) the (c) (t)(d) so they could sell their (v).
その会社は車を売るために衝突実験のデータを改ざんして有罪になった。

NGOs came (t) to (d) food and (a) to those at (r)(o)(s).
非政府組織が協力して餓死の危機にある人々に食料を配り、支援した。

After the (h), airport (s)(c) were (m)(s) more (s).
ハイジャック事件のあと、空港のセキュリティチェックは格段に厳しくなった。

Many (a)(p) on (s)(m) are (p) and are (m) to the public.
ソーシャルメディアに投稿される記事の多くはえせ科学で、人々の誤解を招きやすい。

The (h) of these animals for sport (i)(s) (d)(b)(o) across the world.
これらの動物のスポーツハンティングは世界中の団体から強く非難されている。

Parents (a)(w)(a)(l) their children play outside (n) due to the rise in (r) crime.
昨今は犯罪の通報が増えているので、親は子どもを外で遊ばせることに慎重になっている。

The accident (d) the (i)(o) the (p), which required (s)(r).
その事故によって万全の状態だった飛行機は損傷し、大規模な修復をしなければならなかった。

To (p) the (o)(o) the (d), (r) were told to (s) at home.
その病気のまん延を防ぐため、住民たちは家にいるように指示された。

He (w)(w)(d) after being (u) to (p) his (s) powers.
彼は自分の超能力を証明できず、評判がガタ落ちになった。

The accident (r) in millions of (l) of (o) (g)(o) into the (o).
その事故で何百万リットルもの原油が海に流出した。

A (p)(i) was (c) for (i) the (p) of life-saving (m).
ある著名な投資家が救命薬の価格を釣り上げたと批判された。

(E) to (r) homelessness have been (h) (b)(i)(f).
ホームレスの数を減らす取り組みは資金不足でうまくいかなかった。

0723 damaged / integrity / of / plane / significant / repairs
0724 prevent / onslaught / of / disease / residents / stay
0725 was / widely / discredited / unable / prove / supernatural
0726 resulted / litres / oil / gushing / out / ocean
0727 prominent / investor / criticised / inflating / price / medication
0728 Efforts / reduce / hampered / by / insufficient / funding

時事 News

0729
impoverished
[ɪmpɔ́vərɪʃt]
形 貧困化した、貧困に陥った

impoverished impoverished

0730
disregard
[dìsrɪgɑ́:d]
動 ～を無視する、軽視する

disregard disregard

0731
upheaval
[ʌphí:vl]
名 ①大変動、激変 ②（土地の）隆起

upheaval upheaval

0732
aggravate
[ǽgrəvèɪt]
動 ～を悪化させる

aggravate aggravate

0733
institutional
[ìnstətjú:ʃənl]
形 ①公共機関の、施設の ②制度上の

institutional institutional

0734
proponent
[prəupóunənt]
名 擁護者、支持者

proponent proponent

0735
utility
[ju:tíləti]
名 ①（電気・ガス・水道などの）公共事業 ②有用性 形 多用途の

utility utility

0736
corpse
[kɔ́:ps]
名（主に人間の）死体

corpse corpse

0737
tout
[táut]
動 ～を絶賛する

tout tout

0738
chaotic
[keɪɔ́tɪk]
形 大混乱した、無秩序な

chaotic chaotic

0739
flatten
[flǽtn]
動 ～を平らにする、ぺしゃんこにする

flatten flatten

0740
recipient
[rɪsípiənt]
名 受け手、受賞者

recipient recipient

［解答］ 0729 Impoverished / areas / of / funding / improve / communities
0730 investigation / cause / revealed / safety / protocols / disregarded
0731 went / through / complete / upheaval / following / fire
0732 Rising / pollution / aggravating / lung / diseases / asthma
0733 number / requiring / institutional / care / population / ages
0734 are / proponents / of / preventing / cruelty / action

(l)(a)(o) the city were given more (f) to (i) life for the (c).

市の貧民街は、地域の生活改善のために、より多くの資金を付与された。

An (i) into the (c) of the accident (r) that (s)(p) had been (d).

その事故の原因調査によって、安全のための一連の操作が無視されていたことが明らかになった。

The city (w)(t) a (c)(u) (f) the (f).

火事のあと、町はまったく変わってしまった。

(R) levels of (p) are also (a)(l) (d) such as (a).

公害のレベルが上がっているために、ぜんそくのような肺疾患も悪化している。

The (n) of people (r)(i)(c) will increase dramatically as the (p)(a).

人口の高齢化に伴い、公共施設での介護を必要とする人の数は飛躍的に増えるだろう。

Although many people (a)(p)(o) (p) animal (c), only few people take real (a).

動物虐待の防止を支持する人は多いが、実際に行動を起こす人はわずかしかいない。

(E) and other (p)(u) were (k) (o) by the (h).

電気などの公共サービスがそのハリケーンで止まった。

Taking (s) in the (c), they found the (c) (o) a (m) who had (d) years before.

洞窟に避難したとき、彼らは死後何年も経過している男性の死体を見つけた。

Due to (s)(u)(p) and rapid (g), Shenzhen is (t)(a) the city of the future.

よく練られた都市計画と急速な成長により、深センは未来の都市として絶賛されている。

The fire (s) got out of (c), (l) to a (c)(e) of the (e) town.

火事は突然制御不能となり、町中の住人が大混乱のうちに避難することになった。

The 6.6 (m)(e)(f) the (h) (t) in (c) Italy.

そのマグニチュード 6.6 の地震はイタリア中央北部の由緒ある町の建物をなぎ倒した。

The Nobel Prize (r) was (g) the (a) for his (w) on (r)(p).

そのノーベル賞受賞者は、貧困を減らす取り組みによって賞を授与された。

0735 Electricity / public / utilities / knocked / out / hurricane
0736 shelter / cave / corpse / of / man / died
0737 smart / urban / planning / growth / touted / as
0738 suddenly / control / leading / chaotic / evacuation / entire
0739 magnitude / earthquake / flattened / historic / town / central-northern
0740 recipient / given / award / work / reducing / poverty

時事 News

0741
initiative
[ɪníʃətɪv]
名 ①取り組み、計画 ②主導権

initiative initiative

0742
evacuate
[ɪvǽkjuèɪt]
動 ～から避難する［させる］、立ち退く

evacuate evacuate

0743
advocate
動 [ǽdvəkèɪt] 名 [ǽdvəkət]
動 (～を) 提唱する、支持する
名 支持者、主張者

advocate advocate

0744
perverse
[pəvə́ːs]
形 ①邪悪な、倒錯した ②頑固な

perverse perverse

0745
exacerbate
[ɪgzǽsəbèɪt]
動 ～を (さらに) 悪化させる

exacerbate exacerbate

0746
mar
[mάː]
動 ～を台無しにする

mar mar

0747
flame
[fléɪm]
名 炎、火炎
動 燃える

flame flame

0748
preferential
[prèfərénʃəl]
形 優先の

preferential preferential

0749
blink
[blíŋk]
名 ①一瞬 ②まばたき
動 まばたきをする

blink blink

0750
rumble
[rʌ́mbl]
動 ごろごろ音を立てる、とどろく

rumble rumble

0751
collude
[kəlúːd]
動 共謀する、結託する

collude collude

0752
nobility
[nəʊbíləti]
名 ①貴族階級 ②気高さ、高潔

nobility nobility

［解答］
0741 peace / initiative / aimed / supporting / groups / within
0742 prepare / case / periodically / practice / evacuating / school
0743 charity / advocates / for / supports / numerous / rural
0744 perverse / treatment / of / animals / criticised / public
0745 poor / hygiene / exacerbated / by / moving / condensed
0746 weather / marred / otherwise / enjoyable / festival / crowd

The MPSI is a (p)(i)(a) at (s)
(g)(w) Myanmar.
MPSIはミャンマー国内の団体を支援することを目的としている和平構想だ。

To (p) for what to do in the (c) of a fire, students
(p)(p)(e) the (s).
火事のときにすべきことを予行演習するために、生徒たちは定期的に学校から避難する訓練をしている。

The (c)(a)(f) and (s)
(n) women in need in (r) areas.
その慈善団体は田舎で困窮している数多くの女性を支援、擁護している。

The company's (p)(t)(o)(a)
was (c) by the (p).
その企業の動物虐待は世間の批判を浴びた。

The problem of (p)(h) was (e)(b)
people (m) to cities and living in more (c) areas.
人々が都市に流入してより人口密度の高いところに住むにつれて、不衛生の問題が悪化した。

Poor (w)(m) an (o)(e)
(f) for the (c).
悪天候によって、そうでなければ人々が楽しめる祭りが、台無しにされた。

(F)(f) the (f)(f)
(r) the city and (d) tens of thousands of houses.
森林火災の炎は町まで達し、何万軒もの住宅が焼失した。

At-risk (g) are (g)(p)(t) when
it comes to (b) and (h).
給付金や住宅に関しては社会弱者が優遇される。

(W) the (b)(o) an (e), the
(a) temple was (d).
またたく間にその古代寺院は破壊された。

The (l)(r)(n) coming from the planes would
(d)(l)(r).
飛行機の出す低いごう音は地元住民の迷惑になるだろう。

Five major banks were (a) of (c)(t)
(c) foreign (e)(r).
5つの主要銀行が外国為替相場を共謀して操作したとして告発された。

Alongside (i)(p), the event was (a) by
(m)(o) the (n), including the Queen.
その催しには大物政治家とともに、女王を含め、貴族階級の人々も出席した。

政治・外交 法律 **時事** 経済 ビジネス マーケティング・営業 コミュニケーション メディア・IT 教育・キャンパス 建築 都市・交通 観光・レジャー

0747 Flames / from / forest / fire / reached / destroyed
0748 groups / given / preferential / treatment / benefits / housing
0749 Within / blink / of / eye / ancient / destroyed
0750 low / rumbling / noise / disturb / local / residents
0751 accused / colluding / to / control / exchange / rates
0752 influential / politicians / attended / members / of / nobility

時事 News

0753
plight
[pláɪt]
名 窮状、苦境

plight plight

0754
mistrust
[mìstrʌ́st]
名 不信、疑惑
動 ～を信用しない、疑う

mistrust mistrust

0755
anonymous
[ənɔ́nɪməs]
形 匿名の

anonymous anonymous

0756
unleash
[ʌnlíːʃ]
動 ～を解放する、解き放つ

unleash unleash

0757
clutch
[klʌ́tʃ]
名 支配、手中
動 ～をしっかりつかむ

clutch clutch

0758
precaution
[prɪkɔ́ːʃən]
名 用心、予防措置

precaution precaution

0759
displace
[dɪspléɪs]
動 ①～を（定位置から）移動させる、移住させる ②～にとって代わる

displace displace

0760
exodus
[éksədəs]
名 大量流出、集団脱出

exodus exodus

0761
encompass
[ɪnkʌ́mpəs]
動 ①～を取り囲む、包囲する ②～を包含する

encompass encompass

0762
obnoxious
[əbnɔ́kʃəs]
形 非常に不愉快な、無礼な

obnoxious obnoxious

0763
afflict
[əflíkt]
動 ～を苦しめる、悩ませる

afflict afflict

0764
salvage
[sǽlvɪdʒ]
動 〈難破船など〉を引き揚げる、救い出す
名 救出

salvage salvage

[解答]
0753 hurricane / plight / struggle / of / farmers / greater
0754 mistrust / of / police / increased / recent / years
0755 winners / prefer / stay / anonymous / avoid / wealth
0756 Fenced / dogs / unleashed / run / free / popular
0757 escape / clutches / of / poverty / receive / support
0758 Walls / banks / strengthened / precaution / against / flooding

The (h) made the (p) and (s)
(o)(f) even (g).
そのハリケーンによって農家はますます苦境に陥り、いっそうもがき苦しまなければならなかった。

A (m)(o)(p) has (i) in
(r)(y) in the United States.
アメリカでは近年、警察への不信が増している。

Many lottery (w)(p) to (s)(a)
to (a) people knowing about their (w).
多くの宝くじ当選者は当選金のことを知られないよう匿名でいたがる。

(F) areas where (d) can be (u) and
(r)(f) have become increasingly (p) in modern cities.
今日の都市では、犬が解き放たれて自由に走れる囲い地がますます人気になっている。

The best way for people to (e) the (c)(o)
(p) is to (r) social (s).
貧しさという呪縛から抜け出す最良の方法は、社会の支援を受けることだ。

(W) and river (b) are (s) as a
(p)(a)(f).
洪水対策として防護壁や堤防が補強される。

Many of the poor became climate (r) after (b)(d)
(f) their homes by (f) and (d).
多くの貧民が洪水や日照りで家を離れざるをえず、気候変動による避難民になった。

The (c) city (s) an (e) during New Year
(c), as (c) travel to the (c).
正月祝いの期間、首都では大移動が起こる。人々が田舎に向かうからだ。

Large areas of (s) Australia (w)(e)
(b)(c) of smoke from (w).
南オーストラリアの広大な地域が山火事のもうもうとした煙に包まれた。

(R) have become (u) to the (o)
(c)(n) and (t) that never stops.
住民は、やむことのない非常に不愉快な建設の騒音と車両の出入りに慣れてしまった。

(A) was sent first to the (a) most (h)
(a)(b) the (d).
干ばつで最大の被害を受けた地域に真っ先に援助物資が送られた。

After the (e), (b) were hired to (s)
(w)(r) of the (h).
地震後、家の残骸を回収するために建設業者が雇われた。

0759 refugees / being / displaced / from / flooding / drought
0760 capital / sees / exodus / celebrations / citizens / countryside
0761 southern / were / encompassed / by / clouds / wildfires
0762 Residents / used / obnoxious / construction / noises / traffic
0763 Aid / areas / heavily / afflicted / by / drought
0764 earthquake / builders / salvage / what / remained / house

時事 News

0765
disorderly
[dɪsɔ́ːdəli]
形 無秩序の、混乱した

disorderly disorderly

0766
dreadful
[drédfl]
形 とてもひどい

dreadful dreadful

0767
divert
[daɪvə́ːt]
動 ①～の方向を変える、～を迂回させる
②〈注意など〉をそらす

divert divert

0768
alarming
[əlɑ́ːmɪŋ]
形 憂慮すべき、不安にさせる

alarming alarming

0769
dump
[dʌ́mp]
動〈ごみなど〉を捨てる
名 ごみ捨て場

dump dump

0770
strand
[strǽnd]
動 ～を座礁させる；〈人〉を取り残す

strand strand

0771
fatality
[fətǽləti]
名 死亡者（数）

fatality fatality

0772
extravagance
[ɪkstrǽvəgəns]
名 ①（金の）浪費、乱費 ②行き過ぎ

extravagance extravagance

0773
shortlist
[ʃɔ́ːtlɪst]
動〈人〉を最終的選抜者名簿に載せる

shortlist shortlist

0774
turmoil
[tə́ːmɔɪl]
名 騒動、混乱

turmoil turmoil

0775
fend
[fénd]
動 [fend for *oneself* で] 自力でやっていく

fend fend

0776
pledge
[plédʒ]
名 誓約、公約
動 ～を誓う、保証する

pledge pledge

[解答] **0765** Public / anger / disorderly / crowd / gathering / parliament
0766 lack / funds / left / in / dreadful / condition
0767 diverted / traffic / away / from / site / crash
0768 Figures / alarming / proportion / of / population / unemployed
0769 factory / punished / illegally / dumping / chemical / waste
0770 Survivors / were / stranded / on / island / rescued

(P)(a) resulted in a (d)(c)
(g) outside (p).
怒った人々が議事堂の外に集まり大混乱になった。

A (l) of (f)(l) the school (i) a
(d)(c).
その学校は資金不足のために悲惨な状態だった。

Police (d)(t)(a)(f) the
(s) of the (c).
警察は通行車両に衝突事故の現場を迂回させた。

(F) show an (a)(p)(o) the
(p) is (u).
数値は人口の中で失業者が占める憂慮すべき割合を示している。

The (f) was (p) for (i)(d)
(c)(w) in the river.
その工場は化学廃棄物を川に不法投棄して罰せられた。

(S) of the crash (w)(s)(o) an
(i) for weeks before they were (r).
衝突事故の生存者たちは島に取り残され、数週間後にようやく救助された。

(A) the car (a) was (s), (t)
(w) no (f).
その自動車事故は深刻なものだったが、死者はいなかった。

She is (k)(f) her wealth and (e), which makes
her (u) with (w)(v).
彼女は金持ちでぜいたくな暮らしをしていることで知られ、そのために労働者階級の有権者に人気がない。

Three (a) out of (t) had (b)(s)
(f) the (p).
何千人ものアーティストの中から 3 人がその賞の最終候補に残っていた。

The (w)(p)(i)(t) during the
last great (f)(c).
直近の金融大破綻の際、世界は混乱に陥った。

The fires (f) people to (r) their animals into the
(w) to (f)(f)(t).
その火事のために人々は家畜を野に放ち、自力で生きてもらわなければならなかった。

The (o)(p)(t)(p) two billion
(t) in two decades has been seen as (u).
20 年で 20 億本の木を植えるというその組織の公約は非現実的だと見なされてきた。

0771 Although / accident / serious / there / were / fatalities
0772 known / for / extravagance / unpopular / working-class / voters
0773 artists / thousands / been / shortlisted / for / prize
0774 world / plunged / into / turmoil / financial / crash
0775 forced / release / wild / fend / for / themselves
0776 organisation's / pledge / to / plant / trees / unrealistic

時事／経済 News / Economics

0777
run-down
[rʌ́ndáʊn]
形 荒廃した、ボロボロの

run-down run-down

0778
cost-effective
[kɔ́stɪféktɪv]
形 費用効果の高い

cost-effective cost-effective

0779
skyrocket
[skàɪrɔ́kət]
動 急激に上昇する

skyrocket skyrocket

0780
stabilise
[stéɪbəlàɪz]
動 ①安定する ②～を安定させる

stabilise stabilise

0781
equilibrium
[ìːkwəlíbriəm]
名 均衡、釣り合い

equilibrium equilibrium

0782
affordable
[əfɔ́ːdəbl]
形 入手可能な、〈値段が〉てごろな

affordable affordable

0783
equity
[ékwəti]
名 ①財産物件の純粋価格 ②普通株 ③公平さ

equity equity

0784
intrinsic
[ɪntrínzɪk]
形 本質的な、固有の

intrinsic intrinsic

0785
mitigate
[mítəgèɪt]
動 ～を和らげる、緩和する

mitigate mitigate

0786
exorbitant
[ɪgzɔ́ːbɪtənt]
形 〈金額・要求などが〉途方もない、法外な

exorbitant exorbitant

0787
handout
[hǽndàʊt]
名 ①補助金 ②〈講演会・講義などの〉配布資料；ちらし

handout handout

0788
affluent
[ǽfluənt]
形 裕福な

affluent affluent

[解答] 0777 mines / shut / years / are / abandoned / run-down
0778 cost-effective / way / to / transport / trucks / ship
0779 prices / skyrocketed / past / far / expensive / buy
0780 Populations / developed / nations / stabilise / expense / raising
0781 Equilibrium / achieved / quantity / supplied / equal / demanded
0782 measures / place / make / housing / affordable / buyers

The (m) that were (s) down many (y) ago (a) now (a) and (r).

何年も前に廃坑になった採鉱場は、今では打ち捨てられて荒廃している。

The most (c)(w)(t)(t) cars and (t) is by (s).

車やトラックの最も費用効果の高い輸送方法は海上輸送だ。

House (p) have (s) in the (p) year, becoming (f) too (e) for most people to (b).

住宅価格はここ１年で急上昇し、あまりにも高すぎてほとんどの人は買えなくなっている。

(P) in (d)(n) have begun to (s) due to the (e) of (r) children.

子育てにはお金がかかるので、先進国の人口は一定の水準にとどまり始めている。

(E) is (a) when the (q)(s) is (e) to the quantity (d).

供給量が需要量と等しいとき、均衡が成り立つ。

The government is putting (m) in (p) to (m) (h) more (a) for first-time (b).

政府は住宅を初めて買う人がより買いやすい価格にする対策を進めている。

(H) can (u) their house's (e)(t) (b)(m) from the bank.

住宅所有者は家の資産価値を元手に銀行から融資を受けることができる。

After a period of (e)(i), people (r) that paper money (h) no (i)(v).

極度のインフレを経て、人々は紙幣には本質的な価値が何もないことを実感した。

To (m)(f)(r), they (i) in companies in a (v) of (i).

金融リスクを緩和するために、彼らは様々な業種の企業に投資した。

(E) house (p) have resulted in a (m) of the population (r) instead of (b)(p).

住宅価格が途方もなく上がったため、住民の多くは不動産を買うのではなく借りた。

There were very (f)(h)(f) the (u) from the (g) due to a poor (e).

経済状態が悪く、失業者に対する政府の補助金はほとんどなかった。

Although (p)(e) is free, children from more (a) (f) are more (l) to go on to (u).

公教育は無償だが、裕福な家の子どもの方が大学に進学する傾向が強い。

0783 Homeowners / use / equity / to / borrow / money
0784 extreme / inflation / realised / has / intrinsic / value
0785 mitigate / financial / risk / invested / variety / industries
0786 Exorbitant / prices / majority / renting / buying / property
0787 few / handouts / for / unemployed / government / economy
0788 public / education / affluent / families / likely / university

経済 Economics

0789
constraint
[kənstréɪnt]
名 制約、制限

constraint constraint

0790
asymmetry
[æsímətri]
名 非対称、不均整

asymmetry asymmetry

0791
accrue
[əkrúː]
動 ①〈利子・借金など〉を徐々に増やす
②〈利子などが〉たまる

accrue accrue

0792
saturate
[sǽtʃərèɪt]
動 ①〈市場〉を飽和状態にする
②～をずぶぬれにする、浸す

saturate saturate

0793
stagnate
[stægnéɪt]
動 ①停滞する、不活発になる ②よどむ

stagnate stagnate

0794
feasible
[fíːzəbl]
形 実現可能な

feasible feasible

0795
benchmark
[béntʃmɑ̀ːk]
名 基準、尺度

benchmark benchmark

0796
stifle
[stáɪfl]
動 ①～を抑える、抑圧する ②～を窒息させる

stifle stifle

0797
parameter
[pərǽmətə]
名 ①限界、規定要素 ②媒介変数、パラメータ

parameter parameter

0798
hardship
[hάːdʃɪp]
名 苦難、苦労

hardship hardship

0799
livelihood
[láɪvlihʊ̀d]
名 生計（の手段）、暮らし

livelihood livelihood

0800
backing
[bǽkɪŋ]
名 支持、（財政的）支援

backing backing

[解答] 0789 faced / tight / budget / constraints / workers / laid
0790 Financial / asymmetry / between / men / women / decreased
0791 period / interest / accrued / from / savings / inflation
0792 construction / market / became / saturated / with / accommodations
0793 phone / sales / stagnated / shadow / former / self
0794 solution / feasible / budget / within / expectations

The company (f)(t)(b)(c), and several (w) had to be (l) off.
その会社は厳しい予算の制約に直面し、社員数名を解雇せざるをえなかった。

(F)(a)(b)(m) and (w) has (d) since the Equal Pay Act 1970.
男女の経済的不均衡は、1970 年の同一賃金法以降減ってきている。

Over a (p) of five years, (i)(a) (f)(s) was less than (i).
5 年にわたって、預金でたまる利子はインフレを下回った。

As China's (c) rate increased, the housing (m) (b)(s)(w)(a).
中国で建設率が上昇すると、住宅市場は貸し付けであふれた。

The company's (p)(s)(s) until the company became a (s) of its (f)(s).
その会社の携帯電話売上は低迷し、見る影もなくなった。

The (s) was (f), as the (b) was well (w)(e).
予算は想定内に十分収まっていたので、その対処法は実現可能だった。

(O) one's own (h) is a (b)(o) (f)(s) among young adults.
若者にとって自分の家を持つことは経済的な成功の基準だ。

(I) from other countries have (s) the (d) for (l)(p)(m).
他国からの輸入品が国産肉の需要を抑えている。

The schools had to (w)(w) the (f) (p) that had been (s) by the (g).
学校は政府が決めた予算の範囲内で運営されなければならなかった。

People (s)(f)(e)(h) struggle to buy food and other (b)(g).
経済的苦難に陥っている人々は食べ物などの必需品を買うのにも苦労している。

Machines have (n)(a) the (l) (o)(f) and farm (w).
機械は工場や農場の労働者の生計に悪影響を与えている。

(W) little (f)(b), the (r) (p) could not be (c).
その調査プロジェクトには財政支援がほとんどなかったため、最後までできなかった。

0795 Owning / home / benchmark / of / financial / success
0796 Imports / stifled / demand / locally / produced / meat
0797 work / within / financial / parameters / set / government
0798 suffering / from / economic / hardship / basic / goods
0799 negatively / affected / livelihoods / of / factory / workers
0800 With / financial / backing / research / project / completed

経済 Economics

0801
sizeable
[sáɪzəbl]
形 かなり大きな、かなり多い

sizeable sizeable

0802
downturn
[dáʊntə̀:n]
名 (景気・物価などの) 下落、沈滞

downturn downturn

0803
dictate
[dɪktéɪt]
動 ①～を決定づける ②～を命令する、指図する ③～を口述する

dictate dictate

0804
wring
[ríŋ]
動 ①〈金・情報など〉を (苦労して) 引き出す ②～を絞る

wring wring

0805
predicament
[prɪdíkəmənt]
名 窮地、困難な状況

predicament predicament

0806
numerical
[nju:mérɪkl]
形 数の、数的な

numerical numerical

0807
pricey
[práɪsi]
形 高価な

pricey pricey

0808
sterling
[stə́:lɪŋ]
名 (外国貨幣と区別して) 英国通貨

sterling sterling

0809
disparity
[dɪspǽrəti]
名 差異、相違

disparity disparity

0810
minimise
[mínəmàɪz]
動 ～を最小にする

minimise minimise

0811
jeopardise
[dʒépədàɪz]
動 ～を危険にさらす

jeopardise jeopardise

0812
outperform
[àʊtpərfɔ́:m]
動 ～をしのぐ、上回る

outperform outperform

[解答]
0801 received / sizeable / investment / afford / purchase / stock
0802 economic / downturn / caused / issues / almost / industry
0803 idea / market / dictate / due / supply / demand
0804 wring / out / potential / piece / revenue / bankruptcy
0805 financial / predicament / increased / dollar's / drop / value
0806 Banknotes / in / numerical / order / identify / trace

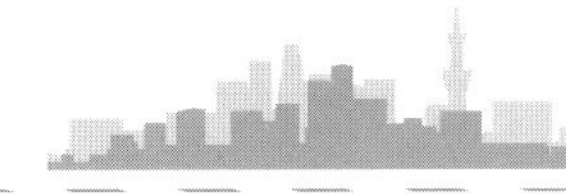

0812

The company had (r) a (s)(i) and could (a) to (p) new (s).

その会社はかなりの額の投資をしてもらい、新たに仕入れをすることができた。

The (e)(d) of 2008 (c)(i) for businesses in (a) every (i).

2008 年の景気の低迷で、ほぼ全産業の企業が問題を抱えた。

The (i) of an open (m) is that people (d) prices (d) to (s) and (d).

自由市場の概念は、供給と需要にしたがって価格が決められるということだ。

Falling prices meant farmers had to (w)(o) every (p)(p) of (r) or face (b).

価格の下落は、農家が考えうる限りの利益を絞り出すか破産に直面するかしなければならないことを意味した。

Their (f)(p)(i) with the (d) (d) in (v).

ドルの価値が下がるにつれて、彼らの財政難はますます拡大した。

(B) are printed (i)(n)(o), which makes them easy to (i) and (t).

紙幣は番号順に印刷されるが、それによって識別や追跡がしやすくなる。

(P) are (a)(p)(f) in (f) of (b) airlines.

乗客は格安航空会社を好み、高い便を避けている。

In 1992, the (p)(s)(c), (f) Britain to (w) from the European (E) Rate Mechanism.

1992 年に英ポンドが崩壊し、イギリスは欧州為替相場メカニズムからの脱退を余儀なくされた。

Their (f) report showed a (s)(d) (b) the (e) and actual (s) for the year.

財務報告によって、その年の見積もりと実際の支出との間にとんでもない差異があることが明らかになった。

(A) to (m) the (d)(f) the (e)(d) were not successful.

経済恐慌による打撃を最小限に抑えようとする試みはうまくいかなかった。

Many companies are (r) to (d)(g) (t) because they may (j)(p).

より環境に優しい技術を開発したがらない会社は多い。利益を毀損するかもしれないからだ。

Many people (b) that it is (u) that (c) which (o)(o) should be (t) more.

他社より業績のよい会社の方が多くの税金を課されるのは不公平だと考える人は多い。

0807 Passengers / avoiding / pricey / flights / favour / budget
0808 pound / sterling / collapsed / forcing / withdraw / Exchange
0809 financial / shocking / disparity / between / estimate / spending
0810 Attempts / minimise / damage / from / economic / disaster
0811 reluctant / develop / greener / technologies / jeopardise / profits
0812 believe / unfair / companies / outperform / others / taxed

ビジネス Business

0813
shrewd
[ʃrú:d]
形 頭の切れる、やり手の

shrewd shrewd

0814
menial
[mí:niəl]
形 〈仕事などが〉熟練のいらない、つまらない

menial menial

0815
prospective
[prəspéktɪv]
形 見込みのある、期待される

prospective prospective

0816
refreshment
[rɪfréʃmənt]
名 ① [refreshments で]（軽い）飲食物、軽食 ②休息、気分転換

refreshment refreshment

0817
entail
[ɪntéɪl]
動（必然的結果として）～を伴う、もたらす

entail entail

0818
judicious
[dʒu:díʃəs]
形 賢明な、思慮深い

judicious judicious

0819
swap
[swɔ́p]
動 ～を交換する、入れ替える

swap swap

0820
liability
[làɪəbíləti]
名 ①不利益、重荷 ②（法的）責任

liability liability

0821
apprentice
[əpréntɪs]
名 ①見習い、徒弟 ②初心者

apprentice apprentice

0822
streamline
[strí:mlàɪn]
動 〈仕事など〉を合理化［簡素化］する

streamline streamline

0823
marketable
[má:kətəbl]
形 〈商品などが〉市場性のある、需要がある

marketable marketable

0824
accountability
[əkàʊntəbíləti]
名 説明責任

accountability accountability

［解答］
0813 regarded / shrewd / businessman / identify / unique / opportunities
0814 job / important / menial / labour / high-level / management
0815 Prospective / business / partners / typically / negotiations / place
0816 Allowing / time / for / refreshments / important / networking
0817 development / entails / huge / expenses / neglect / running
0818 proven / make / judicious / decisions / promoted / manager

He was (r) as a (s)(b) who was able to (i)(u)(o).

彼はめったにないチャンスを見極められるやり手のビジネスマンと目されていた。

Each (j) in a company is (i), from (m) (l) to (h)(m).

単純労働から上級管理職に至るまで、会社内の一つひとつの仕事が重要だ。

(P)(b)(p)(t) meet many times before (n) take (p).

取引先になりそうな会社同士はたいてい、交渉が始まる前に何回も顔を合わせる。

(A)(t)(f) short breaks and (r) is (i) for (n).

ネットワーキングではちょっと休んだり軽く飲食したりする時間を取ることが大事だ。

Research and (d)(e)(h)(e), so many companies (n) this part of (r) a business.

研究・開発は巨額の支出を伴うので、多くの企業はビジネス経営のこの部分をおろそかにする。

Having (p) herself able to (m)(j) (d), she was (p) to (m).

賢明な判断を下せることを示し、彼女は部長に昇格になった。

Once a month (e)(s)(j)(w) one another, which (i) their (k) of the company.

社員は月に1度、互いの仕事を交代する。そうすることによって、社員は会社のことをよりよく知ることができる。

He was (d) to be a (l)(t) the (c), and he was asked to (r) as (c).

彼は会社に不利益をもたらすと見なされ、会長の座から退くよう求められた。

It has become (c) that (a)(f) (b)(w) far quicker than university (g).

実習経験がある人の方が大学卒業生よりはるかに早く給料のよい仕事が見つかるというのが一般的になっている。

Their (b)(p) were (s) by using more (a), and (r) time (s) on calls.

彼らは自動化を進めたり電話に費やす時間を減らしたりして、業務工程を合理化した。

(T) a new (i)(i) a (m) (p) takes (m) of dollars.

新発明を売れる製品にまで持っていくには何百万ドルもかかる。

(I)(c)(a) is (c) in order to (a) today's (e) problems.

今日の環境問題に取り組むためには、企業が説明責任をさらに果たしていくことが極めて重要だ。

0819 employees / swap / jobs / with / improves / knowledge
0820 deemed / liability / to / company / resign / chairman
0821 common / apprentices / find / better-paying / work / graduates
0822 business / processes / streamlined / automation / reducing / spent
0823 Turning / invention / into / marketable / product / millions
0824 Increasing / corporate / accountability / crucial / address / environmental

ビジネス Business

0825
empathy
[émpəθi]
名 共感、感情移入

empathy empathy

0826
resourceful
[rɪzɔ́:sfl]
形 臨機応変の

resourceful resourceful

0827
autocratic
[ɔ̀:təkrǽtɪk]
形 独裁的な、独裁体制の

autocratic autocratic

0828
practitioner
[præktíʃənə]
名 ①開業医 ②弁護士

practitioner practitioner

0829
enterprising
[éntəpràɪzɪŋ]
形 進取の気性に富んだ、冒険心旺盛な

enterprising enterprising

0830
squander
[skwɔ́ndə]
動 ～を浪費する

squander squander

0831
viable
[váɪəbl]
形 実行可能な、うまくいきそうな

viable viable

0832
multifaceted
[mʌ̀ltifǽsɪtɪd]
形 多面的な、多角的な

multifaceted multifaceted

0833
counterproductive
[kàʊntəprədʌ́ktɪv]
形 逆効果の、非生産的な

counterproductive counterproductive

0834
workforce
[wɔ́:kfɔ̀:s]
名 従業員、労働力

workforce workforce

0835
middleman
[mídlmæ̀n]
名 中間業者、ブローカー

middleman middleman

0836
forerunner
[fɔ́:rʌ̀nə]
名 先駆者

forerunner forerunner

［解答］
0825 criticised / lack / empathy / towards / customers / transport
0826 resourceful / enough / to / handle / unexpected / challenges
0827 autocratic / management / style / effective / employees / struggle
0828 dental / practitioners / recommend / brushing / least / times
0829 enterprising / business / transforms / salon / daytime / bar
0830 afford / squander / chance / had / immediately / never

0836

MP3>0825-0836

The railway company was (c) for its (l) of (e .) (t)(c) without public (t).
その鉄道会社は公共の交通手段のない顧客への配慮に欠けていると批判された。

The start-up's leaders were (r)(e)(t) (h) the (u)(c) their company faced.
その新興企業の経営陣は、会社が直面した予期せぬ難問に臨機応変に対処できていた。

An (a)(m)(s) can be (e), but some (e) may (s) with the lack of freedom.
ワンマン経営は効果的なこともあるが、自由がないことに苦しむ社員がいるかもしれない。

Most (d)(p)(r)(b) your teeth at (l) two or three (t) a day.
ほとんどの歯科医は1日に最低2、3回歯を磨くことを推奨している。

One (e)(b)(t) from a (s) in the (d), to a (b) at night.
ある新進気鋭の会社は、昼間はサロンを経営しているが、夜になるとバーに変わる。

They could not (a) to (s) this (c); they (h) to do it (i) or (n) again.
彼らはこの好機を逃すわけにはいかなかった。二度とないチャンスで、すぐに実行しなければならなかった。

(D) packages to such (r) areas is simply not (f) (v)(f) the (p) company.
荷物をそうした遠方地域に配達することは、郵便会社には財政的にとてもやっていけることではない。

The company (i) only (s) books, but (d) into a (m)(i)(b).
その会社は最初は本だけを売っていたが、多角的な国際企業に成長した。

Strict (d) for (p) can (b)(c) if they are not (r) and (a).
プロジェクトに厳しい期限を課すことは、それが現実的でなかったり守れそうもなかったりする場合、逆効果になりうる。

The study (s) that high pay is not the most (e) (m) for (k) a (w)(s).
この調査から、給料をたくさん出すことが従業員を満足させておく最も効果的な手段ではないことがわかる。

By (c)(o) the (m) and selling (d) to (c), the (m) was able to lower prices.
中間業者を排除して顧客に直売することにより、そのメーカーは値下げすることができた。

Alan Turing was a (f)(o)(m) (c), (p) the way for AI and other (t).
アラン・チューリングは現代のコンピュータ処理の先駆者で、人工知能などの技術への道を開いた。

0831 Delivering / remote / financially / viable / for / postal
0832 initially / sold / developed / multifaceted / international / business
0833 deadlines / projects / be / counterproductive / realistic / achievable
0834 suggests / effective / means / keeping / workforce / satisfied
0835 cutting / out / middleman / directly / consumers / manufacturer
0836 forerunner / of / modern / computing / paving / technology

ビジネス Business

0837
subordinate
[səbɔ́:dənət]
名 部下、従属者
形 下位の、位が低い

subordinate subordinate

0838
jewellery
[dʒú:əlri]
名 宝石類

jewellery jewellery

0839
entwine
[ɪntwáɪn]
動 ～を絡ませる

entwine entwine

0840
query
[kwíəri]
名 質問、疑問

query query

0841
merger
[mə́:dʒə]
名 合併

merger merger

0842
transaction
[trænzǽkʃən]
名 取引、売買

transaction transaction

0843
asset
[ǽset]
名 ①資産、財産 ②貴重なもの、利点

asset asset

0844
turnover
[tə́:nə̀ʊvə]
名 ①（一定期間の）総売上、取引高 ②転職率

turnover turnover

0845
predecessor
[prí:dəsèsə]
名 前任者

predecessor predecessor

0846
handicraft
[hǽndikrɑ̀:ft]
名 手工芸、手工芸品

handicraft handicraft

0847
entice
[ɪntáɪs]
動 ～を誘惑する

entice entice

0848
undermine
[ʌ̀ndəmáɪn]
動 〈権威・名声など〉を徐々に傷つける

undermine undermine

［解答］
0837 CEO's / subordinates / handle / company's / administrative / tasks
0838 specialises / luxury / items / particularly / silver / jewellery
0839 lives / entwined / moment / decided / business / together
0840 common / queries / on / websites / reduce / inquiries
0841 companies / decided / move / location / after / merger
0842 majority / financial / transactions / are / conducted / online

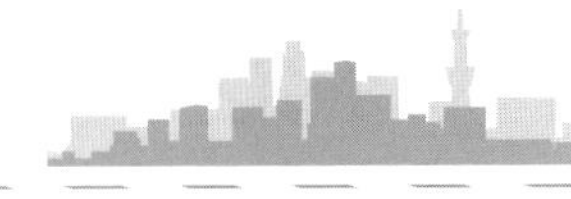

0848

The (C)(s)(h) all of the (c)
(a)(t).
CEOの部下たちがその会社のすべての管理業務を処理している。

The company (s) in (l)(i), (p)
gold and (s)(j).
その会社は高級品、特に金や銀を使った宝石類を専門に扱っている。

Their (l) were (e) from the (m) they
(d) to go into (b)(t).
一緒に事業を始めようと決めた瞬間から、彼らは一体となって歩んできた。

Companies post answers to (c)(q)(o) their
(w) to (r) customer service (i).
企業は自社のウェブサイトによくある質問への回答を掲載して、顧客サービス窓口への問い合わせを減らす。

The two (c)(d) to (m) into one
(l)(a) the (m).
その2社は合併後に1つの場所に移転することにした。

The (m) of all (f)(t)(a) now
(c)(o).
あらゆる金融取引の大部分が今やオンラインで行われている。

The (c)(h) very few (p)(a), as
they were (b)(o).
その企業はオンラインで事業を行っていたので、物的資産はほとんどなかった。

Airbnb's (a)(t)(h) $2.60 (b) in
2017, with $93 million of that (b)(p).
エアビーアンドビーの2017年の年間総売上は26億ドルに達し、そのうちの9300万ドルが利益だった。

The new (C) is (m) more (s) than her
(p), which is (b) the (c).
新しいCEOは前任者よりはるかに有能で、会社の力になっている。

The company (s)(i)(h), selling
(i) such as (p) and (j) made by local people.
その会社は手工芸品を専門としていて、地元の人が作る陶器や宝飾品を販売している。

The company (o) many (b) in order to (e)
(e) to stay and (d) their (c).
その会社は従業員に長く勤めて昇進していきたいと思ってもらうように多くの手当を支給している。

(I)(a) from (d)(u) the
(j) that they (d).
医師の忠告を無視することは医師の仕事をないがしろにすることだ。

0843 company / had / physical / assets / based / online
0844 annual / turnover / hit / billion / being / profit
0845 CEO / much / skilled / predecessor / benefiting / company
0846 specialised / in / handicrafts / items / pottery / jewellery
0847 offers / benefits / entice / employees / develop / careers
0848 Ignoring / advice / doctors / undermines / job / do

ビジネス Business

0849
failing
[féɪlɪŋ]
名 欠点、失敗

failing failing

0850
earnings
[ə́:nɪŋz]
名 ①収入、所得 ②（企業などの）収益

earnings earnings

0851
supersede
[sù:pəsí:d]
動 〈古い物〉にとって代わる、～の座を奪う

supersede supersede

0852
clerical
[klérɪkl]
形 事務の

clerical clerical

0853
scramble
[skrǽmbl]
動 ①先を争う、急いで～する
②～を混乱させる、ごちゃごちゃにする

scramble scramble

0854
pension
[pénʃən]
名 年金

pension pension

0855
allocate
[ǽləkèɪt]
動 ～を配分する

allocate allocate

0856
disrupt
[dɪsrʌ́pt]
動 ～を中断させる

disrupt disrupt

0857
hurdle
[hə́:dl]
名 ①困難、障害 ②障害物

hurdle hurdle

0858
disband
[dɪsbǽnd]
動 〈組織など〉を解散する

disband disband

0859
relocate
[rì:ləʊkéɪt]
動 ①～を移転させる ②移住する、引っ越す

relocate relocate

0860
inventive
[ɪnvéntɪv]
形 発明の才のある；〈作品などが〉創意に富む

inventive inventive

[解答] **0849** revealed / result / failings / of / administrative / department
0850 Average / earnings / increased / steadily / decade / peak
0851 Immediately / retiring / was / superseded / by / son
0852 clerical / error / paperwork / huge / financial / issues
0853 Media / scrambled / over / each / other / streaming
0854 Employees / company / granted / benefits / generous / pension

0860

MP3>0849-0860

The report (r) that the company's problems were a (r) of the (f)(o) the (a)(d).

その会社は管理部門の不手際によって問題を抱えることになったことが、報告で明らかになった。

(A)(e)(i)(s) over the (d), reaching a (p) in 2017.

平均収入はこの10年の間着実に増加し、2017年にピークに達した。

(I) after (r), the CEO (w)(s) (b) her (s).

CEOが引退するやいなや、息子がその座に就いた。

A (c)(e) in (p) can lead to (h) (f)(i) for a business.

文書処理での事務上のミスが会社にとって大きな財務問題になることもある。

(M) companies (s)(o)(e) (o) to get their (s) services on the market first.

メディア企業は真っ先に映像を配信しようと互いに先を争った。

(E) of the (c) are (g) many (b), one of which is a (g)(p).

その企業の従業員は多くの給付金をもらっていて、そのうちの1つが結構な額の年金だ。

(E)(a)(a)(t) according to their (s) and (w).

社員はその強みや弱みが考慮されて業務が割り当てられる。

(P) in (f) can easily (b)(d) (b) accidents or natural (d).

工場生産は事故や天災で中断されやすい。

(D)(h) such as (t)(i) and employee health issues, the (p) was (c) on time.

技術的な問題や社員の健康問題などの困難があったにもかかわらず、そのプロジェクトは期限通りに完了した。

It is company (p) for (t) to (b) (d) and (a) into new ones after each (p).

各プロジェクトの終了後、作業チームを解散して新たなチームを編成するのが会社の方針だ。

The (c)(h)(w)(r) (f) London (t) Edinburgh.

その会社の本社はロンドンからエジンバラに移転した。

The company's (i)(b)(m) (a) the (p) to make money (d) their own cars.

その会社の創意に富むビジネスモデルのおかげで、一般人がマイカーを使ってお金を稼げる。

0855 Employees / are / allocated / tasks / strengths / weaknesses
0856 Production / factories / be / disrupted / by / disasters
0857 Despite / hurdles / technological / issues / project / completed
0858 policy / teams / be / disbanded / arranged / project
0859 company / headquarters / was / relocated / from / to
0860 inventive / business / model / allows / public / driving

ビジネス Business

0861
naysayer
[néɪsèɪə]
名 否定的な人、反対する人

naysayer naysayer

0862
repute
[rɪpjúːt]
名 評判、名声
動 ～を（…であると）評する

repute repute

0863
merge
[mə́ːdʒ]
動 ①（～を）統合する、合併する
②～を融合させる

merge merge

0864
appraisal
[əpréɪzl]
名 評価、（税などの）査定

appraisal appraisal

0865
opportunism
[ɔ̀pətjúːnìzm]
名 便宜主義、日和見主義

opportunism opportunism

0866
confidential
[kɔ̀nfɪdénʃəl]
形 秘密の

confidential confidential

0867
overtime
[óʊvətàɪm]
名 残業、超過勤務
副 時間外で

overtime overtime

0868
preside
[prɪzáɪd]
動 ①支配する、統括する
②〈人が〉議長［司会］を務める

preside preside

0869
informative
[ɪnfɔ́ːmətɪv]
形 情報を提供する、有益な

informative informative

0870
remuneration
[rɪmjùːnəréɪʃən]
名 報酬

remuneration remuneration

0871
burgeon
[bə́ːdʒən]
動 急成長する

burgeon burgeon

0872
outlay
[áʊtlèɪ]
名 支出、経費

outlay outlay

［解答］
0861 ignored / naysayers / said / would / not / possible
0862 manufacturer / held / low / repute / because / crimes
0863 Merging / companies / into / one / organisations / save
0864 nervous / before / appraisal / feedback / entirely / positive
0865 opportunism / was / shown / purchasing / failing / cut-rate
0866 Confidential / information / shared / with / outside / company

He (i) the (n) who (s) it (w) (n) be (p).

彼はそれは無理だと反対ばかりする人たちを無視した。

The (m) was (h) in (l)(r) (b) of the (c).

そのメーカーは罪を犯したために評判が悪いままだった。

(M) two (c)(i)(o) allowed the (o) to (s) money.

2 社を 1 社に統合することにより、その企業は経費を節約することができた。

She had been (n)(b) the (a), but her manager's (f) was (e)(p).

彼女は勤務評定の前は不安だったが、上司の評価はすべて肯定的だった。

His (o)(w)(s) when (p) (f) businesses at (c) prices.

赤字企業を格安で買収するときに彼のご都合主義が発揮された。

(C)(i) must not be (s)(w) anyone (o) the (c).

機密情報は社外のどんな人間にも漏らしてはいけない。

The (r)(o)(o)(i) (p) because employees had to get their work done in (l) time.

残業を制限することで生産性が上がった。それは、社員がより短時間で仕事を終えなければならなくなったからだ。

A (C)(p)(o) a company, and as (s), is (r) for its (p).

CEO は会社を統括する。だからこそ、会社の業績に責任がある。

The (p) that Mrs Smith (g)(w) (w) and (i).

スミスさんが行ったプレゼンは構成がしっかりしており、有益な情報に富んでいた。

(R)(i) the IT (i) has been increasing (c), with pay (r) record (l) in 2019.

IT 産業の報酬は着実に増えており、2019 年には記録的なレベルに達した。

The (b)(I)(i) in Bangalore (b) India's (h) of (t).

急成長するバンガロールの IT 産業は、インドのテクノロジーの中心地になった。

The (f)(o)(r) to (o) a (c) is in the (m) of dollars.

映画館の開館に要する財務支出は数百万ドル規模だ。

0867 restriction / on / overtime / improved / productivity / less
0868 CEO / presides / over / such / responsible / performance
0869 presentation / gave / was / well-structured / informative
0870 Remuneration / in / industry / consistently / reaching / levels
0871 burgeoning / IT / industry / became / hub / technology
0872 financial / outlay / required / open / cinema / millions

ビジネス Business

0873
tenable
[ténəbl]
形 ①〈地位・立場などが〉維持できる
②〈理論などが〉批判に耐える

tenable tenable

0874
situate
[sítʃuèɪt]
動〈施設など〉を（ある場所に）置く、設置する

situate situate

0875
equitable
[ékwətəbl]
形〈決定・分配などが〉公平な、公正な

equitable equitable

0876
redundant
[rɪdʌ́ndənt]
形 ①余分な、不要な ②冗長な

redundant redundant

0877
vested
[véstɪd]
形 既得の、所有が確定している

vested vested

0878
warrant
[wɔ́rənt]
動 ①～の十分な理由となる ②～を保証する
名 ①令状 ②保証

warrant warrant

0879
pique
[pí:k]
動 ①〈興味など〉をそそる ②～を怒らせる

pique pique

0880
managerial
[mæ̀nədʒíəriəl]
形 経営の、経営者の

managerial managerial

0881
comprehensive
[kɔ̀mprɪhénsɪv]
形 包括的な

comprehensive comprehensive

0882
voluntary
[vɔ́ləntəri]
形 ①自発的な、任意の ②随意の

voluntary voluntary

0883
unveil
[ʌnvéɪl]
動〈秘密など〉を明かす、〈新商品など〉を公表する

unveil unveil

0884
stationery
[stéɪʃənəri]
名 文具、事務用品

stationery stationery

［解答］
0873 vote / position / no / longer / tenable / resign
0874 information / booth / is / situated / entrance / mall
0875 introduction / ride-share / equitable / system / for / customers
0876 self-checkout / counters / expected / make / employees / redundant
0877 selling / retained / vested / interest / staying / board
0878 employers / clearly / define / behaviour / warrant / promotion

0884

MP3>0873-0884

After a (v) from the board, his (p) was (n) (l)(t), and he had to (r).
役員会の決議後、彼はその地位にもはやとどまることはできず、辞職しなければならなかった。

The (i)(b)(i)(s) near the main (e) of the (m).
案内所はショッピングセンターのメインエントランス付近にあります。

The (i) of (r) companies has brought about a more (e)(s)(f)(c).
相乗りサービス企業の登場により、利用者にとってより公正なシステムが生まれた。

The company's new (s)(c) are (e) to (m) over 1,000 (e)(r).
その企業ではセルフレジによって千人以上の余剰人員が出ると見込まれている。

After (s) the company, he (r) a (v) (i) by (s) on the (b).
彼は会社売却後も役員として留まることにより、既得権益を保持した。

Good (e)(c)(d) the types of (b) that (w) a (p).
よい雇用者はどのような行動が昇進に値するのかを明確に定義する。

The (p)(p) the (i) of (b) at Google and Amazon, with both companies (e) to (i).
そのプロジェクトは投資する気満々のグーグルとアマゾンのトップの興味をそそった。

New (t) companies (s) run into problems when led by a (y) CEO (w) little (m)(e).
新興 IT 企業は、経営経験の少ない若い CEO がトップにいると、問題に突き当たることがある。

Every (s) of the car (p) process is discussed in (d)(i) the (c)(r).
その包括的な報告書では、自動車製造工程の各段階が徹底的に考察される。

Employees were (a) to (t)(v) (r) as it would (s) the company (m).
会社の経費節減のために、社員は自主退職を求められた。

Porsche (u) its (a)(v)(t) (c) and (j) for the first time in September 2019.
ポルシェは 2019 年 9 月に完全な電気自動車を顧客とメディアに初公開した。

(J)(s)(c) Pentel (i) the (f)(p) in 1963.
日本の文具メーカー、ぺんてるは 1963 年にフェルトペンを開発した。

0879 project / piqued / interest / bosses / eager / invest
0880 tech / sometimes / young / with / managerial / experience
0881 step / production / depth / in / comprehensive / report
0882 asked / take / voluntary / retirement / save / money
0883 unveiled / all-electric / vehicle / to / customers / journalists
0884 Japanese / stationery / company / invented / felt-tip / pen

ビジネス Business

0885
merchandise
[mə́:tʃəndàɪz]
名 商品、製品

merchandise merchandise

0886
requisite
[rékwəzɪt]
名 必要条件
形 必要な

requisite requisite

0887
clash
[klǽʃ]
動 対立する、衝突する
名 対立、衝突

clash clash

0888
lucrative
[lú:krətɪv]
形 利益の大きい、もうかる

lucrative lucrative

0889
defective
[dɪféktɪv]
形 ①欠陥のある ②〈知能などが〉平均以下の

defective defective

0890
trailblazer
[tréɪlblèɪzə]
名 先駆者、草分け

trailblazer trailblazer

0891
warehouse
[wéəhàʊs]
名 倉庫

warehouse warehouse

0892
clientele
[klì:ɔntél]
名 (常連の) 顧客、得意客

clientele clientele

0893
expenditure
[ɪkspéndɪtʃə]
名 費用

expenditure expenditure

0894
personnel
[pə̀:sənél]
名 職員、社員
形 人事の

personnel personnel

0895
qualification
[kwɔ̀lɪfɪkéɪʃən]
名 ①資質、能力 ②資格 (証明書)、免許証

qualification qualification

0896
calibre
[kǽləbə]
名 力量、手腕

calibre calibre

[解答]
0885 athletic / apparel / founder / selling / merchandise / basement
0886 Experience / longer / requisite / for / manpower / investment
0887 co-founders / clashed / on / direction / company / should
0888 ever / studying / highly / lucrative / careers / industry
0889 quality / role / remove / defective / products / production
0890 trailblazer / in / technology / field / instrumental / success

The (a)(a) company's (f) began by (s)(m) from his grandmother's (b).
その競技用ウエア企業の創業者は、祖母の地下室から商品を販売することから始めた。

(E) is no (l) a (r)(f) starting a business; (m) and (i) are more important.
経験はもはや起業の必要条件ではない。人材と投資の方が重要だ。

The (c)(c)(o) the (d) the (c)(s) take.
共同創業者たちは会社が向かうべき方向を巡って対立した。

More people than (e) are (s) for (h)(l)(c) in the IT (i).
かつてないほど多くの人が IT 産業の高給職を目指して勉強している。

The (q) control officer's (r) is to (r)(d)(p) from the (p) line.
品質検査官の役割は生産ラインから欠陥品を取り除くことだ。

Steve Jobs was known as a (t)(i) the (t)(f), (i) in Apple's (s).
スティーブ・ジョブズはアップルの成功を助けた技術分野の先駆者として知られた。

After (p), the (f)(p) is taken to and (s)(i) a (w).
製造後、完成品は倉庫に運ばれて保管される。

The company (o) a (d) with their (m)(v)(c) to improve business (r).
会社は取引関係を改善するために一番の上得意と会食の場を持った。

The (c)(n) the (w) that they should (r) their (t)(e).
会社は社員に出張費を削減するよう通達した。

The (a)(o)(p)(t) the company (b) many (c) to any business.
どんな企業でも社員を増やすと多くの難題が生じる。

Those (w)(r)(q) were asked to apply for the (n) opened (r) manager (p).
しかるべき資質を持つ者は、新たに空いた地域担当マネージャー職に応募するよう声をかけられた。

The company hired (l)(a)(o) the (h)(c) in order to be (c) they would win.
その企業は確実に勝つために最高の手腕を持った法律顧問を雇った。

0891 production / finished / product / stored / in / warehouse
0892 organised / dinner / most / valued / clientele / relations
0893 company / notified / workers / reduce / travel / expenditures
0894 addition / of / personnel / to / brings / challenges
0895 with / relevant / qualifications / newly / regional / position
0896 legal / advisors / of / highest / calibre / confident

ビジネス／マーケティング・営業 Business / Marketing & Sales

0897
cog
[kɔ́g]
名 ①（歯車の）歯 ②歯車

cog cog

0898
perk
[pə́:k]
名 特典

perk perk

0899
invaluable
[ɪnvǽljuəbl]
形 非常に貴重な

invaluable invaluable

0900
dividend
[dívədènd]
名（株式の）配当

dividend dividend

0901
arbitrary
[á:bɪtrəri]
形 気まぐれな、恣意的な

arbitrary arbitrary

0902
expertise
[èkspə:tí:z]
名 専門知識、技能

expertise expertise

0903
publicise
[pʌ́bləsàɪz]
動 ①〈商品など〉を広告［宣伝］する
②～を公表する

publicise publicise

0904
brochure
[bróuʃə]
名 パンフレット、小冊子

brochure brochure

0905
queue
[kjú:]
動（順番待ちの）列を作る
名（順番待ちの）列

queue queue

0906
insatiable
[ɪnséɪʃəbl]
形 飽くことを知らない、強欲な

insatiable insatiable

0907
spur
[spə́:]
動 ～を駆り立てる、～に拍車をかける
名 駆り立てるもの、拍車

spur spur

0908
overwhelm
[òuvəwélm]
動 ～を圧倒する、対処できなくする

overwhelm overwhelm

［解答］ **0897** employees / act / efficient / cogs / in / machine
0898 value / perks / extra / leave / medical / insurance
0899 leadership / was / invaluable / to / growth / century
0900 consistently / paid / dividends / to / investors / decades
0901 Users / arbitrary / waiting / time / serve / immediately
0902 lacked / technical / expertise / to / make / taste

After years of working together, the (e) now (a) as highly (e)(c)(i) a well-oiled (m).

社員は長年一緒に働いているので、今では十分に油を差した機械の効率のよい歯車のような役目を果たしている。

Employees (v)(p) such as (e) (l) and (m)(i).

従業員にとっては特別休暇や医療保険のような特典が大事だ。

Steve Jobs' (l)(w)(i)(t) the (g) of Apple in the early 21st (c).

スティーブ・ジョブズの統率力は 21 世紀初頭のアップルの成長になくてはならないものだった。

The company has (c)(p)(d)(t) (i) for over two (d).

その会社は 20 年以上にわたって投資家に配当を着実に支払っている。

(U) did not understand the need for an (a)(w) (t); why not (s) people (i)?

ユーザーはその時々で発生する待ち時間の必要性を理解できず、なぜすぐに反応しないのかと疑問を呈した。

The owners (l) the equipment and (t)(e) (t)(m) the food (t) the same every time.

そのオーナーには食べ物の味を常に一定に保つ器具も技術的な知識も足りなかった。

The company (s) millions of dollars on (s)(m) (a)(p) their new (p).

その会社はソーシャルメディア広告に何百万ドルも費やして新製品を宣伝した。

A (b) is (a) in which the most (c) (q) about the product are (a).

製品について最もよくある質問とその回答が載った小冊子が用意されている。

This (d) for the (n) shoes had (f) (q)(f) hours to (b) them.

新発売の靴がこれほど人気になったため、この靴を欲しい人たちは買うために何時間も並んだ。

The (m)(h) an (i)(a) (f) new and better (m) phones.

市場は新たなよりよい携帯電話を飽くことなく求める。

The (p) of this (c) has (s) a number of (o) with a (s)(d).

このキャンペーンで売上が伸びているため、ほかのいくつかの類似企画のキャンペーンにも拍車がかかっている。

(S) were (o)(b)(d) for the product, (s)(o) within hours.

店はその製品の売れ行きに圧倒された。それは数時間で売り切れてしまった。

0903 spent / social / media / adverts / publicising / product
0904 brochure / available / common / questions / answered
0905 demand / newest / fans / queueing / for / buy
0906 market / has / insatiable / appetite / for / mobile
0907 profitability / campaign / spurred / others / similar / design
0908 Stores / overwhelmed / by / demand / selling / out

マーケティング・営業 Marketing & Sales

0909
mediocre
[mì:dióukə]
形 よくも悪くもない

mediocre mediocre

0910
jostle
[dʒɔ́sl]
動 ①〈人〉を押しのける ②競う、争う
名 押し合い

jostle jostle

0911
subliminal
[sʌ̀blímənl]
形 意識下の、潜在意識の

subliminal subliminal

0912
bombard
[bɔmbá:d]
動 ①（質問などで）～を攻め立てる
②～を砲撃する

bombard bombard

0913
template
[témpleɪt]
名 型板；（比喩的に）ひな形

template template

0914
apex
[éɪpèks]
名 絶頂、頂点

apex apex

0915
surge
[sə́:dʒ]
名 ①（急な）高まり ②殺到

surge surge

0916
opt
[ɔ́pt]
動 選ぶ、選択する

opt opt

0917
insight
[ínsàɪt]
名 洞察、見識

insight insight

0918
unblemished
[ʌnblémɪʃt]
形 傷［汚点］のない

unblemished unblemished

0919
premium
[prí:miəm]
名 ①割増金 ②保険料、（保険の）掛け金

premium premium

0920
underestimate
動 [ʌ̀ndəéstəmèɪt] 名 [ʌ̀ndəéstəmət]
動 ～を過小評価する
名 過小評価

underestimate underestimate

［解答］ 0909 development / sales / of / device / mediocre / collapsed
0910 sees / customers / jostling / pushing / cheapest / items
0911 Flashes / quick / notice / subliminal / advertising / films
0912 marketing / strategy / bombard / people / with / advertisements
0913 became / template / for / mobile / manufacturers / follow
0914 Sales / reached / apex / returning / previous / levels

After years of costly (d), (s)(o) the (d) were (m), and the company soon (c).

何年にもわたり費用をかけてその機器を開発したが、売上はぱっとせず、会社はじきに倒産した。

Black Friday (s)(c)(j) and (p) to get the (c)(i) in the sale.

ブラックフライデーの日には客がセールで一番安い物を買おうと押し合いへし合いする。

(F) of tasty-looking popcorn that were too (q) to (n) were used as (s)(a) during (f).

上映中にサブリミナル広告としておいしそうなポップコーンの画像が目にも止まらない速さで挿入された。

Part of the company's (m)(s) was to (b) elderly (p)(w) television (a).

その会社のマーケティング戦略の中に、高齢者にテレビCMをばんばん見せるというものがあった。

The iPhone (b) a (t)(f) other (m) phone (m) to (f).

アイフォーンはほかの携帯電話メーカーが追随するモデルになった。

(S)(r) an (a) in the middle of the year, before (r) to (p)(l).

売上は年度途中に最高額に達したが、その後元に戻ってしまった。

The (s)(i) ticket (s) indicates that the (i) to the public (t) system have been (e).

乗車券の売上の急増は、公共交通網の改善が効果的だったことを示している。

(C) are now (o)(f)(e) friendly products as (o) to traditionally (w) ones.

消費者は従来は無駄の多い製品を選んでいたが、今では対照的に環境に優しい製品を選んでいる。

(A) sales (d)(g) good (i) (i) why a business (s) or fails.

売上データを分析すれば、事業の成功や失敗の理由が明確にわかる。

The (u)(j)(s) for much more than those which had been (m) or (d).

無傷の宝石は汚れや傷のあるものよりもずっと高値で売れた。

The (f)(o) the (s)(s) that people are (w) to pay a (p) for better service.

人はよりよいサービスには余分に支払ってもよいと考えていることが、その調査結果からわかった。

(D)(w)(s)(u), with tickets (s) out within (m).

買い手が非常に少なく見積もられ、チケットは数分で売り切れた。

0915 surge / in / sales / improvements / transportation / effective
0916 Consumers / opting / for / environmentally / opposed / wasteful
0917 Analysing / data / gives / insight / into / succeeds
0918 unblemished / jewels / sold / marked / damaged
0919 findings / of / survey / suggested / willing / premium
0920 Demand / was / severely / underestimated / selling / minutes

マーケティング・営業 Marketing & Sales

0921
venue
[vénjuː]
名 (会議・イベントなどの) 開催地、会場
venue venue

0922
quadruple
[kwɔ́drupl]
動 4 倍になる
quadruple quadruple

0923
commodity
[kəmɔ́dəti]
名 (売買される) 物品、商品
commodity commodity

0924
textile
[tékstàɪl]
名 織物 (の原料)
textile textile

0925
monopoly
[mənɔ́pəli]
名 (商品などの) 独占 (権)
monopoly monopoly

0926
indication
[ìndəkéɪʃən]
名 ①徴候、しるし ②指示、指標
indication indication

0927
surpass
[səːpáːs]
動 ～に勝る、～を超える
surpass surpass

0928
hype
[háɪp]
名 誇大広告
hype hype

0929
extrinsic
[ekstrínzɪk]
形 ①外部からの、外因性の ②付帯的な
extrinsic extrinsic

0930
bonanza
[bənǽnzə]
名 (思いがけない) 大当たり、たなぼた
bonanza bonanza

0931
fluctuate
[flʌ́ktʃuèɪt]
動 (不規則に) 変動する、上下する
fluctuate fluctuate

0932
surplus
[sə́ːpləs]
名 余剰、黒字
surplus surplus

[解答] 0921 venue / for / conference / accommodate / increased / attendees
0922 Sales / product / quadrupled / period / leading / profits
0923 specialises / sale / of / commodities / precious / timber
0924 quality / of / textiles / used / affects / clothing
0925 monopoly / allowed / company / increase / prices / whenever
0926 increase / in / sales / indication / formula / works

The (v)(f) the (c) had to be changed to (a) the (i) number of (a).
増加した出席者を収容するため、会議場の変更を余儀なくされた。

(S) of the (p)(q) over the holiday (p), (l) to huge (p).
その製品の売上は休暇シーズン中に 4 倍になり、大きな利益が上がった。

The company (s) in the (s)(o) a number of (c), such as (p) metals and (t).
その企業は貴金属や材木といった多数の商品の販売を専門にしている。

They noticed that the (q)(o)(t) (u) greatly (a) how much people will pay for (c).
人々が衣類に支払う金額は使われている織物の質によって大きく変わることに彼らは気づいた。

This (m)(a) the (c) to (i) (p)(w) they wanted.
こうした独占によって、その企業はいつでも上げたいときに価格を引き上げることができた。

The (i)(i)(s) is an (i) the (f)(w); people like cheap products.
売上の増加はお決まりの方法がうまくいくことを示している。つまり、客は安いものが好きなのだ。

In the second (h) of the year, (s) of the (d) (s) five (m)(u).
年度後期には、その機器の販売は 5 百万台を超えた。

The (c)(a) that the (s) of the product was the (r)(o) advertising and (h).
その評論家は、その製品が成功したのは宣伝と誇大広告のおかげだと主張した。

Game (d) must (c)(e)(f), such as market (d), rather than personal (p) alone.
ゲーム開発会社は、個人の嗜好だけでなく、市場の需要といった外的要因も考慮するべきだ。

It was a (b)(y)(f) the (p) which (p) the way for the smartphone (i).
それはスマートフォン産業の地固めをしたその製品が大当たりした年だった。

(D)(f) the (p)(f); big (i) in sales were seen in summer, with (s) sales in winter.
その製品の需要は変動した。夏は売上が非常に伸びたが、冬には鈍った。

Tonnes of (v) are sold, and any (s)(i) (f) for (l)(u).
何トンもの野菜が売られ、余剰分は後日使うために冷凍される。

0927 half / sales / device / surpassed / million / units
0928 critic / argued / success / result / of / hype
0929 developers / consider / extrinsic / factors / demand / preference
0930 bonanza / year / for / product / paved / industry
0931 Desire / for / product / fluctuated / increases / slow
0932 vegetables / surplus / is / frozen / later / use

マーケティング・営業／コミュニケーション

Marketing & Sales / Communications

0933
inundate
[ínʌndèɪt]
動 ①～に（おびただしい数のものを）殺到させる ②～を水浸しにする

inundate inundate

0934
emblazon
[ɪmbléɪzn]
動 ～を（紋章で）飾る

emblazon emblazon

0935
niche
[níːʃ]
名 ①（市場の）すき間 ②壁がん

niche niche

0936
versatile
[vɜ́ːsətàɪl]
形 ①用途の広い ②何でもこなす、多才な

versatile versatile

0937
resurgence
[rɪsɜ́ːdʒəns]
名 復活、再生

resurgence resurgence

0938
differentiate
[dìfərénʃièɪt]
動 ①～を差別化する
②～を区別する、識別する

differentiate differentiate

0939
maximise
[mǽksəmàɪz]
動 ～を最大にする

maximise maximise

0940
taper
[téɪpə]
動 先細になる、徐々に減る

taper taper

0941
cater
[kéɪtə]
動 ①要望に応える
②〈料理〉を仕出しする

cater cater

0942
hinge
[híndʒ]
動 [hinge on で] ～で決まる、～次第である
名 蝶番

hinge hinge

0943
compliment
名 [kɔ́mplɪmənt] 動 [kɔ́mplɪmènt]
名 賛辞
動 ～を褒める、称賛する

compliment compliment

0944
disseminate
[dɪsémənèɪt]
動 ①〈情報・思想など〉を広める
②〈種子など〉をまき散らす

disseminate disseminate

[解答]
0933 manufacturer / was / inundated / with / orders / electric
0934 logo / emblazoned / across / boxes / immediately / recognisable
0935 strategy / target / specific / niche / of / customers
0936 produced / became / world-famous / because / how / versatile
0937 resurgence / in / popularity / design / saw / sell
0938 appliance / differentiated / itself / from / competitors / releasing

The car (m)(w)(i)(w) hundreds of thousands of (o) for its (e) truck.
その自動車メーカーのEVトラックに何十万件もの注文が殺到した。

The company's (l)(e)(a) their (b) has made them (i)(r) to people.
その会社の箱にロゴが入って、人々にはすぐにそれとわかるようになった。

One (s) for succeeding with a small business is to (t) a highly (s)(n)(o)(c).
小さな事業で成功する1つの方策は、極めて限定的なすき間市場にターゲットを絞ることだ。

First (p) in 1891, the Swiss Army knife (b)(w) (b) of (h)(v) it is.
スイスアーミーナイフは1891年に最初に製造され、その用途の広さで世界的に有名になった。

A (r)(i)(p) of their old (d) (s) the product (s) out within hours.
古いデザインの人気が再燃して、その製品は数時間で売り切れた。

The (a) manufacturer (d)(i)(f) (c) by (r) products with eye-catching designs.
その家電メーカーは目を引くデザインの製品を売り出すことでライバル会社との差別化を図った。

(C) money for even the (s) of services (a) the (c) to (m)(p).
その会社は最低限のサービスすら有料にすることで利益を最大にすることができた。

Most of us now have (p) with cameras, which has (l) to (c)(s)(t)(o).
私たちの大部分がカメラ付き携帯を持つようになり、そのためにカメラの売上が先細りになっている。

The (w)(t) to (c)(t) younger (u), so it is not popular among (e) people.
そのウェブサイトは若いユーザーの要望に応えがちなので、高齢者には人気がない。

The success of (m)(I) companies (h) (o) their (a) to keep customers (i).
今日、ネット企業の成功は、顧客に関心を持ち続けてもらえるかどうかで決まる。

(G)(c)(f) work well done has been (p) to (h) people work (f) and better.
きちんと行ったことをほめると、人はそれに励まされてさらに手早く上手に行うということがわかっている。

His (w)(w)(w)(d) after his death, becoming (f) years after the (f).
彼の作品は彼の死後広く知れ渡った。亡くなって何年もたってから有名になったのだ。

0939 Charging / smallest / allowed / company / maximise / profits
0940 phones / led / camera / sales / tapering / off
0941 website / tends / cater / to / users / elderly
0942 modern / Internet-based / hinges / on / ability / interested
0943 Giving / compliments / for / proven / help / faster
0944 work / was / widely / disseminated / famous / fact

コミュニケーション Communications

0945
compatible
[kəmpǽtəbl]
形 ①仲よくやっていける
②〈コンピュータなどが〉互換性のある

compatible compatible

0946
cipher
[sáɪfə]
名 暗号

cipher cipher

0947
facilitate
[fəsílətèɪt]
動 ～を促進する、容易にする

facilitate facilitate

0948
chatter
[tʃǽtə]
名（くだらない）おしゃべり
動 おしゃべりする

chatter chatter

0949
incendiary
[ɪnséndiəri]
形 ①扇情的な、扇動的な
②発火力のある、焼夷性の

incendiary incendiary

0950
mangle
[mǽŋgl]
動 ～をめちゃくちゃにする、だめにする

mangle mangle

0951
proclaim
[prəkléɪm]
動 ～を公表する、宣言する

proclaim proclaim

0952
blowup
[blóʊʌp]
名 爆発

blowup blowup

0953
signify
[sígnəfàɪ]
動 ①～を意味する
②～を示す、知らせる

signify signify

0954
responsive
[rɪspɔ́nsɪv]
形 反応の早い

responsive responsive

0955
incompatible
[ìnkəmpǽtəbl]
形 ①気が合わない、相容れない
②〈コンピュータなどが〉互換性がない

incompatible incompatible

0956
acknowledge
[əknɔ́lɪdʒ]
動 ～を認める

acknowledge acknowledge

［解答］
0945 proved / be / highly / compatible / together / team
0946 wrote / messages / in / cipher / impossible / enemies
0947 centre / facilitates / easier / communication / students / university
0948 Listening / radio / hosts' / chatter / hobby / large
0949 negotiations / incendiary / comments / created / participants
0950 begins / phrase / becomes / mangled / reaches / last

0956

The two workers (p) to (b)(h) (c), so they were put (t) on a (t).
その2人の社員は非常に馬が合うことがわかり、コンビを組まされた。

The military (w)(m)(i)(c) to make them (i) for (e) to read.
軍は伝達文を敵が読めないように暗号で書いた。

The (c)(f)(e)(c) between (s) and the (u).
センターは学生と大学のより円滑なコミュニケーションを促進する。

(L) in to the (r)(h)(c) is a (h) for a (l) number of Americans.
ラジオパーソナリティーのおしゃべりを聞くのが多くのアメリカ人の趣味だ。

The (n) didn't go well; a number of (i)(c) (c) anger between (p).
交渉はうまくいかなかった。いくつかの扇情的な発言が参加者たちを怒らせた。

The game (b) with a (p), which (b) (m) by the time it (r) the (l) person.
そのゲームは何かの言葉で始まるが、最後の人に伝えられる頃にはめちゃくちゃになっている。

The (p)(w)(p) a (s), as they had found (p)(r).
その計画は成功したと発表された。有益な結果が得られたからだ。

The (c)(e)(i) a (b) between the two (p), and they didn't (t) for years.
両者の対立が最後には爆発し、その後何年も対話がなかった。

Colours' (m)(v) by (c), such as red, which can (s)(p) or (l).
色が表す意味は文化によって異なる。例えば、赤は情熱を意味することもあれば、幸運を意味することもある。

It is more (i) now than (e) for companies to be (r)(t)(c).
今や苦情に素早く対応することが企業にとってかつてないほど重要になっている。

When team (m) have (i)(p), (p)(d).
チームの人たちの気が合わないと生産性は落ちる。

The prime (m)(a) the (g) was at (f) for (i) the (p).
総理大臣は政府が抗議を無視したことは間違っていたと認めた。

0951 project / was / proclaimed / success / positive / results
0952 conflict / ended / in / blowup / parties / talk
0953 meanings / vary / culture / signify / passion / luck
0954 important / ever / responsive / to / complaints
0955 members / incompatible / personalities / productivity / decreases
0956 minister / acknowledged / government / fault / ignoring / protests

コミュニケーション Communications

0957
straightforward
[strèɪtfɔ́ːwəd]
形 明快な、わかりやすい

straightforward straightforward

0958
diagram
[dáɪəgræ̀m]
名 図；図表、グラフ

diagram diagram

0959
intermediary
[ìntəmíːdiəri]
名 仲介者、媒介人

intermediary intermediary

0960
implicit
[ɪmplísɪt]
形 暗黙の

implicit implicit

0961
cohesion
[kəʊhíːʒən]
名 結束、団結

cohesion cohesion

0962
mentor
[méntɔː]
名 (信頼のおける) 相談相手、助言者

mentor mentor

0963
misconception
[mìskənsépʃən]
名 誤った考え、思い違い

misconception misconception

0964
emphasise
[émfəsàɪz]
動 ～を強調する

emphasise emphasise

0965
conflicting
[kənflíktɪŋ]
形 相反する、矛盾する

conflicting conflicting

0966
fulfil
[fʊlfíl]
動 ①〈要求など〉を満たす
②〈約束・役目など〉を果たす

fulfil fulfil

0967
summarise
[sʌ́məràɪz]
動 ～を要約する

summarise summarise

0968
concur
[kənkə́ː]
動 ①(～に) 賛成する ②同時に起きる

concur concur

[解答] **0957** idea / straightforward / invest / more / education
0958 diagram / shows / coffee / grown / harvested / processed
0959 communicate / through / intermediary / unable / unwilling / directly
0960 due / implicit / rule / that / employees / leave
0961 extraordinary / cohesion / of / forces / contributed / strength
0962 teacher / mentor / known / abstract / art

Her (i) was (s): (i)(m) in (e).
彼女の考えは明快で、教育にもっと投資しなさいということだった。

The (d)(s) how (c) is (g), (h) and (p).
この図はコーヒーがどのように栽培、収穫、加工されるのかを示している。

Companies can (c)(t) an (i) if they are (u) or (u) to speak (d).
企業同士が直接話せない、あるいは話したくない場合は、仲介者を通して意思疎通できる。

People work longer hours (d) to the (i)(r) (t)(e) should not (l) work before their boss.
社員が長時間労働をするのは、上司より先に退社してはいけないという暗黙のルールがあるからだ。

The (e)(c)(o) Spartan (f) (c) greatly to their (s).
スパルタ軍の並外れた結束がその力に大きく寄与していた。

Dora Maar's (t) and (m), Picasso, was (k) for his (a)(a).
ドラ・マールの師匠であり相談相手でもあったピカソは抽象画で知られていた。

(B) do use their eyes, (d) the (c) (m)(t) they only use their (h).
コウモリは聴覚しか使わないという誤った考えが広がっているが、実際には目を使っている。

To (e) that studies are (a), most (s) (e) the (n) to perform multiple (e).
ほとんどの科学者は、研究が間違いなく正確であるようにするためには、実験を繰り返すことが必要だと強調する。

They (h)(c)(i) and could not (a) with (e) other on the best (s).
彼らの考えは相反していて、最適な解決策に到達できなかった。

(E) who are not (g) their (n) (f) will (e)(s) out new employers.
要望を受け入れてもらえない従業員はやがて新しい雇用主を探すだろう。

It is (b) to (s) your (p)(b) you go into the (d).
詳しく説明する前に論点を要約する方がよい。

Even the President's (p)(o)(c) (t) military (a) was (n).
大統領の政敵でさえ、軍事行動は必要だという意見で一致した。

0963 Bats / despite / common / misconception / that / hearing
0964 ensure / accurate / scientists / emphasise / need / experiments
0965 had / conflicting / ideas / agree / each / solution
0966 Employees / getting / needs / fulfilled / eventually / seek
0967 better / summarise / point / before / details
0968 political / opponents / concurred / that / action / necessary

コミュニケーション／メディア・IT
Communications / Media & Telecommunications

0969
embrace
[ɪmbréɪs]
動 ①〈主義など〉を受け入れる、採用する
②〈人〉を抱擁する

embrace embrace

0970
pointless
[pɔ́ɪntləs]
形 無意味な、むだな

pointless pointless

0971
comrade
[kɔ́mreɪd]
名 仲間、同志

comrade comrade

0972
intrusive
[ɪntrúːsɪv]
形 プライバシーを侵害する、立ち入った

intrusive intrusive

0973
glare
[gléə]
名 ①目立つこと ②まぶしい光

glare glare

0974
proofread
[prúːfrìːd]
動 (〜を) 校正する、(〜の) ゲラ刷りを読む

proofread proofread

0975
treatise
[tríːtɪz]
名 (特定の題目についての) 本、論文

treatise treatise

0976
ubiquitous
[ju(ː)bíkwətəs]
形 遍在する、どこにでも存在する

ubiquitous ubiquitous

0977
erroneous
[ɪróʊniəs]
形〈判断・学説などが〉誤りのある

erroneous erroneous

0978
intimate
[íntəmət]
形 ①私的な、プライベートな
②親しい、親密な

intimate intimate

0979
sift
[síft]
動 ①(書類・情報などを) 入念に [くまなく] 調べる ②〈粉〉をふるいにかける

sift sift

0980
outgoing
[áʊtgòʊɪŋ]
形 ①(こちらから) 出ていく、発送用の
②退任する ③社交的な

outgoing outgoing

[解答]
0969 ideas / are / embraced / generation / struggle / adapt
0970 common / complaint / corporations / many / pointless / meetings
0971 soldier / comrades / come / understand / better / family
0972 Photographers / being / intrusive / poking / noses / personal
0973 Fame / negatives / glare / of / media / become
0974 in-house / legal / proofreads / official / documentation / public

0980

New (i)(a) quickly (e) by the younger (g), whereas older people (s) to (a).

若者は新しい考えをすぐに受け入れるが、年を取るとなかなか受けつけなくなる。

A (c)(c) among workers at large (c) is that there are too (m)(p)(m).

大企業の社員がよくこぼすのは、むだな会議が多すぎるということだ。

A (s) and his (c) can (c) to (u) each other (b) than (f).

戦友は家族以上によくわかり合えるようになることがある。

(P) can be seen as (b)(i), (p) their (n) into peoples' (p) space and lives.

カメラマンは人のプライベートな場所や生活を詮索する煩わしい存在と見なされることがある。

(F) also has its (n), as the (g)(o) the (m) can (b) too much for some people.

有名であることには負の側面もある。メディアの注目に辟易する人もいるだろう。

The company's (i)(l) team (p) (o)(d) before it is made (p).

公式文書は公開される前に社内法務部が校正する。

Darwin's (t)(o) coral (r)(s) that the (c) would die if (l) out of the water.

ダーウィンのサンゴ礁に関する専門書では、サンゴは水から引き上げたら死ぬだろうと示唆されていた。

Once a (l)(d), (m) phones (a) now (u)(w).

携帯電話はかつてはぜいたくな機器だったが、今では世界のどこにでもある。

It is sometimes difficult to (d) if (i)(p) on the Internet (i)(a) or (e).

インターネットに投稿された情報が正しいのか間違っているのか判断しかねる時がある。

People (w) that technology — (s) AI — could (u) our most (i) and (p)(t).

人々は、テクノロジー、特に人工知能によって、自分たちの最も内なる私的な思いが知られてしまうのではないかと心配している。

Websites are easy to (f) because (p) are (c) (s)(t) them to (c) their information.

ウェブサイトを簡単に見つけられるのは、常に各サイトを見て回って情報をチェックしているプログラムがあるからだ。

With the (p) phones, (o)(c) and (m) cost money, but it is (f) to (r) them.

プリペイド携帯は、電話やメッセージの発信は有料だが、受信は無料だ。

0975 treatise / on / reefs / suggested / coral / lifted
0976 luxury / device / mobile / are / ubiquitous / worldwide
0977 determine / information / posted / is / accurate / erroneous
0978 worry / specifically / understand / intimate / personal / thoughts
0979 find / programs / constantly / sifting / through / check
0980 prepaid / outgoing / calls / messages / free / receive

メディア・IT／教育・キャンパス

Media & Telecommunications / Education & Campus Life

0981
emergence
[ɪmə́ːdʒəns]
名 出現、発生

emergence emergence

0982
trustworthy
[trʌ́stwə̀ːði]
形 信頼［信用］できる、当てになる

trustworthy trustworthy

0983
disclose
[dɪsklóuz]
動〈秘密・情報など〉を暴露する、公表する

disclose disclose

0984
well-rounded
[wélráundɪd]
形〈教養などが〉包括的な、幅広い

well-rounded well-rounded

0985
bullying
[búliɪŋ]
名 いじめ

bullying bullying

0986
emulate
[émjəlèɪt]
動 ～を規範として見習う

emulate emulate

0987
relevant
[réləvənt]
形 ①関連する ②適切な、妥当な

relevant relevant

0988
exempt
[ɪgzémpt]
形 免除された
動（義務などから）〈人〉を免除する

exempt exempt

0989
toddler
[tɔ́dlə]
名 よちよち歩きを始めた赤ん坊

toddler toddler

0990
troublesome
[trʌ́blsəm]
形 やっかいな、迷惑な

troublesome troublesome

0991
engrossed
[ɪngróust]
形 没頭して、夢中になって

engrossed engrossed

0992
laborious
[ləbɔ́ːriəs]
形 骨の折れる、手間のかかる

laborious laborious

［解答］
0981 connection / partially / satisfied / emergence / of / media
0982 see / website / as / trustworthy / fair / reporting
0983 potential / private / information / be / accidentally / disclosed
0984 receiving / well-rounded / education / school / specialise / university
0985 bullying / reported / enrolled / course / suitable / immediately
0986 likely / emulate / what / do / listen / say

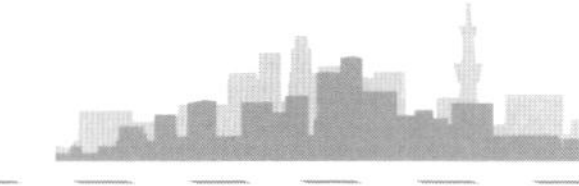

0992

MP3>0981-0992

Our need for human (c) has been (p)(s) by the (e)(o) social (m).
私たちが人とのつながりを求める気持ちは、ソーシャルメディアの出現によってある程度満たされるようになった。

Readers (s) the (w)(a)(t) due to its (f)(r).
そのウェブサイトは公正な報道をするので、閲覧者に信頼できるものと見なされている。

One (p) risk of the Internet is that (p)(i) can (b)(a)(d).
インターネットの潜在的なリスクの１つとして、個人情報が間違って公開されてしまうことがある。

After (r) a (w)(e) in (s), students then go on to (s) at (u).
生徒は小中高で包括的な教育を受けたのち、大学に進学して専門の勉強をする。

If (b) is (r) by any students (e) on the (c), (s) action will be taken (i).
いじめの報告がその課程に登録されているどの学生からあったとしても、ただちにしかるべき対応をします。

Children are more (l) to (e)(w) you (d) rather than (l) to what you (s).
子どもはあなたの言葉に従うよりもむしろあなたの行動に倣うだろう。

When (d) on a university (c), (s) (r)(s) is (e) for high school students.
高校生が大学の課程を決める際、関連科目を勉強することが不可欠だ。

Students who can (s) a doctor's (n)(a) (e)(f) the (e).
医師の診断書を提出できる学生は試験が免除される。

One study (f) that even (t) can (b) to (l) a (s)(l).
よちよち歩きを始めた赤ん坊でさえ第２言語を学び始められることが、ある研究でわかった。

(R)(t)(s) from a (c) could do more (h) than (g).
クラスから問題児を除外することは益よりも害をもたらしかねない。

The therapist (r) that (c)(g)(e) (i) art or music to help them (r).
そのセラピストは、緊張をほぐす手立てとして、子どもは美術や音楽に没頭するとよいと言う。

Learning the (p) of other (l) can be a (l) (p), but it gets (e) over time.
他言語の発音は身につけるのに骨が折れることがあるが、時がたつにつれて易しくなる。

0987 deciding / course / studying / relevant / subjects / essential
0988 show / note / are / exempt / from / exam
0989 found / toddlers / begin / learn / second / language
0990 Removing / troublesome / students / class / harm / good
0991 recommends / children / get / engrossed / in / relax
0992 pronunciation / languages / laborious / process / easier

教育・キャンパス Education & Campus Life

0993
sensibly
[sénsəbli]
副 思慮分別をもって、賢明に

sensibly sensibly

0994
corporal
[kɔ́:pərəl]
形 肉体の、身体の

corporal corporal

0995
distract
[dɪstrǽkt]
動 〈人・注意など〉をそらす、紛らす

distract distract

0996
admonish
[ədmɔ́nɪʃ]
動 ①～を叱る、たしなめる ②～に（強く）忠告する

admonish admonish

0997
cram
[krǽm]
動 ①詰め込み勉強をする ②～を詰め込む

cram cram

0998
cooperative
[kəuɔ́pərətɪv]
形 協力的な、協同の

cooperative cooperative

0999
dearth
[də́:θ]
名 不足、欠如

dearth dearth

1000
compulsory
[kəmpʌ́lsəri]
形 必須の

compulsory compulsory

1001
proficiency
[prəfíʃənsi]
名 技量、熟練

proficiency proficiency

1002
measurable
[méʒərəbl]
形 ①かなりの、目立った ②測定可能な

measurable measurable

1003
confer
[kənfə́:]
動 ①～を与える、授与する ②話し合う

confer confer

1004
procrastination
[prəukræ̀stɪnéɪʃən]
名 先延ばし、遅延

procrastination procrastination

［解答］ **0993** Providing / education / spend / money / sensibly / young
0994 took / corporal / punishment / hitting / outlawed
0995 key / teaching / distract / from / fact / learning
0996 careful / admonish / children / mistake / affect / confidence
0997 shown / cramming / for / exam / likely / succeed
0998 Encouraging / be / cooperative / competitive / results / harmony

(P)(e) on how to (s)(m)
(s) is very important for (y) people.
若者に賢明なお金の使い方を教えることは非常に大事だ。

It (t) until 1987 for (c)(p) — teachers
(h) children — to be (o) in the UK.
イギリスでは 1987 年になってようやく、体罰—教師が子どもをたたくこと—が法律で禁止された。

The (k) to (t) children is to (d) them
(f) the (f) that they're (l).
子どもにものを教えるコツは、何かを学んでいると子どもたちに思わせないことだ。

Parents should be (c) not to (a)(c) for every
(m), as it can (a) their (c).
親は子どもの失敗をいちいちとがめないように注意すべきだ。うるさく言うと子どもは自信を失いかねない。

Studies have (s) that (c)(f) an
(e) is less (l) to help someone (s).
試験用に詰め込み勉強をしてもよい点を取る役には立ちそうにないということが研究によって示されている。

(E) students to (b)(c) rather than
(c) can bring better (r) and (h) in class.
生徒たちに競争ではなく協力を促す方が、クラスによりよい結果と調和をもたらすことができる。

A (d)(o)(o) to learn (i) has
resulted in a (g) who can't (a) music.
楽器を習う機会がなかったために音楽を味わえない世代が生まれた。

(E)(i)(c) until the (a) of 18 in
England; you cannot (l) school (e).
イングランドでは義務教育が 18 歳まで続き、中退はできない。

Russia and Vietnam have (p) millions to (i)(E)
(p) in (s).
ロシアとベトナムは学校での英語習熟の向上のために多額の資金を投じると約束した。

(E) students to read (h) a (m)
(e)(o) their academic (p).
生徒に読書を奨励すると、学業成績にかなりの効果が出る。

The university will (c) an (h)(d)
(u) the (w) for her (e) work over the years.
大学はその作家の長年にわたる素晴らしい活動をたたえて名誉学位を授与する。

(P) is a (c)(i) among students that
(n)(a) their (g).
先延ばしは学生によくある問題で、成績に悪く影響する。

0999 dearth / of / opportunities / instruments / generation / appreciate
1000 Education / is / compulsory / age / leave / earlier
1001 promised / improve / English / proficiency / schools
1002 Encouraging / has / measurable / effect / on / performance
1003 confer / honorary / degree / upon / writer / excellent
1004 Procrastination / common / issue / negatively / affects / grades

教育・キャンパス Education & Campus Life

1005
impart
[ɪmpɑ́:t]
動 〈情報・知識〉を（人に）伝える

impart impart

1006
integrate
[íntəgrèɪt]
動 ～を統合する、まとめる

integrate integrate

1007
knowledgeable
[nɔ́lɪdʒəbl]
形 博識な、精通した

knowledgeable knowledgeable

1008
comparable
[kɔ́mpərəbl]
形 ①同等の、匹敵する ②比較できる

comparable comparable

1009
gifted
[gíftɪd]
形 天賦の才能のある

gifted gifted

1010
stigmatise
[stígmətàɪz]
動 ～に烙印を押す、汚名を着せる

stigmatise stigmatise

1011
elucidate
[ɪlú:sədèɪt]
動 ～を解き明かす、解明する

elucidate elucidate

1012
astray
[əstréɪ]
副 道に迷って、方向を見失って

astray astray

1013
smother
[smʌ́ðə]
動 ①～を覆い尽くす、～にあふれるほど与える ②〈感情など〉を抑える

smother smother

1014
impede
[ɪmpí:d]
動 〈進行など〉を遅らせる

impede impede

1015
reflective
[rɪfléktɪv]
形 ①熟考する、思慮深い ②反射する

reflective reflective

1016
infuse
[ɪnfjú:z]
動 〈思想・活力など〉を吹き込む、与える

infuse infuse

［解答］ **1005** knowledge / imparted / to / apply / life
1006 author's / work / was / integrated / into / programme
1007 university / famous / attract / knowledgeable / professors
1008 comparable / ability / grouped / improve / morale
1009 Intelligent / chosen / attend / gifted / students
1010 stigmatise / children / with / special / needs / encourage

1016

MP3> 1005-1016

The (k)(i)(t) students by professors should (a) to their (l) beyond university.

学生は教授から伝授された知識を卒業後の生活に応用していくべきだ。

The (a)(w)(w)(i) (i) the school's English (p).

その作家の作品は学校の英語のカリキュラムに取り入れられた。

The (u) became (f) for its ability to (a) (k)(p).

その大学は博識な教授を引きつけることができたことで有名になった。

Students of (c)(a) are (g) together to (i) class (m).

クラスの士気を高めるために、同等の能力を持った生徒が集められている。

(l) children are often (c) to (a) schools for (g)(s).

知能の高い子どもはしばしば天才児のための学校に選ばれて通う。

The doctor says not to (s)(c)(w) (s)(n), but to (e) them to learn.

特別支援が必要な子という烙印を押すのではなく、子どもを励まして学ばせなさい、と博士は言う。

Some (t) can be (d) to understand, but the (g) of a professor can (h)(e) them.

理解するのが難しい教科書もあるかもしれないが、教授の指導によってそれらを読み解くことができるだろう。

The teacher must (w) students to make (s) they are not (l)(a)(f) their (c).

教師は生徒が授業以外のことに気をとられないようにしっかりと見守らなければならない。

One positive (c) of (s) a (c)(w) a lot of (a) is a stronger emotional (c).

子どもべったりに世話を焼く効果の一つは情緒的なつながりが強くなることだ。

Overly (l) classroom (s) can (i) the (p)(o) students and (p).

教室が広すぎると生徒・児童の学習進度が遅くなることがある。

(R) students to keep a (j)(m) them more (r)(a) the (c) they make every day.

日記を書かせると、生徒は自らが毎日行っている選択についてより深く考えるようになる。

The school (i)(a)(w)(g), (c) the two subjects to be (c).

その学校は、美術と幾何学を補完的なものと考え、美術に幾何学を取り入れた。

1011 texts / difficult / guidance / help / elucidate
1012 watch / sure / led / astray / from / classwork
1013 consequence / smothering / child / with / attention / connection
1014 large / sizes / impede / progression / of / pupils
1015 Requiring / journal / makes / reflective / about / choices
1016 infused / art / with / geometry / considering / complementary

教育・キャンパス Education & Campus Life

1017
detrimental
[dètrəméntl]
形 有害な、弊害をもたらす

detrimental detrimental

1018
transcript
[trǽnskrɪpt]
名 記録、(口述などを) 文字に書き換えたもの

transcript transcript

1019
literate
[lítərət]
形 読み書きができる

literate literate

1020
tome
[tóum]
名 分厚い本、大部の書

tome tome

1021
vocational
[voukéɪʃənl]
形 職業の

vocational vocational

1022
emeritus
[ɪmérətəs]
形 名誉 (退) 職の

emeritus emeritus

1023
excel
[ɪksél]
動 (ほかより) 優れる

excel excel

1024
recalcitrant
[rɪkǽlsɪtrənt]
形 手に負えない、言うことを聞かない

recalcitrant recalcitrant

1025
rudimentary
[rù:dəméntəri]
形 ①基本的な、初歩的な ②原始的な

rudimentary rudimentary

1026
abide
[əbáɪd]
動 [abide by で]〈法律・約束などに〉従う

abide abide

1027
mastery
[mǽstəri]
名 精通した知識、熟達した技能

mastery mastery

1028
reiterate
[riítərèɪt]
動 ～を (何度も) 繰り返して言う

reiterate reiterate

[解答] **1017** allowing / has / detrimental / effects / on / development
1018 task / writing / transcript / of / speech / closely
1019 opportunity / attend / school / population / are / literate
1020 reading / through / heavy / tomes / education / approach
1021 Vocational / courses / construction / direct / route / employment
1022 number / emeritus / professors / return / give / lectures

1028

MP3> 1017-1028

Some believe (a) a child to have a television in their bedroom (h) (d)(e)(o)(d).

子どもの寝室にテレビを置くと成長に悪影響を及ぼすと考える人もいる。

The students were given the (t) of (w) a (t) (o) the (s), so they had to listen (c).

生徒たちはその演説を文字に書き起こす課題を与えられたため、注意深く聞かなければならなかった。

Not having had the (o) to (a)(s), many of the (p)(a) not (l).

その国民の多くは通学する機会に恵まれず、読み書きができない。

Rather than (r)(t)(h)(t) in a library, online (e) appears to be a better (a).

図書館で分厚い本を読み通すよりも、オンライン教育の方がよい取り組み方に思える。

(V)(c) in (c) and plumbing give students a (d)(r) to (e).

建築と配管の職業訓練を受けることが、学生が就職する早道になる。

A (n) of (e)(p) at Oxford University (r) often to (g)(l).

オックスフォード大学の多くの名誉教授がよく大学に戻ってきて講義をする。

Students who (e)(i) a (p)(s) are (m) up to a more (a) class.

特定の科目に秀でている生徒は上のクラスに移される。

A (w)(s) can have a (p)(i) (o) a (r) one.

態度のよい生徒は手に負えない生徒によい影響を与えることができる。

After (r) only a (r)(e), some students (q) school to (f) a (c) in labour.

基本的な教育を受けただけで通学をやめて働き始める生徒もいる。

Students who (w) their (o)(c) (r) are more likely to (a)(b) them.

生徒は自分たちでクラスの決まりを作るとそれを守る傾向がある。

Her (m)(o)(c) was (u) — (n) could (d) her.

彼女のチェスの才能は類いまれなもので、誰も彼女に勝てなかった。

After the (l) the (p)(r) the (k) (i) so that the students did not (f).

一通り説明したあとで、教授は学生たちが忘れないように重要な情報を何度も繰り返した。

1023 excel / in / particular / subject / moved / advanced
1024 well-behaved / student / positive / influence / on / recalcitrant
1025 receiving / rudimentary / education / quit / follow / career
1026 write / own / class / rules / abide / by
1027 mastery / of / chess / unparalleled / nobody / defeat
1028 lecture / professor / reiterated / key / information / forget

教育・キャンパス Education & Campus Life

1029
personalise
[pә́:sәnlàɪz]
動 ①～を個人向けにする
②～を個人の問題と考える

personalise personalise

1030
supervise
[sú:pәvàɪz]
動 ～を監督する

supervise supervise

1031
scrutinise
[skrú:tɪnàɪz]
動 ～を注意深く調べる

scrutinise scrutinise

1032
affirmative
[әfә́:mәtɪv]
形 肯定の、同意を示す

affirmative affirmative

1033
ponder
[pɔ́ndә]
動 ～を熟考する

ponder ponder

1034
rote
[rә́ʊt]
名 機械的なやり方、まる暗記

rote rote

1035
upbringing
[ʌ́pbrìŋɪŋ]
名 (子どもの) しつけ、教育

upbringing upbringing

1036
intimidate
[ɪntímәdèɪt]
動 ～をおどす、脅迫する

intimidate intimidate

1037
safeguard
[séɪfgà:d]
動 ～を守る、保護する
名 (危険・損失などに対する) 防御策

safeguard safeguard

1038
collaborative
[kәlǽbәrәtɪv]
形 協力的な、共同制作の

collaborative collaborative

1039
illiterate
[ɪlítәrәt]
形 読み書きのできない、教育のない

illiterate illiterate

1040
formative
[fɔ́:mәtɪv]
形 ① (人格の) 形成上の、発達の ②造形の

formative formative

[解答] 1029 lesson / be / personalised / to / suit / styles
1030 teacher / supervises / independent / research / project / necessary
1031 After / essay / submitted / scrutinised / by / teacher
1032 Affirmative / responses / to / questions / develop / healthy
1033 important / give / students / ponder / questions / talk
1034 criticises / methods / rote / learning / repeat / information

1040

A (l　　　) should (b　　　)(p　　　)(t　　　)
(s　　　) the student's learning (s　　　).
授業は生徒の学習スタイルに合うように個別指導されるべきだ。

The (t　　　)(s　　　) the student's (i　　　)(r　　　)
(p　　　), helping only when really (n　　　).
教師は生徒の自主研究プロジェクトを監督し、本当に必要なときだけ手助けする。

(A　　　) an (e　　　) is (s　　　) it is (s　　　)
(b　　　) a (t　　　).
論文が提出されると、教師がそれを注意深く読む。

(A　　　)(r　　　)(t　　　) children's (q　　　) help
them to (d　　　) in a (h　　　) way.
子どもの質問に肯定的に答えることは子どもの健やかな成長の一助となる。

It is (i　　　) to (g　　　)(s　　　) enough time to
(p　　　)(q　　　) and (t　　　) to their classmates.
学生が問題についてじっくり考えたり、クラスメートと話し合ったりすることが十分できる時間を与えることが大事だ。

His paper (c　　　)(m　　　) of (r　　　)(l　　　),
where students (r　　　)(i　　　) over and over.
彼の論文は、生徒が情報を何度も繰り返すまる暗記の学習法を批判している。

Parents' (e　　　) give teachers an (i　　　) into a (s　　　)
(u　　　) and (l　　　) at (h　　　).
夜の保護者会で、教師は生徒が家庭でどのようにしつけを受け生活しているのかをうかがい知ることができる。

If one student is seen (t　　　) to (i　　　)(a　　　)
(s　　　), there should be (s　　　)(c　　　).
生徒が別の生徒をおどそうとしているところが目撃されたら、深刻な結果になるだろう。

As well as (e　　　) them, teachers should (s　　　) their
(s　　　)(f　　　)(d　　　)(e　　　).
教師は生徒を教育するだけでなく、危険な目に遭わないように守るべきだ。

The children had to (m　　　) a (c　　　)(e　　　) and
(w　　　)(t　　　) in (o　　　) to succeed.
子どもたちは成功を収めるために、一致団結してがんばり、みんなが協力しなければならなかった。

The number of (i　　　)(p　　　) is (d　　　) as education
(r　　　)(r　　　)(a　　　).
田舎まで教育が行きわたるにつれ、読み書きのできない人が減っている。

The (a　　　)(f　　　)(y　　　) were between 11 and 16, when
he was (m　　　) by another (g　　　)(p　　　).
その画家が成長したのは11歳から16歳の間で、その時期に彼はもう一人の偉大な画家から指導を受けた。

1035 evenings / insight / student's / upbringing / life / home
1036 trying / intimidate / another / student / serious / consequences
1037 educating / safeguard / students / from / dangerous / experiences
1038 make / collaborative / effort / work / together / order
1039 illiterate / people / decreasing / reaches / rural / areas
1040 artist's / formative / years / mentored / great / painter

教育・キャンパス Education & Campus Life

1041
studious
[stjú:diəs]
形 勉強熱心な

studious studious

1042
tutorial
[tju:tɔ́:riəl]
名 (大学でのチューターによる) 個別指導時間
形 家庭教師の；チューターの

tutorial tutorial

1043
module
[mɔ́dju:l]
名 ① (大学の) 履修単位 ②測定の単位 ③ (宇宙船の) モジュール

module module

1044
supplement
動 [sʌ́pləmènt] 名 [sʌ́pləmənt]
動 ～を補う、補足する
名 ①補足 ②栄養補助食品

supplement supplement

1045
prerequisite
[pri:rékwəzɪt]
名 必要条件、前提条件

prerequisite prerequisite

1046
dean
[dí:n]
名 (大学の) 学部長

dean dean

1047
enrol
[ɪnrə́ʊl]
動 登録する、入学する

enrol enrol

1048
hectic
[héktɪk]
形 あわただしい、非常に忙しい

hectic hectic

1049
postgraduate
[pə̀ʊstgrǽdʒuət]
形 大学卒業後の；大学院の
名 (大学を卒業した) 大学院生

postgraduate postgraduate

1050
respite
[réspaɪt]
名 中休み、休息

respite respite

1051
faculty
[fǽkəlti]
名 ① (大学の) 学部 ②教授陣 ③能力

faculty faculty

1052
adjunct
[ǽdʒʌŋkt]
形 非常勤の、補助の
名 付属物

adjunct adjunct

[解答]
1041 studious / pupil / useful / partner / struggle / focus
1042 tutorial / combined / with / lesson / ask / questions
1043 biology / major / different / modules / covering / range
1044 attendance / supplemented / by / self-study / reliable / passing
1045 Typically / bachelor's / degree / prerequisite / for / master's
1046 teaching / promoted / dean / of / science / departments

A (s)(p) can be a (u)(p) for those who (s) to (f).

勉強熱心な生徒がいると、なかなか集中できない生徒たちのためになる。

A (t) is (c)(w) each (l) so you can (a)(q).

質問ができるように、各講義には個別指導時間が組み込まれています。

The (b)(m) is made up of six (d) (m)(c) a (r) of the natural sciences.

生物専攻は自然科学分野を扱う６つの異なる履修単位から成る。

Consistent (a)(s)(b)(s) and regular reading is a (r) method for (p) a course.

授業にしっかりと出て、さらに自習や読書習慣で補うことが、課程を修了する確かな方法だ。

(T), a (b)(d) is a (p) (f) a (m) degree.

一般的に、学士号は修士号を取るための必要条件だ。

After fifteen years of (t), the professor was (p) to be the (d)(o) the (s)(d).

15 年間教鞭をとったのち、その教授は昇格して理学部の学部長になった。

First year students are (r) to (e)(o) six (d)(m) as part of their university (c).

1 年生は大学の課程の一部として異なる 6 単位に登録する必要がある。

The (c) has a (t) garden area so students can have (b)(f) their (h)(s).

キャンパスには静かな庭園があり、学生たちはあわただしい時間割の合間に休憩できる。

(P)(e) has (d) in (p) as the price for Master's degrees (i).

修士課程の学費の値上がりにより、大学院進学者が減っている。

The winter (h)(p) students with a (n) (r)(f) the (p) of school.

冬休みは学生が学校のプレッシャーから解放されるよい機会になる。

The (F)(o)(S) is (l) on the (s)(f).

理学部は 2 階にある。

An (a)(p) is someone who (w) (p), (s) other (e) and their students.

非常勤教授とは、非常勤でほかの教員や学生を支える人のことだ。

1047 required / enrol / on / different / modules / courses
1048 campus / tranquil / breaks / from / hectic / schedules
1049 Postgraduate / education / declined / popularity / increased
1050 holiday / provides / nice / respite / from / pressures
1051 Faculty / of / Science / located / second / floor
1052 adjunct / professor / works / part-time / supporting / educators

教育・キャンパス Education & Campus Life

1053 **self-contained**
[sélfkəntéɪnd]
形 自己完結の、自給自足の

self-contained self-contained

1054 **bibliography**
[bìbliɑ́grəfi]
名 参考文献一覧、文献目録

bibliography bibliography

1055 **optional**
[ɑ́pʃənl]
形 任意の、選択が自由の

optional optional

1056 **placement**
[pléɪsmənt]
名 ①クラス分け ②就職あっせん ③配置

placement placement

1057 **canteen**
[kæntíːn]
名 （学校・工場などの）大食堂、社員食堂

canteen canteen

1058 **consecutive**
[kənsékjətɪv]
形 （一定の順序で）連続した

consecutive consecutive

1059 **thesis**
[θíːsɪs]
名 （学位）論文

thesis thesis

1060 **naive**
[nɑíːv]
形 単純な、世間知らずの

naive naive

1061 **dissertation**
[dìsətéɪʃən]
名 学術論文

dissertation dissertation

1062 **commence**
[kəméns]
動 ①始まる ②～を始める

commence commence

1063 **puzzling**
[pʌ́zlɪŋ]
形 困惑させる、悩ませる

puzzling puzzling

1064 **prestigious**
[prestídʒəs]
形 有名な、名誉ある

prestigious prestigious

［解答］
1053 Universities / self-contained / offering / accommodation / amenities / require
1054 thesis / detailed / bibliography / of / sources / referred
1055 Optional / extra / classes / available / need / help
1056 given / placement / test / determine / level / at
1057 served / school / canteens / judged / unhealthy / investigators
1058 Every / have / four / consecutive / classes / breaks

(U) are often (s), (o)(a), food, and other (a) students (r).
学生が必要とする宿泊施設、食べ物、その他の設備を提供しているために、学内だけで暮らせる大学は多い。

Each (t) requires a (d)(b)(o) (s)(r) to and used.
どの学位論文にも参照先と引用元を詳細にまとめた文献目録が必要だ。

(O)(e)(c) are (a) if students (n)(h) with their studies.
学生が勉強するのに助けが必要な場合は任意で利用できる補習がある。

Each student is (g) a (p)(t) to (d) which (l) to study (a).
各学生は学習レベルを決めるクラス分けテストを受ける。

Food (s) in (s)(c) was (j) to be (u) by the (i).
学生食堂で出される食品は、調査員によって不健康だと判断された。

(E) morning the students (h)(f) (c)(c) with no (b).
生徒は午前中はいつも休み時間なしで４つの授業を立て続けに受ける。

In order to (g), each student must (s) a (t) (o) their (c)(t) of study.
各学生は卒業するために自ら選択した研究テーマに関する論文を提出しなければならない。

Students (a)(i)(n)(a) what is (e) of them when they (a) at university.
入学したばかりの学生は、最初、何を求められているのかよくわかっていない。

In the (t) year of (u), most students are (r) to (w)(t)(d).
大学３年のときにほとんどの学生は学術論文を書かなければならない。

Before the (a)(y)(c), professors in each (d) meet to (d) their (p) courses.
新年度が始まる前に、各学部の教授が集まって予定されている課程について話し合う。

(S) that the students (f)(p) at the (b) of (t) were easily (u) by the end.
学生たちが学期の初めにはさっぱりわからなかった科目も、学期末には楽に理解できるようになった。

(S) at the (p)(U) of Cambridge have been using (A) to (s)(c) change.
有名なケンブリッジ大学の科学者たちは気候変動を解明するために人工知能を使っている。

1059 graduate / submit / thesis / on / chosen / topic
1060 are / initially / naive / about / expected / arrive
1061 third / university / required / write / their / dissertation
1062 academic / year / commences / department / discuss / planned
1063 Subjects / found / puzzling / beinning / term / understandable
1064 Scientists / prestigious / University / AI / solve / climate

教育・キャンパス／建築 Education & Campus Life / Building & Architecture

1065
diploma
[dɪplóʊmə]
名 学位、卒業証書

diploma diploma

1066
competent
[kɔ́mpɪtnt]
形 有能な

competent competent

1067
occupant
[ɔ́kjəpənt]
名 (建物・部屋などの) 居住者

occupant occupant

1068
demolish
[dɪmɔ́lɪʃ]
動 ①〈建物など〉を (計画的に) 取り壊す ②〈敵〉を打倒する

demolish demolish

1069
ledge
[lédʒ]
名 ① (壁面の細長い) 出っ張り、棚 ②岩棚

ledge ledge

1070
adobe
[ədóʊbi]
名 アドービれんが

adobe adobe

1071
haul
[hɔ́:l]
動 ①〈重い物〉を引っぱる、引きずる ②～を輸送する

haul haul

1072
perimeter
[pərímətə]
名 周囲、外周

perimeter perimeter

1073
debris
[débri:]
名 がれき、残骸

debris debris

1074
prefabricate
[prì:fǽbrɪkèɪt]
動〈建物〉をプレハブ式で建てる

prefabricate prefabricate

1075
landmark
[lǽndmà:k]
名 ①目印となる建物、陸標 ②画期的な出来事 ③歴史的建造物

landmark landmark

1076
ventilate
[véntəlèɪt]
動〈部屋・建物など〉を換気する、～に風を通す

ventilate ventilate

[解答] 1065 offering / honours / degrees / diploma / courses / online
1066 leading / highly / competent / professors / different / backgrounds
1067 difficult / homeowner / remove / renting / occupant / building
1068 building / be / demolished / make / room / school
1069 space / choose / grow / herbs / window / ledges
1070 Adobe / made / mixture / mud / straw / used

The university began (o)(h)(d) and (d)(c) for (o) students.
その大学はオンラインの学生に優等学位課程と学士課程を提供し始めた。

The (l) universities have (h)(c) (p) from many (d)(b).
一流大学には様々な経歴を持った非常に有能な教授がそろっている。

In Spain, it is very (d) for a (h) to (r) a (r)(o) from their (b).
スペインでは家主が賃借人を建物から追い出すのは非常に難しい。

The (b) is going to (b)(d) in order to (m)(r) for a new (s).
そのビルは新しい学校の建設用地にするために取り壊される。

Having no (s) for a garden, many people (c) to (g)(h) on (w)(l).
多くの人は庭を作るスペースがないので、窓台でハーブを育てることにする。

(A) — (m) using a (m) of (m) and (s) — has been (u) for thousands of years.
泥とわらを混ぜ合わせたものを使って作られるアドービれんがは、何千年もの間使われてきた。

They (t)(r) around the large (r) and (h) them (u) the (h).
彼らは大岩の周りにロープをかけて結び、丘の上へ引っ張り上げた。

The tourist (a) had a (p)(f)(a) it to (p) people from getting too (c).
その観光名所は、人が近寄りすぎないように周囲をフェンスで囲われていた。

After the (e), the (t) worked day and night to (s)(t) the (d) for (s).
地震のあと、住民は連日連夜がれきをかき分けて生存者の捜索作業をした。

The (w) of the (h)(a)(p) before being (t) to the building (s).
その家の壁はプレハブ式で建ててから、建設地に移す。

They (d)(u)(v)(l) to (n) through the (p).
彼らは目立つ目印を頼みに公園を見て回った。

The office had no (w) so an air (c)(u) was (i) to (v) the (r).
そのオフィスには窓がなかったので、部屋の換気のためにエアコンが取り付けられていた。

1071 tied / ropes / rocks / hauled / up / hill
1072 attraction / perimeter / fence / around / prevent / close
1073 earthquake / townspeople / search / through / debris / survivors
1074 walls / house / are / prefabricated / transported / site
1075 depended / upon / visual / landmarks / navigate / park
1076 windows / conditioning / unit / installed / ventilate / room

建築 Building & Architecture

1077
acoustic
[əkú:stɪk]
形 ①〈建材が〉防音の ②音の、音響の

acoustic acoustic

1078
refurbish
[rɪfə́:bɪʃ]
動 ～を改装する、改修する

refurbish refurbish

1079
restoration
[rèstəréɪʃən]
名 復元、修復

restoration restoration

1080
locale
[ləʊká:l]
名 場所、現場

locale locale

1081
timber
[tímbə]
名（建築用の）材木、木材

timber timber

1082
shaft
[ʃá:ft]
名 ①縦坑、シャフト ②（おの・やりなどの）柄 ③（エンジンなどの）動力伝達軸

shaft shaft

1083
retractable
[rɪtrǽktəbl]
形 格納式の、引っ込められる

retractable retractable

1084
functional
[fʌ́ŋkʃənl]
形 ①機能本位の、実用的な ②機能上の

functional functional

1085
proximity
[prɔksíməti]
名 近いこと

proximity proximity

1086
authorise
[ɔ́:θəràɪz]
動 ①～を許可する、認可する ②～に権限を与える

authorise authorise

1087
majestic
[mədʒéstɪk]
形 威厳のある、堂々とした

majestic majestic

1088
reside
[rɪzáɪd]
動 居住する、住む

reside reside

[解答] 1077 Acoustic / foam / used / stop / sound / travelling
1078 office / was / refurbished / make / look / like
1079 restoration / of / damaged / church / expected / years
1080 choice / locale / for / university / transport / links
1081 trees / typically / cut / down / for / timber
1082 Looking / lift / shaft / bring / feelings / nervousness

(A)(f) was (u) to (s) the (s) from (t) out of the room.
部屋から音が漏れるのを防ぐために防音発泡体が使われた。

The old (o)(w)(r) to (m) it (l)(l) new.
その古いオフィスは新築に見えるように改装された。

The (r)(o) the (d)(c) in Paris is (e) to take many (y).
パリの損傷した教会の復元には何年もかかると見込まれている。

The (c) of (l)(f) the (u) came about due to the public (t)(l) on offer.
大学用地は、公共交通のアクセスが提供されたことから決まった。

These (t) are (t)(c)(d) (f) their (t), which is then used for housing.
これらの木はだいたい材木用に切り倒され、それから住宅建設に使われます。

(L) down a (l)(s) can (b) about (f) of (n) in most people.
エレベーターの昇降路を見下ろすと、たいていの人は落ち着かない気持ちになる。

Wimbledon's Centre Court (h) a (r)(r) (i) for (r)(w).
ウィンブルドンのセンターコートには雨天用の開閉式屋根が取りつけられた。

The (b) are more (f) than (b), (d) for (u) rather than (a).
それらの建物は景観よりも実用を目的に設計されたので、美しいというよりは機能的だ。

Buildings (i)(p)(o) the (t) (l) were (s).
電車路線の近くにある建物は防音されていた。

The (g)(a) multiple (c)(t) (b)(h) along the river.
政府は多数の企業に川沿いの住宅建設を許可した。

Versailles (h) in Florida is a (r)(o) the (m)(P) of Versailles in (F).
フロリダのベルサイユ邸はフランスの威風堂々としたベルサイユ宮殿を模したものだ。

Work-from-home positions (p)(e)(o) for people no matter (w)(t)(r).
在宅勤務ができる職はどこに住んでいる人にも雇用機会を与える。

1083 had / retractable / roof / installed / rainy / weather
1084 buildings / functional / beautiful / designed / use / appearance
1085 in / proximity / of / train / line / soundproofed
1086 government / authorised / companies / to / build / housing
1087 house / replica / of / majestic / Palace / France
1088 provide / employment / opportunities / where / they / reside

建築 Building & Architecture

1089
unscathed
[ʌnskéɪðd]
形 無傷の

unscathed unscathed

1090
accommodate
[əkɔ́mədèɪt]
動 ①～を収容できる ②〈物・仕事など〉を提供する、用立てる ③～を（…に）適応させる

accommodate accommodate

1091
adjacent
[ədʒéɪsnt]
形 隣接した

adjacent adjacent

1092
derelict
[dérəlɪkt]
形 〈建物などが〉見捨てられた、放棄された

derelict derelict

1093
ornate
[ɔːnéɪt]
形 （はでに）飾りたてた

ornate ornate

1094
blueprint
[blúːprìnt]
名 ①綿密な計画 ②（設計図の）青写真

blueprint blueprint

1095
shudder
[ʃʌ́də]
動 ①振動する ②身震いする
名 身震い、戦慄

shudder shudder

1096
elaborate
形 [ɪlǽbərət] 動 [ɪlǽbərèɪt]
形 ①精巧な、手の込んだ ②複雑な
動 詳しく論じる

elaborate elaborate

1097
flaw
[flɔ́ː]
名 欠点、欠陥

flaw flaw

1098
vicinity
[vɪsínəti]
名 付近、近所

vicinity vicinity

1099
premises
[prémɪsɪz]
名 ①敷地、構内 ②根拠、前提

premises premises

1100
thatch
[θǽtʃ]
動 〈屋根〉をふく
名 （屋根の）ふきわら

thatch thatch

［解答］
1089 storm / extreme / buildings / were / surprisingly / unscathed
1090 Housing / typically / built / accommodate / family / people
1091 style / adjacent / housing / expanding / middle / class
1092 derelict / building / downtown / restored / converted / shelter
1093 architecture / ornate / style / full / details / decoration
1094 Construction / building / begin / architectural / blueprints / approved

Although the (s) was (e), most (b) (w)(s)(u).
その嵐は猛烈だったが、ほとんどの建物は意外に無傷だった。

(H)(t) is (b) to (a) a (f) of four or five (p).
住居は一般的には 4、5 人の家族が住めるように建てられる。

This 19th century (s) of (a)(h) was built for the (e)(m)(c).
19 世紀型の隣接し合った住宅は、増加する中流階級のために建てられた。

A (d)(b) in the (d) area was (r) and (c) into a homeless (s).
繁華街の空きビルがホームレス保護施設に改修された。

Baroque (a) is known for its (o)(s), (f) of (d) and (d).
バロック建築は凝った装飾に満ちた華美な様式で知られている。

(C) of the (b) cannot (b) until the (a)(b) have been (a).
そのビル建設は建築計画が承認されなければ始められない。

(R)(c) that their (w) would (s) as (p)(p) over their houses.
住民は、飛行機が家の上空を通過すると窓が震えると苦情を言った。

The Persian (E) was (r)(f) some of the most (e)(m)(d).
ペルシャ帝国は最も精巧なモスクの設計のいくつかを担った。

A (d)(f) was (f) in (d) of (e)(a) the city.
街中の何十基ものエレベーターに危険な欠陥が見つかった。

Homes were built (i)(t)(v)(o) local (s), such as hospitals and (l).
病院や図書館といった地元の公共施設の近辺に住宅が建てられた。

Upon (a), the (p)(w)(e); no one had been in the (b) for (m).
行ってみると、その物件は空き家で、その建物には何か月も人が立ち入っていなかった。

The Great Fire of London (s) quickly (d) to the (u) of (t)(r) in the 17th (c).
17 世紀には屋根がかやぶきだったので、ロンドン大火はまたたく間に広がった。

1095 Residents / complained / windows / shudder / planes / passed
1096 Empire / responsible / for / elaborate / mosque / designs
1097 dangerous / flaw / found / dozens / elevators / across
1098 in / the / vicinity / of / services / libraries
1099 arrival / premises / were / empty / building / months
1100 spread / due / use / thatched / roofs / century

建築／都市・交通 Building & Architecture / Civil Engineering & Transport

1101
colossal
[kəlɔ́sl]
形 巨大な；莫大な

colossal colossal

1102
dilapidated
[dɪlǽpədèɪtɪd]
形 老朽化した、荒廃した

dilapidated dilapidated

1103
flimsy
[flímzi]
形 ①〈物が〉壊れやすい
②〈根拠などが〉説得力を欠く

flimsy flimsy

1104
dismantle
[dɪsmǽntl]
動〈機械など〉を解体する、分解する

dismantle dismantle

1105
high-rise
[háɪràɪz]
形 高層の
名 高層［多層］ビル

high-rise high-rise

1106
adjoining
[ədʒɔ́ɪnɪŋ]
形 隣接している、隣り合った

adjoining adjoining

1107
scaffold
[skǽfəʊld]
名（工事現場の）足場

scaffold scaffold

1108
edifice
[édəfɪs]
名 大建造物、建物

edifice edifice

1109
outskirts
[áutskə̀:ts]
名 郊外、町外れ

outskirts outskirts

1110
embankment
[embǽŋkmənt]
名 堤防、土手

embankment embankment

1111
bottleneck
[bɔ́tlnèk]
名 ①道が狭くなっている箇所
②（進行を妨げる）障害

bottleneck bottleneck

1112
sewer
[sú:ə]
名 下水道、下水溝

sewer sewer

［解答］
1101 suspension / colossal / structure / requires / expert / engineering
1102 improving / dilapidated / government / building / resulted / criticism
1103 hurricane / citizens / advised / strengthen / flimsy / structures
1104 dismantles / cargo / ships / sells / in / pieces
1105 grew / rural / number / high-rise / buildings / astounding
1106 bought / adjoining / pieces / of / land / size

The (s) of a (c)(s) such as the Golden Gate Bridge (r)(e)(e).

ゴールデンゲートブリッジのような巨大構造物を吊り下げるには、卓越した土木技術が必要だ。

The cost of (i) the (d)(g)(b) (r) in public (c).

老朽化した庁舎の改築費は国民の批判を浴びる結果になった。

Before a (h), (c) are (a) to (s) any (f)(s).

ハリケーンが来る前には、壊れやすい構造物を補強するよう、市民に対して呼びかけられる。

The company (d) large (c)(s) and (s) them (i)(p).

その会社は大きな貨物船を解体し、部分的に売っている。

For someone who (g) up in a (r) village, the (n) of (h)(b) in Bangkok is (a).

農村で育った者にとってはバンコクの高層ビルの数は驚くべきものだ。

Disney (b) up (a)(p)(o) (l) of an area the (s) of San Francisco.

ディズニーはサンフランシスコほどの広さの土地に隣接する土地を買いあさった。

(N), many (c) companies (c) the (s)(w)(p) of the building.

近頃では足場をビルの写真つきシートで覆う建設会社が多い。

The (l) and (i)(e)(s) at one (e) of the (s) in Isfahan.

イスファハンの広場の一端に印象的な大建造物が建っている。

More people are (p) to the (o)(o) (c) due to (r) housing (c).

住居費の値上がりのために、ほとんどの人が都市郊外に追いやられている。

In order to (p)(f), (e) were (b) (a) all of the (r) in the city.

洪水を防ぐために、町のすべての川に堤防が築かれた。

City (p) look at (b)(i)(t) where (v) get (s) for long periods of time.

都市計画者は、車が長時間詰まる渋滞地点に注目する。

The Romans (c)(a)(s)(f) (r)(w).

ローマ人は、廃水を除去するために、先進的な下水道を敷設した。

1107 Nowadays / construction / cover / scaffold / with / pictures
1108 large / impressive / edifice / sits / end / square
1109 pushed / outskirts / of / cities / rising / costs
1110 prevent / flooding / embankments / built / along / rivers
1111 planners / bottlenecks / in / traffic / vehicles / stuck
1112 created / advanced / sewers / for / removing / waste

都市・交通 Civil Engineering & Transport

1113
density
[dénsəti]
名 密度、密集

density density

1114
suburban
[səbə́:bən]
形 郊外の、郊外にある［住む］

suburban suburban

1115
breakwater
[bréɪkwɔ̀:tə]
名 防波堤

breakwater breakwater

1116
focal
[fə́ʊkl]
形 焦点の；焦点となっている

focal focal

1117
rubbish
[rʌ́bɪʃ]
名 ごみ、廃棄物

rubbish rubbish

1118
dredge
[drédʒ]
動 〈川底など〉を浚渫(しゅんせつ)する、〈土砂など〉をさらう

dredge dredge

1119
sprawl
[sprɔ́:l]
名 (都市の) 膨張
動 無秩序に広がる

sprawl sprawl

1120
revamp
[rìvǽmp]
動 (外観などをよくするために) ～を改良する

revamp revamp

1121
fringe
[fríndʒ]
名 へり、ふち

fringe fringe

1122
gravel
[grǽvl]
名 砂利

gravel gravel

1123
drainage
[dréɪnɪdʒ]
名 ①排水、水はけ ②排水路

drainage drainage

1124
urbanisation
[ə̀:bənaɪzéɪʃən]
名 都市化

urbanisation urbanisation

［解答］ 1113 High / population / density / increased / housing
1114 suburban / development / shining / example / build / instead
1115 breakwater / works / as / protection / safely / docked
1116 street / regarded / focal / point / business / major
1117 bins / installed / reduce / amount / of / rubbish
1118 demand / meant / rivers / were / heavily / dredged

1124

(H)(p)(d) leads to (i) costs for smaller (h).
人口が過密だと小規模住宅のための費用が増す。

Melbourne's (s)(d) is a (s)(e) of how a city can (b) out, (i) of up.
メルボルン郊外の発展は、都市が上ではなく横に広がっていくことができることを示す好例だ。

The (b)(w)(a)(p) for the boats to (s) stay (d).
防波堤は船が安全に係留されているように保護する役割を果たす。

The high (s) is (r) as the (f)(p) of (b) in any (m) British city.
イギリスのどの主要都市においても、目抜き通りはビジネスの中心地と見なされている。

New (b) have been (i) around the city to (r) the (a)(o)(r) on the streets.
通りのごみを減らすために町中に新しいごみ箱が設置された。

The (d) for sand (m) that (r) (w)(h)(d).
砂の需要があるということは、河川の土砂を大量にさらうことを意味した。

The city could not build train lines (f) enough to (k) (u)(w)(u)(s).
その都市は、都市部が膨張するペースに合わせて迅速に鉄道を敷設することができなかった。

There was a marked (a) to (r) the (c) (c), to (f) it up and (a) people.
町の中心部を再開発して一新し、人々を呼び込もうとする試みが熱心に進められた。

The fire had (s) from the (f) to the (f) (o) the (n)(c).
火事は森林から最寄りの町外れまで広がっていた。

Most (r) are (m)(w)(g), a (m) of small (s).
ほとんどの道路は砂利、つまり小石を混ぜ合わせたものでできている。

In the late 19th century, London's (d)(s) was (c) to (r)(w)(e).
19 世紀後半に、排泄物を効果的に除去するために、ロンドンに下水道が敷設された。

The (u)(o) the (r)(a) around the city has (h) the local (w).
都市周辺の田園地帯の都市化によって、そこに生息する野生生物が被害を受けている。

1119 fast / keep / up / with / urban / sprawl
1120 attempt / revamp / city / centre / freshen / attract
1121 spread / forest / fringe / of / nearest / city
1122 roads / made / with / gravel / mixture / stones
1123 drainage / system / constructed / remove / waste / effectively
1124 urbanisation / of / rural / areas / harmed / wildlife

都市・交通 Civil Engineering & Transport

1125
unravel
[ʌnrǽvl]
動 ①〈計画などが〉失敗する ②〈謎・もつれたものなど〉を解く

unravel unravel

1126
disfigure
[dɪsfígə]
動 ～の外観を損なう、～を醜くする

disfigure disfigure

1127
townscape
[táunskèɪp]
名 町の景観

townscape townscape

1128
alley
[ǽli]
名 狭い路地、裏通り

alley alley

1129
subterranean
[sʌ̀btəréɪmiən]
形 地下の、地中の

subterranean subterranean

1130
formulate
[fɔ́ːmjəlèɪt]
動〈計画・理論など〉を策定する

formulate formulate

1131
reclaim
[rɪkléɪm]
動 ～を埋め立てる、開墾する

reclaim reclaim

1132
tram
[trǽm]
名 路面電車、市街電車

tram tram

1133
laden
[léɪdn]
形（荷を）山ほど積み込んだ

laden laden

1134
jerk
[dʒə́ːk]
動 急に動く、急に引く
名 ①ぐいと引くこと ②けいれん

jerk jerk

1135
freight
[fréɪt]
名 運送貨物

freight freight

1136
propulsion
[prəpʌ́lʃən]
名 推進（力）

propulsion propulsion

[解答] 1125 plan / develop / slowly / unravelled / failure / project
1126 appearance / been / disfigured / by / ugly / buildings
1127 townscape / changed / dramatically / decade / addition
1128 modern / small / roads / alleys / important / able
1129 ancient / dug / subterranean / channels / drain / moisture
1130 plan / be / formulated / to / deal / population

1136

Their (p) to (d) the area (s) (u), leading to the (f) of the (p).

その地域を開発する計画はだんだんと崩れていき、結局失敗に終わった。

Many said that the (a) of the city had (b)(d) (b) the (u) new office (b).

多くの人が、その見苦しい新オフィスビルで町の景観が損なわれたと言った。

The (t) has (c)(d) in the past (d), with the (a) of many tall buildings.

たくさんの高層ビルが建って、町の景観はここ 10 年でがらっと変わった。

In (m) cities, (s)(r) and (a) are (i) for people to be (a) to walk.

現代の都市では小道や路地は人々が歩ける道として重要だ。

The (a) Romans (d)(s)(c) to (d)(m) from certain areas of land.

古代ローマ人は地下水路を掘って特定の土地から排水した。

A (p) had to (b)(f)(t) (d) with the increasing (p) and its needs.

増加する人口と人々の必要に対処するための計画を策定しなければならなかった。

Odaiba is an (a)(i) in Tokyo Bay that was (b) (u)(r)(l).

お台場は埋め立て地を利用して造られた東京湾の人工島だ。

(R) on San Francisco's (f)(t)(s) is a popular (a) for (t).

サンフランシスコでは有名な路面電車に乗るのが観光客に人気の活動だ。

(V)(s) from the port (l)(w) a (v) of (g).

様々な品を山ほど積み込んだ船がその港から出ていく。

We are (t) not to (j)(o) the (s) (w), as sudden (m) can lead to accidents.

私たちは急ハンドルを切らないように教えられる。突発的な動きは事故につながりかねないからだ。

(F)(s)(a)(o) and seas is far (c) than (d) items via plane.

海上貨物輸送は荷物を空輸するよりはるかに安い。

(E)(p)(s) in ships are far (q) than their (f)(c).

船の電気推進システムは燃料を使うものよりもはるかに静かだ。

1131 artificial / island / built / using / reclaimed / land
1132 Riding / famous / tram / system / activity / tourists
1133 Vessels / sail / laden / with / variety / goods
1134 taught / jerk / on / steering / wheel / movements
1135 Freight / shipping / across / oceans / cheaper / delivering
1136 Electric / propulsion / systems / quieter / fuel-based / counterparts

都市・交通 Civil Engineering & Transport

1137
stack
[stǽk]
動 ～を積み重ねる
名 ①山、積み重ねたもの ②煙突

stack stack

1138
cosmopolitan
[kɑ̀zməpɑ́lɪtən]
形〈場所が〉国際的な、国際感覚のある

cosmopolitan cosmopolitan

1139
buffet
[bʊ́feɪ]
名 (列車の) ビュッフェ、(駅の) 軽食堂

buffet buffet

1140
accessible
[æksésəbl]
形 ①〈場所が〉利用しやすい、行きやすい ②入手できる

accessible accessible

1141
fleet
[flíːt]
名 ①艦隊、船団 ② (保有) 車両

fleet fleet

1142
sledge
[slédʒ]
名 小型そり、犬ぞり

sledge sledge

1143
hiss
[hís]
名 シュッという音
動 シュッという音を立てる

hiss hiss

1144
toll
[tóʊl]
名 ① (道路・橋などの) 通行料 (金) ②犠牲、死傷者数

toll toll

1145
overload
動 [òʊvəlóʊd] 名 [óʊvəlòʊd]
動 ～に過重な負担をかける [荷物を積む]
名 過重負担

overload overload

1146
detour
[díːtʊə]
名 回り道、迂回路

detour detour

1147
sideways
[sáɪdwèɪz]
副 横へ、斜めに
形 横の、斜めの

sideways sideways

1148
rig
[ríg]
動 ①〈船〉を艤装(ぎそう)する、～を装備する ②～を急ごしらえする 名 (石油の) 掘削装置

rig rig

[解答] 1137 bars / are / stacked / boxes / easier / transportation
1138 traveling / faster / cheaper / world / become / cosmopolitan
1139 trains / with / buffet / cars / mobile / restaurants
1140 Accessible / entrances / to / stations / disabled / citizens
1141 Navy / largest / fleets / of / ships / world
1142 Sledges / are / common / mode / transport / people

Chocolate (b)(a) then (s) in (b) for (e)(t).

板チョコは次に、運びやすいように箱の中に積み重ねられる。

As (t) has become (f) and (c), large cities around the (w) have (b) more (c).

速く安く移動できるようになるにつれ、世界中の大都市がますます国際的になっている。

Frequently, you can find (t)(w)(b) (c) — like (m)(r) — in Eastern Europe.

東ヨーロッパではよく、移動レストランのようなビュッフェ車両のある列車が見られる。

(A)(e)(t) metro (s) are often difficult for (d)(c) to find.

利用しやすい地下鉄駅の出入り口は障がい者には見つけにくいことが多い。

The Indian (N) has one of the (l)(f) (o)(s) in the (w).

インド海軍は世界最大の艦隊の１つを持っている。

(S)(a) a (c)(m) of (t) for the Inuit (p).

そりはイヌイットの人々の一般的な運送手段だ。

The (h)(o) the (t) as it (l) the station gives a (f) of (b) back in time.

列車が駅を出るときにシュッと鳴る音を聞くと、昔に戻ったような気持ちになる。

To (r) traffic (c), a (t)(r) was (b) that drivers could use for a small (f).

交通渋滞を緩和するために、ドライバーが低額で利用できる有料道路が造られた。

Officers found a (t)(o)(w)(i) (t) broken down at the side of the (r).

警察は違法木材を過積載したトラックが道路わきで故障しているのを見つけた。

(M) are (c) in the area, in which cases drivers are often (f) to (t)(l)(d).

その地域ではよく土砂崩れが起こり、その場合、ドライバーはしばしば遠回りしなければならない。

The helicopter (r)(e) air travel, as it can (m) (u) and (d) or (s).

ヘリコプターは上下左右に進めるので、緊急時の飛行に大変革をもたらした。

Old (s) took days to (b)(r)(i) (p) for (s).

古い船は航海に備えて艤装するのに何日もかかった。

1143 hiss / of / train / leaves / feeling / being
1144 reduce / congestion / toll / road / built / fee
1145 truck / overloaded / with / illegal / timber / road
1146 Mudslides / common / forced / take / long / detours
1147 revolutionised / emergency / move / up / down / sideways
1148 ships / be / rigged / in / preparation / sailing

都市・交通 Civil Engineering & Transport

1149
tow
[tóʊ]
動〈船・車など〉をけん引する

tow tow

1150
hazard
[hǽzəd]
名 危険を引き起こすもの

hazard hazard

1151
hull
[hʌ́l]
名 船体

hull hull

1152
waterway
[wɔ́ːtəwéɪ]
名 水路、航路；運河

waterway waterway

1153
collision
[kəlíʒən]
名 衝突

collision collision

1154
devious
[díːviəs]
形 ①〈道などが〉遠回りの
②よこしまな、ずるい

devious devious

1155
consignment
[kənsáɪnmənt]
名 ①発送される商品 ②（商品の）発送

consignment consignment

1156
locomotive
[lòʊkəmóʊtɪv]
名 機関車

locomotive locomotive

1157
unload
[ʌnlóʊd]
動〈船・車など〉の積み荷を降ろす

unload unload

1158
congestion
[kəndʒéstʃən]
名 ①（道路・地域などの）渋滞、混雑
②うっ血

congestion congestion

1159
standstill
[stǽndstɪ̀l]
名 停止、静止、行き詰まり

standstill standstill

1160
roundabout
[ráʊndəbàʊt]
形 遠回りの、遠回しな
名 ①ロータリー ②回転木馬

roundabout roundabout

[解答] 1149 crew / rescued / towed / boat / to / land
1150 careful / road / hazards / icy / roads / falling
1151 large / hull / part / ship / enabled / oceans
1152 waterways / mainly / used / cruises / transporting / goods
1153 closed / collision / between / car / and / lorry
1154 tired / take / devious / routes / increase / fares

The (c) was (r) by a passing ship which (t) their (b)(t)(l).

乗組員たちは通りがかりの船に救助され、その船は彼らのボートを陸までけん引していってくれた。

Be (c) of (r)(h) such as (i) (r) and (f) rocks.

路面凍結や落石などの路上の危険に注意してください。

The (l)(h), which is the main (p) of the (s), (e) people to cross (o) more easily.

船の本体である船体が大きくなると、人々が海を渡るのが楽になった。

Today, British (w) are (m)(u) for (c) rather than (t)(g).

今日、イギリスの水路は主に、物品輸送ではなくクルーズに使われている。

The road was (c) due to a (c)(b) a (c)(a) a (l).

車とトラックの衝突事故があったためにその道路は封鎖された。

Passengers were (t) of taxi drivers who (t)(d) (r) in order to (i)(f).

乗客は料金をかさ上げするために遠回りをするタクシー運転手にうんざりしていた。

A (c)(o)(m) from the Indian government was (r) to help (f)(t) in Kenya.

インド政府から送られたケニアの結核撲滅に役立つ医薬品が受領された。

(L), such as early (s)(t), were (t)(p) by (c) or wood.

昔の蒸気機関車のような機関車は一般的に石炭や木材を燃料にしていた。

These (v) will (l) and (u)(t) without the (n) for (h).

これらの車は車自身が荷の上げ下ろしをし、人手を必要としない。

A lack of (p)(t) has created a (h) (i) with (t)(c) in Phnom Penh.

プノンペンでは公共交通機関が足りないため、交通渋滞が大問題になっている。

The (t) is so bad in the (a) that it often (c) (t) a (c)(s).

その地域は交通の流れが非常に悪く、完全に止まってしまうことがよくある。

The product (t) a (r)(r), with (m) from India, (p) in China, and (s) to Canada.

その製品は、インドから原材料を調達し、中国で生産し、カナダへ出荷する、という遠回りなルートをたどる。

1155 consignment / of / medicine / received / fight / tuberculosis
1156 Locomotives / steam / trains / typically / powered / coal
1157 vehicles / load / unload / themselves / need / humans
1158 public / transport / huge / issue / traffic / congestion
1159 traffic / area / comes / to / complete / standstill
1160 takes / roundabout / route / material / production / shipment

観光・レジャー Tourism & Leisure

1161
vibrant
[váɪbrənt]
形 ①活気に満ちた
②〈光・色などが〉鮮やかな

vibrant vibrant

1162
ridge
[rídʒ]
名 尾根、稜線

ridge ridge

1163
amenity
[əmí:nəti]
名 ①生活を便利に［楽しく］するもの、施設
②（環境・場所などの）快適さ

amenity amenity

1164
infamous
[ínfəməs]
形 悪名高い

infamous infamous

1165
treacherous
[trétʃərəs]
形 ①危険な、油断できない ②不誠実な

treacherous treacherous

1166
exuberant
[ɪgzjú:bərənt]
形 元気のよい、喜びにあふれた

exuberant exuberant

1167
gigantic
[dʒaɪgǽntɪk]
形 巨大な、膨大な

gigantic gigantic

1168
fortnight
[fɔ́:tnàɪt]
名 2週間、14日

fortnight fortnight

1169
trek
[trék]
名 トレッキング、徒歩旅行
動 トレッキングをする

trek trek

1170
trappings
[trǽpɪŋz]
名（うわべの）虚飾

trappings trappings

1171
fairground
[féəgràʊnd]
名（市・催し物などの）開催場

fairground fairground

1172
icon
[áɪkɒn]
名 ①象徴（的なもの）②聖画像、聖像
③（パソコンの）アイコン

icon icon

［解答］
1161 vibrant / lively / cityscape / attracts / tourists
1162 sights / on / mountain / ridge / climbing / reached
1163 set / standard / providing / amenity / want / cinema
1164 is / infamous / for / attractions / rather / famous
1165 travellers / warned / mountain / path / treacherous / died
1166 festival / alive / with / exuberant / music / decorations

The (v) and (l)(c) is what (a) most (t) to the area.

その場所は都会らしく活気に満ちてにぎわっているので、ほとんどの観光客を引きつける。

They set their (s)(o) the (m) (r), (c) slowly until they (r) it.

彼らはその山の尾根を目指すことにし、ゆっくりと登って、最後にそこへたどり着いた。

The hotel (s) a new (s), (p) every (a) a guest could (w), including a (c).

そのホテルは新基準を設け、映画館など客が望みそうな設備をすべて整えた。

It has been said that Amsterdam (i)(i)(f) its (a), (r) than (f).

アムステルダムはその呼び物で有名というよりはむしろ評判が悪いと言われている。

The (t) are (w) that the (m)(p) is (t) and a few people have (d) there.

旅行者たちは、山道は危険で死者も数名出ている、と注意される。

During the one-week (f), the town is (a)(w) (e)(m) and (d).

1 週間にわたる祭りの間、その町はにぎやかな音楽と飾りつけでわき立つ。

Many people (e) the Statue of Liberty to (b)(g), but it does not (s) all that (b) in (p).

多くの人は自由の女神を巨大なものだと考えているが、実物はそこまで大きくは見えない。

The (t) used to be held once a (w), but now they are only (h)(o)(a)(f).

そのツアーは以前は週に 1 度行われていたが、現在は 2 週間に 1 度しか行われていない。

Three days into the (d)(t), just before they (r) the (p), they (e) poor (w).

大変なトレッキングの 3 日目、あと少しで山頂というときに、彼らは悪天候に見舞われた。

These (u) gardens allow people to (e) nature while (e) the (t)(o) a city (l).

こうした都市庭園があることにより、人々は華やかな都会の生活を楽しみつつ自然に触れることができる。

Tourists (f) to the city (f) the (s) and (f), where a large number of (e) are (h).

観光客は多くのイベントが開催される店や催し物会場を目指してその町に押し寄せる。

Most (t)(f)(s) is the Eiffel Tower, the (g)(i)(o) France.

ほとんどの観光客が最初に訪れるのは、フランスの世界的な象徴であるエッフェル塔だ。

1167 expect / be / gigantic / seem / big / person
1168 tours / week / held / once / a / fortnight
1169 difficult / trek / reached / peak / encountered / weather
1170 urban / experience / enjoying / trappings / of / life
1171 flock / for / shops / fairgrounds / events / held
1172 tourists' / first / stop / global / icon / of

観光・レジャー Tourism & Leisure

1173
leisurely
[léʒəli]
形 ゆっくりした、悠然とした
副 ゆっくりと

leisurely leisurely

1174
hum
[hʌ́m]
名 ①がやがや、〈ハチ・扇風機などの〉ブンブン音 ②鼻歌 動 ブンブンと音を立てる

hum hum

1175
captivating
[kǽptəvèɪtɪŋ]
形 (人を) 魅了するような、魅惑的な

captivating captivating

1176
foyer
[fɔ́ieɪ]
名 (劇場・ホテルなどの) 正面ロビー

foyer foyer

1177
inhospitable
[ìnhɔ́spɪtəbl]
形 ①〈場所が〉住むのに適さない、荒れ果てた ②不親切な

inhospitable inhospitable

1178
remnant
[rémnənt]
名 面影、名残

remnant remnant

1179
mausoleum
[mɔ̀ːsəlíːəm]
名 壮大な墓、霊廟

mausoleum mausoleum

1180
customise
[kʌ́stəmàɪz]
動 ～をカスタマイズする

customise customise

1181
inundation
[ìnʌndéɪʃən]
名 ①殺到 ②氾濫、浸水

inundation inundation

1182
renowned
[rɪnáʊnd]
形 有名な

renowned renowned

1183
excursion
[ɪkskɔ́ːʃən]
名 小旅行、遠足

excursion excursion

1184
sheer
[ʃíə]
形 ①莫大な、絶大な ②まったくの、純粋な

sheer sheer

[解答] 1173 Visitors / need / months / at / leisurely / pace
1174 hum / of / city / provides / soundtrack / people
1175 river / crossing / captivating / scene / animals / move
1176 reception / located / in / foyer / available / hours
1177 inhospitable / terrain / few / stay / Antarctica / months
1178 tourists / view / remnants / of / well-preserved / past

(V) to the Louvre would (n) more than three (m) to see everything (a) a (l)(p).
ループルをゆっくりとしたペースですべて見て回るには 3 か月以上かかるだろう。

The (h)(o) the (c)(p) a (s) for its (p).
都市の喧騒は都会人の BGM だ。

The (r)(c) is a (c)(s), with millions of (a) on the (m) to find food.
何百万もの動物がえさを求めて移動するその川渡りは、心奪われる光景だ。

The (r), (l)(i) the (f), is (a) 24 (h) a day.
フロントは正面ロビーにあり、1 日 24 時間ご利用可能です。

Due to its (i)(t), very (f) people (s) in (A) for more than a few (m).
南極は住むのに適さない土地なので、数か月以上滞在する人はほとんどいない。

Millions of (t) flock to Kyoto to (v) the (r) (o) Japan's (w)(p).
何百万人もの観光客が、色濃く残る日本の昔の面影を見ようと、京都に押しかける。

A (t) of Moscow should (i) Lenin's (M), where you can (s) his (p)(b).
モスクワを回るならレーニン廟に行くといい。保存された彼の亡骸を見ることができる。

Today's tourists want to (c) their (h), (m) (f) a more (p)(e).
最近の旅行者は自分の休日をカスタマイズしてより個人的な体験にしたがる。

The town of Wacken (e) an (i)(o) (v) during its (a) metal (f).
ヴァッケンの町は毎年恒例のメタルフェスティバルの間、観光客でごった返す。

The guide (i) that the (p) had been a (p) place (f)(r)(w).
ガイドによると、そのパブは有名な作家たちに人気の場所だったということだった。

(E)(t)(u) travel (d) have become (p), such as (t) to the DMZ between the Koreas.
珍しい目的地まで旅することが人気になっている。例えば、南北朝鮮間の非武装地帯を訪れることなどだ。

As they (a), the (s)(s)(o) the (m)(a) them; it was enormous.
近づくにつれ、彼らは山のものすごいスケールに圧倒された。それはとてつもなく大きかった。

1179 tour / include / Mausoleum / see / preserved / body
1180 customise / holidays / making / for / personal / experience
1181 experiences / inundation / of / visitors / annual / festival
1182 indicated / pub / popular / for / renowned / writers
1183 Excursions / to / unusual / destinations / popular / trips
1184 approached / sheer / scale / of / mountain / astounded

観光・レジャー Tourism & Leisure

1185
allure
[əlúə]
名 魅力、魅惑
動 ～を魅惑する、誘い込む
allure allure

1186
tame
[téɪm]
形 飼い慣らされた
動 ～を飼い慣らす
tame tame

1187
recline
[rɪkláɪn]
動 ①〈座席などが〉後ろに倒れる
②寄りかかる、もたれる
recline recline

1188
tranquil
[trǽŋkwɪl]
形〈場所などが〉静かな、平穏な
tranquil tranquil

1189
novice
[nɔ́vəs]
名 初心者
novice novice

1190
dazzling
[dǽzəlɪŋ]
形 ①〈光が〉目のくらむような、まぶしい
②素晴らしい
dazzling dazzling

1191
opulent
[ɔ́pjələnt]
形 豪華な、ぜいたくな
opulent opulent

1192
carousel
[kæ̀rəsél]
名 ①ベルトコンベヤー ②回転木馬
carousel carousel

1193
artisan
[ɑ̀ːtɪzǽn]
名 職人
artisan artisan

1194
scour
[skáuə]
動 ～をくまなく探す
scour scour

1195
discard
[dɪskáːd]
動〈不用品など〉を捨てる、処分する
discard discard

1196
stunning
[stʌ́nɪŋ]
形 驚くべき
stunning stunning

[解答]
1185 Roughly / allure / of / area / difficult / resist
1186 elephants / tamed / to / transport / tourists / retired
1187 Passengers / first-class / tickets / comfortable / reclining / chairs
1188 first / developed / tranquil / escape / from / city
1189 Novices / were / found / enjoy / hobbies / experience
1190 dazzling / array / of / bright / colourful / casinos

(R) half an hour from the city, the (a)(o) the (a) is (d) to (r).
その場所は市街から30分くらいのところにあり、あらがいがたい魅力がある。

By 2020, the (e)(t)(t)(t) (t) around Angkor Wat were (r).
アンコールワット周辺で観光客を運ぶために飼い慣らされたゾウたちは2020年までに引退した。

(P) with (f)(t) can sleep on (c) (r)(c).
ファーストクラスの乗客は心地よいリクライニングのいすで眠ることができる。

The area was (f)(d) as a (t)(e) (f) the (c).
その場所は当初、都市生活から解放される閑静な保養地として開発された。

(N)(w)(f) to (e) their (h) more than those with more (e).
経験者よりも初心者の方が趣味を楽しむことがわかった。

Las Vegas is known for its (d)(a)(o) (b) and (c)(c).
ラスベガスは目がくらむように明るいカラフルなカジノがずらりと並んでいることで知られている。

The (o) Chelsea Hotel has (h) an (i) (n)(o) famous (g).
豪華なチェルシーホテルにはこれまでに非常に多くの有名人が宿泊している。

After the (a) has (l), (p) wait for their (l)(a) the (c).
飛行機の着陸後、乗客はベルトコンベヤーのところで荷物を待つ。

Recent (p) of (a)(b) and (c) has seen an (i) in (t) to the area.
最近はこだわりのパン屋やカフェの人気が高まっているおかげで、その地区を訪れる人が増えている。

Tourism companies are (s) the (g)(i) (s)(o) the next hot (d).
旅行会社は次に人気を集める旅行先を発掘しようと世界中をくまなく探している。

(R)(d)(o) Mount Everest has (a) because there are (f) people to (c) it.
エベレスト山に捨てられたごみがたまっている。収集する人がほとんどいないからだ。

Tourists (r) the (c) car to the top of the mountain to (t) in the (s)(v)(o) the city below.
観光客はケーブルカーに乗って山頂へ行き、眼下に広がる町の素晴らしい景観を楽しむ。

1191 opulent / hosted / incredible / number / of / guests
1192 aeroplane / landed / passengers / luggage / at / carousel
1193 popularity / artisan / bakeries / cafés / increase / tourism
1194 scouring / globe / in / search / of / destination
1195 Rubbish / discarded / on / accumulated / few / collect
1196 ride / cable / take / stunning / views / of

観光・レジャー Tourism & Leisure

1197
signpost
[sáɪnpòust]
名 道標、案内標識
動 ～に道標を立てる、～を明示する

signpost signpost

1198
bustling
[bʌ́slɪŋ]
形 にぎやかな、騒がしい

bustling bustling

1199
sip
[síp]
動 ～をちびちび飲む、すする
名 (飲み物の) 一口、ひとすすり

sip sip

1200
relish
[rélɪʃ]
動 ～を享受する、楽しむ

relish relish

1201
spacious
[spéɪʃəs]
形 広々とした

spacious spacious

1202
unwind
[ʌnwáɪnd]
動 くつろぐ、リラックスする

unwind unwind

1203
slumber
[slʌ́mbə]
名 眠り、まどろみ

slumber slumber

1204
boulevard
[bú:ləvà:d]
名 広い並木道

boulevard boulevard

1205
devastate
[dévəstèɪt]
動 ～を壊滅させる

devastate devastate

1206
kaleidoscope
[kəláɪdəskòup]
名 万華鏡、絶えず変化するもの

kaleidoscope kaleidoscope

1207
flare
[fléə]
名 (短く燃える) 炎、発煙筒
動 ～を (朝顔形に) 広げる

flare flare

1208
awesome
[ɔ́:səm]
形 ①畏敬の念を起こさせる、荘厳な
②素晴らしい、最高の

awesome awesome

[解答]
1197 has / few / signposts / easy / get / lost
1198 attracted / bustling / centre / full / busy / hectic
1199 tourists / seen / sipping / champagne / eating / dinner
1200 Wealthy / relish / prospect / of / holidays / space
1201 Passengers / upgrade / get / spacious / seats / food
1202 sightseeing / tourists / choose / unwind / in / restaurant

1208

MP3> 1197-1208

The area (h) very (f)(s), so it is (e) to (g)(l).
その地域には案内標識がほとんどないので、すぐ迷ってしまう。

Tourists are (a) to New York's (b)(c), (f) of (b) shops and (h) streets.
観光客は、客でごった返した店や大混雑の通りばかりのニューヨークのにぎやかな中心街に引きつけられる。

Along the Seine in Paris, (t) can be (s)(s) (c) and (e)(d).
パリのセーヌ河畔では、観光客がシャンパンをすすったり夕食をとったりしている姿が見られる。

(W) people (r) the (p)(o) taking (h) to (s) in the near future.
お金のある人たちは、近い将来、休日に宇宙旅行ができるかもしれないとわくわくしている。

(P) who (u) to business class (g) more (s)(s) and better (f).
ビジネスクラスにグレードアップすれば、乗客は広々とした座席とおいしい食事を楽しむことができる。

After a long day of (s), many (t)(c) to (u)(i) a (r) by the Seine.
丸一日観光したあとで、多くの観光客はセーヌ河畔のレストランでくつろごうとする。

The (p)(w)(i) a (d) (s) after their morning (m).
パンダたちは朝食後でぐっすり眠っていた。

Every December, the (t)(l) the (b) are (c) with (l) for the (h).
12 月になると、大通りの並木は祝日用のイルミネーションで埋め尽くされる。

The tourism (i)(w)(d) as people began (a)(c)(p) like buses and airplanes.
人々がバスや飛行機など混雑する場所を避け始めると、観光業は壊滅的な被害を受けた。

The (s) above Tromsø (d) a (k) (o)(c) as the Northern Lights (l) up the night.
オーロラが夜を照らすと、トロムソの空は万華鏡のように色が移り変わっていく。

Anybody who is (l) at sea should (s) a (f) (i) the (s) to point out their (l).
海で遭難したら必ず発煙筒を空に発射して自分がいる地点を知らせるべきだ。

Millions of tourists come to (e) the (a)(b) (o) New Zealand's (n)(l).
何百万人もの観光客が、ニュージーランドの荘厳で美しい自然景観を体験するためにやってくる。

1203 pandas / were / in / deep / slumber / meal
1204 trees / lining / boulevard / covered / lights / holidays
1205 industry / was / devastated / avoiding / crowded / places
1206 sky / displays / kaleidoscope / of / colour / light
1207 lost / shoot / flare / into / sky / location
1208 experience / awesome / beauty / of / natural / landscapes

効果絶大のリスニング学習法：穴埋めディクテーション

「ディクテーション」とは、聞いた音声を書き取るシンプルな学習法ですが、実践している人は意外と多くありません。しかし、私が学習者であった際に実践し、今でも「やってよかった」と確信している学習法で、本書の最重要ポイントでもあります。

リスニングの学習法には「多聴（大量に聞き、細かい点より概要の理解を重視する）」と「精聴（細かい点まで正確に聞く）」という分類があり、ディクテーションは後者に属する学習法です。多聴の方が楽なので人気が高いですが、IELTSのリスニングでは、主に、英文の特定箇所が理解できているかを問う問題が出題されるので、細かい点まで聞き取る力が求められます。私の受講生が、問題の音声を聞いたあと「何となくは理解できた気がする」と言うことがあるのですが、「どこが聞けて、どこが聞けていないのか」が曖昧なままでは、テストには対応できません。ディクテーションをするとこの点が可視化されるので、自分の弱点を容易に把握することができます。「精聴」「多聴」のいずれも行うことが重要で、いずれか一方だけでは真のリスニング力の向上は望めません。

■ 穴埋めディクテーション

ディクテーションは本来、英文すべての単語を書き取る大変時間を要する学習法ですが、本書では各例文中の5、6語の重要語に絞って空所を埋める「穴埋めディクテーション」の形式をとっており、無理なく学習を続けられるようになっています。各空所には、ヒントになるように単語の1文字目が薄字で印字されているので、まずはそれをヒントに学習してください。ヒントあり、ヒントなしの2パターンのダウンロードPDFも用意されているので、繰り返し学習しましょう。具体的な学習の仕方については、p.264を参考にしてください。

■ 空所語彙の選定基準

一つ一つの単語の発話の強弱は話し手の意図によって変わりますが、「強く発音する語 ➛ 単独で明確な意味を持つ語」「弱く発音する語 ➛ 単独では意味の弱い語」といった大まかな原則はあります。

強く発音する語：動詞、形容詞、副詞、名詞
弱く発音する語：疑問詞、指示代名詞、冠詞、前置詞、接続詞、be動詞、助動詞など

本書では英文の意味を理解するうえで重要な、強く発音する語を中心に空所を設けています。空所の選定においては、見出し語のコロケーションも考慮しています。

PDF無料ダウンロードについて

下記のURLから無料でダウンロードできます（パスワードの入力が必要です）。

＊PDFデータはA4サイズで表示できるように作成しております。ご家庭などのプリンターでプリントアウトしてご利用ください。

https://openg.co.jp/ielts-training/
パスワード：ogielts2020

人文科学

Humanities

哲学・倫理　心理学　歴史　考古学　芸術　文学　言語学

哲学・倫理 Philosophy & Ethics

1209
conception
[kənsépʃən]
名 ①観念、構想 ②受胎

conception conception

1210
immortal
[ɪmɔ́:tl]
形 不死の、死なない

immortal immortal

1211
reckless
[rékləs]
形 向こう見ずな、無謀な

reckless reckless

1212
selfless
[sélfləs]
形 無私の、無欲の

selfless selfless

1213
tenet
[ténət]
名 主義、教義

tenet tenet

1214
transcend
[trænsénd]
動 〈理解・経験などの〉限界を超える、超越する

transcend transcend

1215
presuppose
[prì:səpóuz]
動 ～をあらかじめ想定する

presuppose presuppose

1216
disdain
[dɪsdéɪn]
名 蔑視、見下すこと
動 ～を見下す

disdain disdain

1217
homage
[hɔ́mɪdʒ]
名 敬意

homage homage

1218
altruistic
[æ̀ltruístɪk]
形 利他的な

altruistic altruistic

1219
meditation
[mèdətéɪʃən]
名 熟考、瞑想

meditation meditation

1220
divine
[dɪváɪn]
形 神の
動 ～を予知する

divine divine

[解答]
1209 conception / of / time / connected / rising / setting
1210 believed / immortal / soul / continue / live / on
1211 company / criticised / reckless / use / dangerous / chemicals
1212 selfless / acts / donating / charitable / improve / mental
1213 Karma / two / main / tenets / of / Hinduism
1214 religions / suppose / existence / transcends / material / reality

Our (c)(o)(t) is (c) to the (r) and (s) of the Sun.
私たちの時間の観念は日の出、日の入りと結びついている。

Saint Augustine (b) that the (i)(s) could (c) to (l)(o) with God after death.
聖アウグスティヌスは、死後も魂は死なずに神とともに生き続けることができると信じていた。

The (c) has been (c) for their (r) (u) of (d)(c).
その会社は危険な化学薬品を見境なく使ったことで批判されている。

It was found that (s)(a) such as (d) money to (c) causes can (i)(m) health.
慈善事業にお金を寄付するといった無欲の行為は精神面によい影響を与えうるということがわかった。

(K) and samsara are (t) of the (m) (t)(o)(H).
業と輪廻はヒンドゥー教の主要教義の2つだ。

Many (r)(s) that there is an (e) that (t)(m)(r).
多くの宗教は物質的な現実を超越する存在があることを想定している。

The (c) of "(g)" (p) the (c) (o) "(b)".
「善」という概念は「悪」という概念があることを前提にしている。

Not all scientists (f)(d)(t)(r); many (e) their religious (b).
すべての科学者が宗教を蔑視しているわけではない。信仰心を抱いている者は多い。

On the 6th of January many Catholics (a)(c) to (p)(h)(t) the Three Wise Men.
多くのカトリック教徒が1月6日に教会に行き、3人の賢人に敬意を表する。

Can we (t)(b)(a), (c) (f)(o) more than ourselves?
私たちは自分のことよりも他人のことを考える真に利他的な人間になれるのだろうか。

(M)(i) about (c) your (m) more than it is about your (p) and (s).
瞑想で大事なのは、姿勢と沈黙ではなく、頭を空っぽにすることだ。

In ancient times, natural (d) were (c) thought to be (d)(p)(f) man's (s).
古代においては、自然災害はふつう、人間の罪に対する神罰と考えられた。

1215 concept / good / presupposes / concept / of / bad
1216 feel / disdain / towards / religion / embrace / beliefs
1217 attend / church / pay / homage / to
1218 truly / be / altruistic / caring / for / others
1219 Meditation / is / clearing / mind / posture / silence
1220 disasters / commonly / divine / punishment / for / sins

哲学・倫理／心理学 Philosophy & Ethics / Psychology

1221
intolerant
[ɪntɔ́lərənt]
形（異説・異民族などに対して）不寛容な

intolerant intolerant

1222
principled
[prínsəpld]
形 信念のある；主義をもった

principled principled

1223
enlightened
[ɪnláɪtnd]
形 ①悟りを開いた
②啓蒙された、（文明の）進んだ

enlightened enlightened

1224
ominous
[ɔ́mɪnəs]
形 不吉な

ominous ominous

1225
appease
[əpíːz]
動 ～をなだめる、和らげる

appease appease

1226
benevolent
[bənévələnt]
形 親切な、善意の

benevolent benevolent

1227
malevolent
[məlévələnt]
形 悪意のある

malevolent malevolent

1228
mythology
[mɪθɔ́lədʒi]
名 ①神話 ②伝承

mythology mythology

1229
revulsion
[rɪvʌ́lʃən]
名 激しい嫌悪、反感

revulsion revulsion

1230
intrepid
[ɪntrépɪd]
形 勇敢な

intrepid intrepid

1231
ingrain
[ɪngréɪn]
動〈思想・習慣など〉を深くしみ込ませる

ingrain ingrain

1232
evoke
[ɪvóuk]
動〈感情・記憶・イメージなど〉を喚起する

evoke evoke

［解答］
1221 explores / intolerant / people / respect / for / beliefs
1222 principled / businesspeople / black / trade / luxury / timber
1223 Buddhist / holiday / celebrates / enlightened / Buddha / disciples
1224 bad / weather / ominous / sign / of / things
1225 tried / appease / their / gods / cutting / knives
1226 seen / as / benevolent / unlikely / leader / cared

The book (e) why (i)(p) lack (r)(f) the practices and (b) of others.

その本では不寛容な人々がなぜ他者の行いや信仰に対する敬意を欠くのか検討している。

A lack of (p)(b) has resulted in the (b) market (t) of (l)(t).

信念をもった実業家がいないために、高級材が闇取引されるようになってしまった。

The (B)(h) Asalha Puja (c) the day the (e)(B) met with his first (d).

仏教の祝日である三宝節は、悟りを開いた仏陀が最初の弟子たちと集った日を祝う。

The (b)(w) was an (o)(s) (o)(t) to come.

悪天候はきたるべきことの不吉な前兆だった。

The Mayans (t) to (a)(t)(g) by (c) themselves with (k).

マヤ族の人々は自分自身をナイフで切ることによって神をなだめようとした。

The President, (s)(a) a (b) and (u)(l), (c) for people more than his image.

その大統領は慈悲深く、リーダーらしからぬ人と目され、自分の見てくれよりも国民のことを思いやった。

In many cultures (a) history, people have used (c) and amulets to (k)(a)(m)(s).

歴史を通じ、多くの文化において、人々は悪霊を近づけないためにお守りや魔除けを使ってきた。

Poseidon, the (g) of the sea (i)(G) (m), is (r) to as Neptune in Roman (m).

ギリシャ神話の海神ポセイドンはローマ神話ではネプチューンと呼ばれている。

He (f)(r)(t) the (s); it was so (d) he could not (b) it.

彼はそのにおいにぞっとした。あまりに不快で耐えられなかった。

Edmund Hillary was (o)(o) the (f) (i)(e) to (c) Mount Everest.

エドモンド・ヒラリーは、エベレスト山に登った最初の勇敢な探検家たちのうちの一人だった。

The belief that (c)(p) brings happiness is (f) (i)(i)(s).

仕事で昇進すれば幸せになれるという考えは社会に深く浸透している。

Therapists are (t) to (n) if a certain type of (q) (e) a (p) strong (r).

セラピストは訓練によって、ある種の質問が特別強い反応を引き起こした場合、それに気づくことができる。

1227 across / charms / keep / away / malevolent / spirits
1228 god / in / Greek / mythology / referred / myths
1229 felt / revulsion / towards / smell / disgusting / bear
1230 one / of / first / intrepid / explorers / climb
1231 career / progression / firmly / ingrained / in / society
1232 trained / notice / question / evokes / particularly / response

心理学 Psychology

1233
recoil
[rɪkɔ́ɪl]
動 後ずさりする、たじろぐ

recoil recoil

1234
reassurance
[rìːəʃɔ́ːrəns]
名 安心、安心させるもの［言葉］

reassurance reassurance

1235
envious
[énviəs]
形 うらやましがる

envious envious

1236
loath
[lóʊθ]
形（～するのを）嫌って、気が進まなくて

loath loath

1237
valid
[vǽlɪd]
形 ①根拠がしっかりとした、正当な ②有効な

valid valid

1238
fret
[frét]
動 気に病む、悩む

fret fret

1239
inclination
[ìnklənéɪʃən]
名 傾向、性向

inclination inclination

1240
frustrate
[frʌ́strèɪt]
動 ①～を欲求不満にさせる、失望させる ②～を邪魔する

frustrate frustrate

1241
engender
[ɪndʒéndə]
動〈感情・状況など〉を生む、引き起こす

engender engender

1242
unyielding
[ʌnjíːldɪŋ]
形 ①〈信念などが〉揺るぎない、断固とした ②固くて変形しない

unyielding unyielding

1243
dampen
[dǽmpən]
動 ①〈元気など〉をくじく、そぐ ②～を湿らせる

dampen dampen

1244
sinister
[sínəstə]
形 不吉な、邪悪な

sinister sinister

［解答］
1233 people / recoil / in / fear / sight / snake
1234 Parents / offer / reassurance / to / child / confidence
1235 Children / become / envious / see / others / more
1236 typically / loath / to / admit / ignore / evidence
1237 desire / feelings / are / valid / acceptable / others
1238 Therapists / patients / suffer / fretting / about / events

Many (p)(r)(i)(f) at the (s) of a (s).
多くの人はヘビを見ると怖くて後ずさりする。

(P) should (o)(r)(t) a (c) to give them (c).
親は子どもに安心感を与えて自信をつけさせるべきだ。

(C) can (b)(e) if they (s) (o) with (m) than they have.
子どもはほかの子が自分より多くのものを持っているのを見るとうらやましがることがある。

People are (t)(l)(t)(a) they are wrong, so they will (i)(e) that says otherwise.
人々はふつう自分の誤りを認めるのを嫌がるので、自説と異なる証拠を無視しようとする。

We have the (d) to know that our (f)(a) (v) and (a) to (o).
私たちは自分の考えが妥当で他人に受け入れてもらえると思いたい。

(T) receive many (p) who (s) from anxiety, (f) unnecessarily (a) upcoming (e).
セラピストのもとには、未来の出来事を不必要に気に病んで不安にかられている多くの患者がやって来る。

People (f) a strong (i)(t)(r) if they are (f) with (d).
人は危険に直面すると逃げたい衝動に強くかられる。

City (p)(f)(p) who were not (a) to build their homes (e)(h) they wanted.
都市計画は思う通りに家を建てられない人を不満にさせた。

A (n) room can (e)(e)(i) some (p), but also (a) in others.
部屋が騒がしいと興奮する人もいるかもしれないが、不安を感じる人もいるだろう。

His (u)(b)(i) his (w) (b) him (s) later in life.
仕事に対する揺るぎない信念が、後年、彼に成功をもたらした。

The (a) did not let the (r)(d) her (s), and she continued (s) her first book to (p).
その作家は却下されてもくじけることなく、出版社に自らの第一作を提出し続けた。

As they (p) into the (j), (s)(b) (c) started to (c) the sky.
彼らがジャングルの中へ分け入っていくと、不吉な暗雲が空を覆い始めた。

1239 feel / inclination / to / run / faced / danger
1240 planning / frustrated / people / allowed / exactly / how
1241 noisy / engender / excitement / in / people / anxiety
1242 unyielding / belief / in / work / brought / success
1243 author / rejections / dampen / spirits / submitting / publishers
1244 progressed / jungle / sinister / black / clouds / cover

心理学 Psychology

1245
solace
[sɔ́ləs]
名 慰め

solace solace

1246
prone
[próun]
形 (好ましくない) 傾向がある

prone prone

1247
indifference
[ɪndífrəns]
名 無関心、むとんちゃく

indifference indifference

1248
carefree
[kéəfrìː]
形 心配のない、気楽な

carefree carefree

1249
disenchantment
[dìsəntʃάːntmənt]
名 幻滅

disenchantment disenchantment

1250
procrastinate
[prəukrǽstɪnèɪt]
動 (やるべきことを) 先延ばしにする

procrastinate procrastinate

1251
preferable
[préfərəbl]
形 (〜より) 好ましい、ましな

preferable preferable

1252
agitated
[ǽdʒətèɪtɪd]
形 動揺した、興奮した

agitated agitated

1253
distort
[dɪstɔ́ːt]
動 〜をゆがめる、歪曲する

distort distort

1254
daydream
[déɪdrìːm]
動 空想する、夢想する
名 空想、夢想

daydream daydream

1255
distaste
[dɪstéɪst]
名 嫌気、嫌悪

distaste distaste

1256
disposition
[dìspəzíʃən]
名 気質、性質

disposition disposition

[解答] **1245** found / solace / in / knowledge / efforts / wasted
1246 Working / make / people / prone / to / laziness
1247 winner / famously / opposite / love / hate / indifference
1248 Having / relaxed / carefree / attitude / help / longer
1249 Dedicating / result / in / disenchantment / lack / topic
1250 looked / complete / tasks / advance / others / procrastinate

The men (f)(s)(i) the (k) that their (e) were not (w).

男たちは自分たちの努力が無駄ではなかったことを知り、慰められた。

(W) from home can (m) some (p) (p)(t)(l).

在宅勤務だと人によっては怠け癖がつくかもしれない。

Nobel prize (w) Elie Wiesel (f) said, “The (o) of (l) is not (h): it’s (i)”.

ノーベル賞受賞者エリー・ウィーゼルは「愛の反対は憎しみではない。無関心だ」という名言を吐いた。

(H) a (r) and (c)(a) can (h) you to live (l).

のんびりと気楽に暮らしていると長生きできるかもしれない。

(D) your life to something can (r)(i) (d), or a (l) of interest in the (t).

生活のすべてをかけて何かに打ち込んだ挙げ句、幻滅したりその主題に興味を失ったりすることがある。

The study (l) into why some people (c)(t) well in (a) while (o)(p).

その研究は、十分余裕を持って課題を終える人もいれば先延ばしにする人もいるのはなぜかということを扱った。

Certain types of (s)(a) more (p) (t)(u), such as (c) and bread.

チョコレートやパンのように、私たちが好ましく思うある種のにおいがある。

If patients start to (b)(u) and (a), the therapist may (e) the (s).

患者が不快になったり動揺したりし始めたら、セラピストは治療を終わりにするかもしれない。

Our (m) can be (d)(o)(t); (n) events can be (b) or changed by our minds.

私たちの記憶は時とともにゆがめられ、嫌な出来事が精神的に遮られたり変更されたりすることがある。

(D) may be just as (v) as (c) study, as it (e)(i)(t).

空想は教室で学ぶのとまったく同じくらい大事なことかもしれない。自主的に考えることが促されるからだ。

Children’s (d)(f)(f) with strong (f) often (g) away with (a).

子どもはにおいがきつい食べ物を嫌がるが、年齢を重ねるとそういうことはなくなってくることが多い。

His (c)(d)(h) the (f) that he (s) from (d).

彼は明るい性格だったので、うつ病を患っていることは気づかれなかった。

1251 smells / are / preferable / to / us / chocolate
1252 become / uncomfortable / agitated / end / session
1253 memories / distorted / over / time / negative / blocked
1254 Daydreaming / valuable / classroom / encourages / independent / thought
1255 distaste / for / foods / flavours / goes / age
1256 cheerful / disposition / hid / fact / suffered / depression

心理学 Psychology

1257 **hypnosis**
[hɪpnóʊsɪs]
名 ①催眠状態 ②催眠術

hypnosis hypnosis

1258 **cognition**
[kɔgníʃən]
名 認識（力）、認知

cognition cognition

1259 **mindset**
[máɪndsèt]
名 ものの見方、考え方

mindset mindset

1260 **seesaw**
[síːsɔ̀ː]
動〈感情・状況が〉揺れ動く、変動する
名 上下運動、前後運動

seesaw seesaw

1261 **inherent**
[ɪnhérənt]
形 本来備わっている

inherent inherent

1262 **repercussion**
[rìːpəkʌ́ʃən]
名（悪い）影響

repercussion repercussion

1263 **self-esteem**
[sélfɪstíːm]
名 自尊心、プライド

self-esteem self-esteem

1264 **exploit**
[ɪksplɔ́ɪt]
動 ①～を開拓する、開発する ②～を利用する、活用する ③～を搾取する

exploit exploit

1265 **stimulus**
[stímjələs]
名 刺激；励み

stimulus stimulus

1266 **lament**
[ləmént]
動 ～を嘆く、残念がる

lament lament

1267 **well-being**
[wélbíːɪŋ]
名 健康、幸福

well-being well-being

1268 **seduce**
[sɪdjúːs]
動〈人〉を引き寄せる、誘惑する

seduce seduce

［解答］
1257 watching / video / felt / under / hypnosis / dream
1258 mental / disability / affects / individual's / cognition / understanding
1259 athletes / certain / type / of / mindset / differently
1260 seesawed / between / supporting / and / rejecting / unable
1261 personality / traits / inherent / occur / develop / experience
1262 Part / adult / decisions / have / terrible / repercussions

After (w) a (v), people (f)(u)
(h), like they were in a (d).
動画を見ると、人々は夢の中にいるような催眠状態に陥った。

Typically, (m)(d)(a) an (i)
(c), their way of (u) the world.
一般的に精神障がいは人の認知力、つまり世の中のことを理解する機能に影響を及ぼす。

Great (a) typically have a (c)(t)
(o)(m); they think (d) than average people.
偉大なアスリートはたいていある種のものの見方をする。並の人間とは違う考え方をするのだ。

The researcher (s)(b)(s)(a)
(r) the idea, (u) to make up his mind.
その研究者はその考えに賛成か反対かで揺れ動き、決められなかった。

Although some (p)(t) are (i), others
(o) and (d) with (e).
性格には生まれつきのものもあるが、経験によって生じて形成されていくものもある。

(P) of becoming an (a) is coming to understand that poor
(d) can (h)(t)(r).
大人になることの一つに、判断ミスがひどい影響を及ぼす可能性があるということがわかるようになることがある。

(C) children when they (s)(c) a
(t) can help to (b) their (s).
課題を上手にやり終えた子どもをほめてやると、自尊心が育まれる。

Once you are (c) in your (s), you can (e) your
(o)(s) to (d) further.
自分の技能に自信を持つと、さらに向上するために自身の強みを開拓することができる。

The organisation (m) that (m)(s) should be
(u) to (a) a child's (d).
その組織は、子どもの成長を促すためには様々に刺激してやるべきだと主張している。

(P) are (s)(l) the (l)
(o) Stephen Hawking.
物理学者たちはいまだにスティーヴン・ホーキングの死を嘆いている。

It is (h) that soon everyone will (t)(m)
(w) as importantly as (p)(h).
近い将来、皆が精神的健康を身体的健康と同様に重視することが望まれている。

Teenagers (a)(s)(i)(l) of
(c) with the (p) of easy money.
10 代の若者は簡単に金を稼げると言われて犯罪生活に誘い込まれる。

1263 Congratulating / successfully / complete / task / build / self-esteem
1264 confident / skills / exploit / own / strengths / develop
1265 maintains / multiple / stimuli / used / aid / development
1266 Physicists / still / lamenting / loss / of
1267 hoped / treat / mental / well-being / physical / health
1268 are / seduced / into / lives / crime / promise

心理学 Psychology

1269
bravery
[bréɪvəri]
名 勇気、勇敢さ

bravery bravery

1270
vicissitude
[vəsísətjù:d]
名 苦難、試練

vicissitude vicissitude

1271
generosity
[dʒènərɔ́səti]
名 気前のよさ、寛容さ

generosity generosity

1272
elicit
[ɪlísət]
動 ①〈反応〉を引き起こす
②〈情報・返事など〉を引き出す

elicit elicit

1273
moody
[mú:di]
形 ①不機嫌な ②むら気な、気分屋の

moody moody

1274
obscure
[əbskjúə]
動 ～を曖昧にする
形 曖昧な、不明瞭な

obscure obscure

1275
worthwhile
[wə́:θwáɪl]
形（時間・労力・金などをかける）価値がある

worthwhile worthwhile

1276
consolation
[kɔ̀nsəléɪʃən]
名 慰め、慰めとなる人［もの］

consolation consolation

1277
therapeutic
[θèrəpjú:tɪk]
形 ①治癒力のある ②治療の；治療に関する

therapeutic therapeutic

1278
introspection
[ìntrəuspékʃən]
名 内省、内観

introspection introspection

1279
rigid
[rídʒɪd]
形 ①厳格な ②（物が）固い、動かない

rigid rigid

1280
retrieve
[rɪtrí:v]
動 ①～を取り戻す、回収する
②〈情報〉を検索する

retrieve retrieve

［解答］ 1269 soldier / dangerous / situations / awarded / for / bravery
1270 psychologist / find / joy / vicissitudes / of / life
1271 known / for / incredible / generosity / billions / charities
1272 extreme / fear / images / elicit / strong / response
1273 feel / moody / sleep / diet / medical / condition
1274 days / nights / obscure / sense / of / time

1280

The (s), who had been through many (d)(s), was (a)(f) his (b).
多くの危険な状況を切り抜けてきたその兵士に、勇気をたたえる賞が贈られた。

The (p) said that the happiest people learn to (f) (j) in the (v)(o)(l).
その心理学者によると、人生の苦難の中に喜びを見いだせるようになったら、それが一番の幸福だということだった。

Warren Buffet is (k)(f) his (i) (g), having given (b) of dollars to (c).
ウォーレン・バフェットは何十億ドルも慈善団体に寄付するなど、信じられないほどの気前のよさで知られている。

The patient had an (e)(f) of spiders; even (i) of them would (e) a (s)(r).
その患者はクモを極度に恐れていて、クモの画像を見るだけでも強い反応を引き起こした。

People may (f)(m) because of lack of (s), poor (d), or a (m)(c) of some kind.
睡眠不足や偏った食生活、あるいは何らかの病状のために人は気分がふさぐことがある。

In the Arctic, the long (d) in summer and long (n) in winter can (o) your (s)(o)(t).
北極では、夏は昼が長く、冬は夜が長いので、時間の感覚が曖昧になりやすい。

Students (c) best when they feel the (w)(i) (w), that it is (i) and (u).
学生は、その学習はやる価値があり、重要で役立つと感じるときに、最も集中する。

Teachers see the (v)(o)(c)(p) for second and third (p), which can really (e) children.
2番、3番の子は残念賞をもらうと本当に励まされるので、教師はその価値を認めている。

(A) is (s)(a)(t), as people find it (r) to concentrate on something creative or (a).
芸術は治癒力があると考えられている。創造的なことや抽象的なことに一心に取り組むと気分が安らぐからだ。

We are (o) the (c) of our (p), which is why (t)(e)(i).
問題の原因はしばしば自分にある。そのため、セラピストは内省を勧める。

(R)(r) can make a (w)(u) as (s) feel they are being (t) like children.
規則が厳しいと職場をつまらなくするかもしれない。従業員が子ども扱いされていると感じるからだ。

(P) ask very (s) types of questions in order to (r)(f)(m).
心理学者は忘れ去られた記憶を取り戻すために事細かな質問をする。

1275 concentrate / work / is / worthwhile / important / useful
1276 value / of / consolation / prizes / place / encourage
1277 Art / seen / as / therapeutic / relaxing / abstract
1278 often / cause / problems / therapists / encourage / introspection
1279 Rigid / rules / workplace / unenjoyable / staff / treated
1280 Psychologists / specific / retrieve / forgotten / memories

心理学 Psychology

1281
shove
[ʃʌ́v]
名 突くこと、ひと押し
動 ～を（力任せに）押す

shove shove

1282
subconscious
[sʌbkɔ́nʃəs]
形 潜在意識の、意識下の

subconscious subconscious

1283
reluctance
[rɪlʌ́ktəns]
名 気が進まないこと、嫌気

reluctance reluctance

1284
spontaneous
[spɔntéɪniəs]
形 〈行為などが〉自然に生まれる、無意識の

spontaneous spontaneous

1285
tedious
[tíːdiəs]
形 つまらない、退屈な

tedious tedious

1286
pacify
[pǽsəfàɪ]
動 ～をなだめる、静める

pacify pacify

1287
wane
[wéɪn]
動 ①弱まる、衰える ②〈月が〉欠ける

wane wane

1288
reckon
[rékən]
動 ～と思う、推測する

reckon reckon

1289
sceptical
[sképtɪkl]
形 懐疑的な

sceptical sceptical

1290
isolate
[áɪsəlèɪt]
動 ～を孤立させる、分離する

isolate isolate

1291
ridicule
[rídɪkjùːl]
名 からかい、あざけり

ridicule ridicule

1292
depressed
[dɪprést]
形 ①〈人が〉気落ちした、落胆した
②不景気な

depressed depressed

[解答]
1281 need / shove / of / encouragement / get / fears
1282 subconscious / minds / notice / affect / how / feel
1283 reluctance / to / change / stuck / in / habits
1284 response / spontaneous / rushed / victims / considering / safety
1285 tribe / endures / tedious / weeks / nonstop / walking
1286 removed / tense / nervous / are / pacified / calm

1292

MP3> 1281-1292

Some people (n) a (s)(o)(e) to (g) over their (f).
不安を乗り越えるのに励ましの言葉で背中を押してもらわなければならない人がいる。

Our (s)(m)(n) many things we do not, and these (a)(h) we (f) about a person.
私たちの潜在意識は私たちが気づかない多くのことに気づき、それによって私たちの人への感じ方が変わる。

As people get older, there is more (r)(t)(c), and we become (s)(i) our (h).
私たちは年を取るにつれて変化を嫌がるようになり、習慣にはまり込む。

The (r) was (s); they (r) to the (v) of the crash without (c) their own (s).
その行動は思わず取られたものだった。彼らは自分の身を守ることを考えずに衝突事故の犠牲者に駆け寄った。

The (t)(e) three (t)(w) of (n)(w) during each dry season.
その部族は乾季のたびに休みなく歩き続けるうんざりするような3週間に耐える。

When (r) from a city, these typically (t) and (n) people (a)(p) and (c).
こうしたピリピリと張りつめていることの多い人たちが都会から抜け出すと、落ち着いて穏やかになる。

The (p)(p)(b)(t) (w) as the (p) of leaving the EU was taking too long.
EU からの離脱プロセスが長引くにつれ、国民は我慢できなくなってきた。

They (r) they (w)(r) the (e) of the (c) by (e).
彼らは夜になるまでには市境に着くだろうと思った。

People (w)(s)(a) the (a) because the (m) had (l) before.
人々はその広告に懐疑的だった。そのメーカーは以前偽ったことがあったからだ。

Why do we (f)(u) when we (a) (i)(f) other (p)?
私たちは孤立するとなぜ居心地が悪くなるのか。

(F)(o)(r) can (s) a child's (e) and (e) development.
子どもがからかわれることを恐れると、情緒面や教育面での成長が遅れるかもしれない。

Mothers commonly (r)(b)(d) in the first (m) after (g)(b) to a child.
母親たちは出産直後の数か月間はうつ状態になるとよく言う。

1287 public's / patience / began / to / wane / process
1288 reckoned / would / reach / edge / city / evening
1289 were / sceptical / about / advertisement / manufacturer / lied
1290 feel / uncomfortable / are / isolated / from / people
1291 Fear / of / ridicule / slow / emotional / educational
1292 report / becoming / depressed / months / giving / birth

心理学 Psychology

1293
coherent
[kəuhíərənt]
形〈論理などが〉首尾一貫した

coherent coherent

1294
irritation
[ìrətéiʃən]
名 ①いらだち、怒り
②いらだたせるもの、刺激するもの

irritation irritation

1295
mannerism
[mǽnərìzm]
名（言葉・動作などの）癖

mannerism mannerism

1296
amenable
[əmíːnəbl]
形 ①（忠告・提案などに）従順な
②～に適する

amenable amenable

1297
pleasurable
[pléʒərəbl]
形 楽しい、愉快な

pleasurable pleasurable

1298
reticence
[rétəsəns]
名 無口、控えめ

reticence reticence

1299
optimism
[ɔ́ptəmìzm]
名 楽天主義

optimism optimism

1300
eerie
[íəri]
形 不気味な

eerie eerie

1301
restless
[réstləs]
形 落ち着きのない、そわそわした

restless restless

1302
fury
[fjúəri]
名 ①激怒 ②激しさ、強烈

fury fury

1303
monotonous
[mənɔ́tənəs]
形 単調な、変化のない

monotonous monotonous

1304
psychiatric
[sàikiǽtrik]
形 精神医学の

psychiatric psychiatric

[解答] 1293 was / barely / coherent / given / hope / rescued
1294 ranked / convenience / pleasant / cause / irritation / to
1295 human / instinct / copy / mannerisms / of / person
1296 being / amenable / to / change / moving / trends
1297 aimed / turn / visit / into / happy / pleasurable
1298 natural / reticence / gave / impression / shy / person

After five days without water, Ralston (w)(b)(c) and had (g) up (h) on being (r).

5日間水を飲まなかったため、ラルストンは思考に一貫性がなくなり、救助される望みは捨ててしまった。

Airports are (r) by (c) and whether they are (p) or (c)(i)(t) passengers.

空港は、利便性や、利用客にとって快適であるか、いらいらさせられるか、といったことでランク付けされる。

It is (h)(i) to (c) the (m) (o) the (p) you're talking to.

一緒に話している人の癖をまねるのは人間の本能だ。

His success is due to (b)(a)(t) (c), (m) with the (t) of the time.

彼がうまくいっているのは、変化を受け入れ、時代の流れに乗って進んでいるからだ。

The project (a) to (t) any (v) to the airport (i) a (h) and (p) one.

その企画は、空港はいつ来ても心地よくて楽しいと感じてもらうことを目的としていた。

His (n)(r)(g) people the (i) of a (s)(p).

彼は生来無口で、そのために恥ずかしがり屋という印象を与えた。

A (p)(e) gives people a (s)(o) (o)(a) life.

有益な経験をすると人は人生に楽観的になる。

The (f) in Edvard Munch's *The Scream* (h) an (e), (a)(s)(a).

エドヴァルド・ムンクの『叫び』に描かれている人物は不気味で、ほとんど恐ろしく見える。

Those who (f)(u) and (r) in their (j) are (r) to find more (s) work.

今の仕事にやりがいがなく居心地が悪い人は、もっと満足いく仕事を探すことをお勧めします。

The (d) to (i) taxes (r) in (f) (f) the (p).

増税の決定は国民の激しい怒りを招いた。

(M)(t) such as (d)(e) are (e) to certain (t) of people.

ある種の人々にとっては、データ入力のような単調な作業が楽しい。

(P)(d), such as (a) and (d), were found in more than a (t) of (m) women.

不安症やうつといった精神疾患が中年女性の3分の1以上で見つかった。

1299 positive / experience / sense / of / optimism / about
1300 figure / has / eerie / almost / scary / appearance
1301 feel / unchallenged / restless / jobs / recommended / satisfactory
1302 decision / increase / resulted / fury / from / public
1303 Monotonous / tasks / data / entry / enjoyable / types
1304 Psychiatric / disorders / anxiety / depression / third / middle-aged

心理学／歴史 Psychology / History

1305
disillusioned
[dìsəlúːʒənd]
形 幻滅した

disillusioned disillusioned

1306
introvert
[íntrəuvə̀ːt]
名 内向的な人

introvert introvert

1307
apathy
[ǽpəθi]
名 ①無関心 ②無感動

apathy apathy

1308
aspire
[əspáiə]
動 目指す、熱望する

aspire aspire

1309
foster
[fɔ́stə]
動 ～を育成する、促進する

foster foster

1310
taunt
[tɔ́ːnt]
動 ～をあざける

taunt taunt

1311
flourish
[flʌ́riʃ]
動 ①繁栄する ②繁茂する

flourish flourish

1312
booming
[búːmiŋ]
形 急成長の、好景気の

booming booming

1313
demise
[dimáiz]
名 崩壊、消滅

demise demise

1314
liberation
[lìbəréiʃən]
名 解放、釈放

liberation liberation

1315
eminent
[émənənt]
形 有名な、著名な

eminent eminent

1316
emigrate
[éməgrèit]
動 移住する

emigrate emigrate

［解答］ **1305** journalist / grew / disillusioned / media / stories / financial
1306 introvert / needs / time / recharge / energy / socialising
1307 difficulty / trying / frequently / leads / to / apathy
1308 aspired / to / be / writer / eventually / linguist
1309 Positivity / encouragement / foster / aid / child's / development
1310 Bullying / begin / bigger / verbally / taunting / youngest

The young (j)(g)(d) after seeing (m) companies change (s) for (f) reasons.

その若い記者は、報道機関が金銭的な理由で報道内容を変えるのを見て、幻滅した。

An (i)(n)(t) to (r) their (e) after (s).

内向的な人は、人と交流したあとにエネルギーを入れ直す時間を必要とする。

The (d) we find when (t) to help the environment (f)(l) us (t)(a).

環境保護の取り組みには困難を伴うので、そのために無関心になってしまうことがよくある。

Although he had (a)(t)(b) a (w) of novels, he (e) became a (l).

彼は小説家を目指していたが、結局言語学者になった。

(P) and (e) are required to (f) and (a) a (c)(d).

子どもの成長をはぐくみ、助けるためには、プラス志向と励ましが必要だ。

(B) may (b) with (b) children (v)(t) the (y).

いじめは、大きな子たちが一番年下の子を言葉でばかにすることから始まるのかもしれない。

The post-war (e)(f), which (a) the country to (r)(q) than (e).

戦後経済が大きく成長したおかげで、その国は予想されていたよりも短期間で復興した。

As a (m)(a) the (b)(p), the Chinese government introduced a (s) one-child (p).

急増する人口の抑制策として、中国政府は徹底した一人っ子政策を打ち出した。

The (d)(o) the (R)(E) (w) in the 5th (c).

ローマ帝国が崩壊したのは5世紀のことだ。

The (l)(o)(P)(f) German (r) was (a) on August 25, 1944.

ドイツ統治からのパリの解放は1944年8月25日に実現した。

Jacques Derrida was (o) of the (e)(p) of the 20th (c), (p)(m) than 40 books.

ジャック・デリダは20世紀の著名な哲学者の一人で、40冊以上の本を出版した。

Numbers of people were (f) to (e)(f) their (h)(t) new (c) due to the war.

その紛争により、多くの人が祖国から新たな国へ移住することを余儀なくされた。

1311 economy / flourished / allowed / recover / quicker / expected
1312 measure / against / booming / population / strict / policy
1313 demise / of / Roman / Empire / was / century
1314 liberation / of / Paris / from / rule / achieved
1315 one / eminent / philosophers / century / publishing / more
1316 forced / emigrate / from / homelands / to / countries

歴史 History

1317
wheelbarrow
[wíːlbæ̀rəʊ]
名 手押し車、1輪車

wheelbarrow wheelbarrow

1318
static
[stǽtɪk]
形 静止した、動きのない

static static

1319
wreck
[rék]
名 ①難破船、残骸 ②衝突事故
動 ～を破壊する

wreck wreck

1320
lag
[lǽg]
動 遅れる
名 遅れ、時間差

lag lag

1321
rebellion
[rɪbéljən]
名 反乱

rebellion rebellion

1322
milestone
[máɪlstə̀ʊn]
名 画期的な事件、出来事

milestone milestone

1323
pedigree
[pédɪgrìː]
名 ①由来、起源 ②家系、血統

pedigree pedigree

1324
wield
[wíːld]
動 ①〈権力など〉を振るう、行使する
②〈道具・武器など〉を巧みに使う

wield wield

1325
poised
[pɔ́ɪzd]
形 ①準備のできた、態勢が整った
②落ち着いた

poised poised

1326
obsolete
[ɔ́bsəlíːt]
形 時代遅れの、廃れた

obsolete obsolete

1327
transitional
[trænzíʃənl]
形 暫定の、過渡的な

transitional transitional

1328
invincible
[ɪnvínsəbl]
形 無敵の、打ち負かせない

invincible invincible

[解答] 1317 citizens / use / wheelbarrows / move / impossible / carry
1318 Culture / is / static / slightly / discussion / citizens
1319 wreck / of / lies / pieces / bottom / ocean
1320 led / Industrial / with / countries / lagging / behind
1321 slave / rebellion / saw / over / hundred / fighting
1322 establishment / milestone / in / peaceful / diplomatic / relations

German (c) had to (u)(w) to (m) their money, as it was (i) to (c).
ドイツ人はお金を運ぶのに手押し車を使わなければならなかった。持ち運べなかったからだ。

(C)(i) not (s); it changes (s) with every new book, film, and even (d) among (c).
文化は止まっていない。新しい本や映画が出るたびに、はたまた庶民が議論するだけでも、文化はわずかずつ変わっていく。

The (w)(o) the Titanic (l) in two (p) at the (b) of the (o).
タイタニック号の残骸は海底で真っ二つになっている。

The United Kingdom (l) the (I) Revolution, (w) other (c)(l)(b).
イギリスは産業革命を先導し、他国は後れをとった。

The (s)(r) of 1811 (s)(o) a (h) people (f) back.
1811 年の奴隷の反乱では 100 人以上の人が反旗を翻した。

The (e) of the United Nations was a (m)(i) (p)(d)(r).
国際連合の設立は平和的な外交関係を築く上で画期的な出来事だった。

The University of Oxford (h) an (i)(p) which (s) back (c) into the (p).
オックスフォード大学には過去数世紀をさかのぼる興味深い由来がある。

Julius Caesar (w)(p) like that of a (d), and he (s) himself as (e) to (r).
ジュリアス・シーザーは独裁者のように権力を行使し、自らを王族同然のように考えていた。

By 2010, China (w)(p)(t)(b) the (l)(e) in the world.
2010 年の段階ですでに、中国は世界最大の経済国になる勢いだった。

(A) the (m) from the Industrial (R) (a) now (o), many of them have (h) value.
産業革命の頃の機械は今では時代遅れだが、その多くには歴史的な価値がある。

The new style of (h)(s) a (t) (p) in the (h) of (a).
その新しい様式の住宅は建築史における移行期を示した。

Alexander's (a)(s)(i) — in his (e) life, the (l) never lost a single (b).
アレキサンダーの軍隊は無敵だったようだ。この大王は生涯で一度たりとも戦いに負けたことがなかった。

1323 has / impressive / pedigree / stretches / centuries / past
1324 wielded / power / dictator / saw / equal / royalty
1325 was / poised / to / become / largest / economy
1326 Although / machines / Revolution / are / obsolete / historical
1327 housing / signified / transitional / phase / history / architecture
1328 armies / seemed / invincible / entire / leader / battle

歴史 History

1329
uncharted
[ʌntʃɑ́ːtɪd]
形 〈場所などが〉地図［海図］にない

uncharted uncharted

1330
colonise
[kɔ́lənàɪz]
動 ①〈地域・国など〉を植民地化する ②〈動物が〉〈場所〉にすみつく、コロニーを作る

colonise colonise

1331
pave
[péɪv]
動 ～を舗装する

pave pave

1332
portend
[pɔːténd]
動 ～の前兆となる

portend portend

1333
communal
[kɔ́mjʊnl]
形 ①共同で使用する、共有の ②地域社会の

communal communal

1334
topple
[tɔ́pl]
動 〈政府・指導者など〉を倒す、崩壊させる

topple topple

1335
envisage
[ɪnvízɪdʒ]
動 〈可能性・将来の出来事など〉を思い描く

envisage envisage

1336
casualty
[kǽʒuəlti]
名 ①（事故などの）犠牲者、死傷者 ②大惨事

casualty casualty

1337
ravage
[rǽvɪdʒ]
名 破壊、被害
動 ～を荒廃させる

ravage ravage

1338
prominence
[prɔ́mɪnəns]
名 目立つこと、卓越

prominence prominence

1339
ancestry
[ǽnsestri]
名 先祖、祖先

ancestry ancestry

1340
riot
[ráɪət]
名 暴動、騒動
動 暴動を起こす

riot riot

［解答］ 1329 reached / thought / actually / uncharted / land / Americas
1330 colonised / of / world / controlling / hundreds / millions
1331 High-speed / paved / way / for / success / e-commerce
1332 sales / console / portended / decline / of / fortunes
1333 communal / baths / used / only / washing / socialising
1334 Empire / fell / when / was / toppled / by

Columbus (r) what he (t) was Asia but was (a) the (u)(l) of the (A).
コロンブスが到着したのは、彼はアジアだと思っていたが、実は地図にはなかったアメリカ大陸だった。

The British Empire (c) 23% (o) the (w), (c)(h) of (m) of people.
大英帝国は世界の 23%を植民地化し、何億人もの人々を支配していた。

(H) Internet (p) the (w)(f) the (s) of (e).
高速インターネットのおかげで電子商取引が隆盛となった。

Poor (s) of the game (c)(p) the (d)(o) the company's (f).
そのゲーム機の低調な売上はその会社の社運が傾く前兆となった。

In Roman times, (c)(b) were (u) not (o) for (w) but (s) too.
ローマ時代、共同浴場は体を洗うためだけでなく、交流の場としても利用された。

The Persian (E)(f)(w) it (w) (t)(b) Alexander the Great.
ペルシャ帝国はアレキサンダー大王に征服されて滅亡した。

It would have been (i) for a (c) of the 18th century to (e) 21st (c)(l).
18 世紀の一市民が 21 世紀の生活を思い描くことなどできなかっただろう。

The army (s) many (c)(f) the (e)(w)(t).
極寒の気温によってその軍の多くの兵士が犠牲になった。

The (r)(o)(t) had (t) the (c) into a (r).
風化によってその城は廃墟と化した。

The Persian Empire (r)(t)(p) (u) the (l) of Cyrus the Great.
ペルシャ帝国はキュロス大王の統治下で隆盛を誇った。

The (a) Benedict Cumberbatch can (t)(h) (a)(b)(t) King Richard III of England.
俳優のベネディクト・カンバーバッチの祖先をたどるとイングランド王リチャード 3 世に行きつく。

The (r)(o) because of (h) and the (s) of (d)(n).
その暴動は、ハイパーインフレと生活必需品の不足によって起きた。

1335 impossible / citizen / envisage / century / life
1336 suffered / casualties / from / extreme / winter / temperatures
1337 ravages / of / time / turned / castle / ruin
1338 rose / to / prominence / under / leadership
1339 actor / trace / his / ancestry / back / to
1340 riots / occurred / hyperinflation / shortage / daily / necessities

歴史 History

1341
cannon
[kǽnən]
名 大砲、機関砲

cannon cannon

1342
chronological
[krɑ̀nəlɑ́dʒɪkl]
形 年代順の

chronological chronological

1343
engrave
[ɪngréɪv]
動〈文字・模様など〉を刻む、彫る

engrave engrave

1344
heyday
[héɪdèɪ]
名 全盛期、絶頂期

heyday heyday

1345
commonplace
[kɑ́mənplèɪs]
形 ごく日常的な、ありふれた

commonplace commonplace

1346
shipwreck
[ʃíprèk]
名 難破、難破船
動 ～を難破させる

shipwreck shipwreck

1347
coincide
[kòuɪnsáɪd]
動 同時に起こる

coincide coincide

1348
divergent
[daɪvə́:dʒənt]
形 ①分岐する ②相違する、一致しない

divergent divergent

1349
downfall
[dáunfɔ̀:l]
名 没落、破滅

downfall downfall

1350
accumulate
[əkjú:mjəlèɪt]
動 ①（長期間にわたって）～をためる、蓄積する ②たまる、蓄積する

accumulate accumulate

1351
forefather
[fɔ́:fɑ̀:ðə]
名（主に男の）祖先、先祖

forefather forefather

1352
ensuing
[ɪnsjú:ɪŋ]
形 続いて起こった、次の

ensuing ensuing

［解答］
1341 cannon / able / shoot / farther / weapons / redundant
1342 organised / putting / events / in / chronological / order
1343 famous / lyrics / is / engraved / on / tombstone
1344 were / part / of / heyday / of / music
1345 modern / times / commonplace / food / item / ancient
1346 shipwreck / of / was / discovered / off / coast

The new (c) was (a) to (s) much (f), making other (w)(r).
新しい大砲ははるかに遠くへ撃つことができたので、ほかの武器は不要になった。

The book is clearly (o), (p) the (e) (i)(c)(o) from 1900 to 2000.
その本は出来事を1900年から2000年まで年代順に並べていて、すっきりと整理されている。

One of Sinatra's (f)(l), "The best is yet to come," (i)(e)(o) his (t).
シナトラの有名な歌詞「お楽しみはこれからだ」は彼の墓石に刻まれている。

The Beatles (w)(p)(o) the (h) (o) British (m) in the 1960s.
ビートルズは1960年代のイギリス音楽全盛期の一端を担っていた。

Just like (m)(t), bread was a (c) (f)(i) in (a) Rome.
現代とまったく同様に、古代ローマにおいてパンはごく日常的な食べ物だった。

The (s)(o) the Titanic (w)(d) (o) the (c) of Newfoundland in 1985.
1985年にニューファンドランド沖でタイタニック号の残骸が発見された。

(C) of the dam (c)(w) an (i) (n) for (e).
そのダムはちょうど電気の需要が高まった時期に建設された。

Catholicism and Puritanism (a)(d)(i) (o)(C)(b).
カトリシズムとピューリタニズムはキリスト教信仰から枝分かれした解釈だ。

The (e) of the Cold War (m) the (d) (o)(c) in (E).
冷戦の終結に伴ってヨーロッパの共産主義は崩壊した。

Kings of England (s) to (a) more and more (w), hoping for (p) and (s) in (r).
イングランドの王たちはどんどんと富を蓄えることに心を砕き、その見返りに権力と身の安全を望んだ。

(R)(p) George Braque is (s) to (b) the (f)(o) Cubism.
革新的な画家、ジョルジュ・ブラックは、キュビスムの創始者と言われている。

The (c) declared their (i), and George Washington led their forces to (v)(i) the (e)(w).
複数の植民地が独立を宣言し、ジョージ・ワシントンは続いて起こった戦争において彼らの軍を勝利に導いた。

1347 Construction / coincided / with / increased / need / electricity
1348 are / divergent / interpretations / of / Christian / belief
1349 end / marked / downfall / of / communism / Europe
1350 sought / accumulate / wealth / power / safety / return
1351 Revolutionary / painter / said / be / forefather / of
1352 colonies / independence / victory / in / ensuing / war

歴史／考古学 History / Archaeology

1353
foreshadow
[fɔːʃǽdəu]
動 ～の前兆となる、～を予示する

foreshadow foreshadow

1354
notorious
[nəutɔ́ːriəs]
形 悪名高い、よく知られた

notorious notorious

1355
provenance
[prɔ́vənəns]
名 起源、由来

provenance provenance

1356
unfold
[ʌnfə́uld]
動 ①〈話・計画などが〉展開する、明らかになる ②～を広げる

unfold unfold

1357
treason
[tríːzn]
名 反逆（罪）

treason treason

1358
abrupt
[əbrʌ́pt]
形 突然の、不意の

abrupt abrupt

1359
subsequent
[sʌ́bsɪkwənt]
形 その後の、それに続く

subsequent subsequent

1360
suffrage
[sʌ́frɪdʒ]
名 投票権、参政権

suffrage suffrage

1361
pivotal
[pívətl]
形 中心的な、重要な

pivotal pivotal

1362
abate
[əbéɪt]
動 ①弱まる、和らぐ ②～を軽減する

abate abate

1363
dwelling
[dwélɪŋ]
名 住居、居住施設

dwelling dwelling

1364
remains
[rɪméɪnz]
名 ①遺体、遺骨 ②跡、遺跡

remains remains

[解答]
1353 interest / foreshadowed / his / success / industry / later
1354 notorious / is / remembered / for / his / cruelty
1355 provenance / of / artworks / traced / back / Asia
1356 deeply / moved / watching / events / unfolded / following
1357 convicted / of / treason / for / trying / parliament
1358 brought / about / abrupt / change / in / infrastructure

1364

MP3> 1353-1364

Luis von Ahn's early (i) in computers (f)(h)
(s) in the (i)(I) in life.
ルイス・フォン・アンが小さい頃に抱いたコンピュータへの興味は、のちのコンピュータ産業での成功を暗示していた。

The (n) Vlad Dracula (i)(r)(f)
(h)(c).
悪名高いヴラド・ドラキュラはその残酷さで人々の記憶にとどめられている。

The (p)(o) the (a) was (t)
(b) to Central (A).
その美術品の起源をたどると、中央アジアに行きついた。

Many Americans were (d)(m) by (w) the
(e) that (u)(f) Hurricane Katrina.
多くのアメリカ人はハリケーンカトリーナに続いて起きた出来事を目にして大きな衝撃を受けた。

Fawkes was (c)(o)(t)(f)
(t) to blow up (p).
フォークスは国会議事堂を爆破しようとしたとして反逆罪で有罪となった。

The Industrial Revolution (b)(a)(a)
(c)(i) the (i) of the United Kingdom.
産業革命はイギリスの社会基盤に急激な変化をもたらした。

The (s)(p)(o)(t) showed a
(r) growth in (p).
それに続く期間に人口が急増した。

The 1848 Women's Rights Convention is (c) to be the (b)
(o) the (w)(s)(m).
1848 年の女性の権利大会は婦人参政権運動の始まりと見なされている。

The United Kingdom (p) a (p)(r)
(i) the (I)(R).
イギリスは産業革命で中心的な役割を果たした。

After the (c)(a), people (s) to
(m)(b) to the city to (r) their lives.
紛争が沈静化すると、人々は生活を再建するために町に戻り始めた。

They found (a)(d)(m)(o)
(m) and stone, with room to (h) whole families.
彼らは、泥と石で作られた、家族全員が暮らせる広さの古代住居を発見した。

The (a) found (h)(r)(u) the
(b), which were (p) of King Richard III.
考古学者たちはその建物の下に人骨があるのを発見した。それはリチャード 3 世のものかもしれなかった。

1359 subsequent / period / of / time / rapid / population
1360 considered / beginning / of / women's / suffrage / movement
1361 played / pivotal / role / in / Industrial / Revolution
1362 conflict / abated / started / move / back / rebuild
1363 ancient / dwellings / made / of / mud / house
1364 archaeologists / human / remains / under / building / possibly

考古学 Archaeology

1365
fossil
[fɔ́sl]
名 化石

fossil fossil

1366
engraving
[ɪngréɪvɪŋ]
名 ①版画、彫り込まれた絵 ②彫刻法

engraving engraving

1367
decode
[diːkóʊd]
動 ～を解読する

decode decode

1368
priceless
[práɪsləs]
形 非常に貴重な、金で買えない

priceless priceless

1369
antiquity
[æntíkwəti]
名 ① [antiquities で] 遺物、遺跡 ②古代

antiquity antiquity

1370
burial
[bériəl]
名 埋葬

burial burial

1371
revelation
[rèvəléɪʃən]
名 ①意外な新事実［発見］②暴露、発覚

revelation revelation

1372
garment
[gáːmənt]
名 衣服（の１点）

garment garment

1373
artefact
[áːtəfækt]
名 遺物、人工物

artefact artefact

1374
pristine
[prístiːn]
形 元の状態の

pristine pristine

1375
excavate
[ékskəvèɪt]
動 ～を掘る、発掘する

excavate excavate

1376
earthenware
[ɔ́ːθənwèə]
名 陶器、土器

earthenware earthenware

[解答] **1365** Digging / revealed / thousands / small / animal / fossils
1366 believes / engravings / of / people / caves / made
1367 discovery / symbols / became / easier / to / decode
1368 earth / found / priceless / historical / objects / years
1369 holds / many / antiquities / statues / instruments / jewellery
1370 died / take / prepare / body / for / burial

(D) in the Middle East has (r)(t) of (s)(a)(f).
中東での発掘で何千もの小動物の化石が見つかった。

He (b) that the (e)(o)(p) in the (c) were (m) 14,000 years ago.
その洞窟の人物画は1万4千年前に彫られたと彼は考えている。

With the (d) of the Rosetta Stone, the (s)(b) far (e)(t)(d).
ロゼッタストーンの発見で、その記号ははるかに解読しやすくなった。

Under the (e) they (f)(p)(h) (o) from tens of thousands of (y) ago.
彼らは地中で何万年も前の非常に貴重な遺物を発見した。

The Louvre (h)(m) Egyptian (a), including (s), musical (i), and (j) from the ancient empire.
ルーブル美術館は古代エジプト帝国の像や楽器、宝石といった多くの遺物を所蔵している。

After someone (d), the Ancient Egyptians would (t) days to (p) the (b)(f)(b).
古代エジプト人は誰かが亡くなると何日もかけて遺体を埋葬する準備をした。

The (r)(w)(s): Stonehenge was (o) used to (b) the (d).
新事実は驚くべきものだった。ストーンヘンジはかつて死者を埋葬するために使われていたのだ。

(B), shirts, and other (o)(g)(w) (f) at the archaeological (s).
その遺跡でブーツやシャツなどの古い衣服が見つかった。

(N)(a)(f) the (p) are (d) in (m) across the world.
その時代の多数の遺物が世界中の博物館で展示されている。

The (a) has been kept in a (g) case for (d), so it is still (i)(p)(c).
その遺物は何十年もガラスケースに保存されているので、いまだに元の状態のままだ。

The (f) Tyrannosaurus-rex (f)(w) (e) in 1902 by (A)(p) Barnum Brown.
最初のティラノサウルス・レックスの化石は1902年にアメリカの古生物学者バーナム・ブラウンによって発掘された。

Some of Iran's (b)(e)(p) and (c)(d)(b) to over 6,000 years ago.
イランの美しい陶器のつぼや入れ物の中には7千年以上前に作られたものもある。

1371 revelation / was / surprising / once / bury / dead
1372 Boots / old / garments / were / found / site
1373 Numerous / artefacts / from / period / displayed / museums
1374 artefact / glass / decades / in / pristine / condition
1375 first / fossil / was / excavated / American / palaeontologist
1376 beautiful / earthenware / pots / containers / date / back

考古学／芸術 Archaeology / Art

1377
loot
[lúːt]
動 ～を略奪する

loot loot

1378
mound
[máʊnd]
名 盛り土、（土・石などの）山

mound mound

1379
fragment
[frǽgmənt]
名 破片、断片

fragment fragment

1380
pottery
[pɔ́təri]
名 陶器、陶磁器類

pottery pottery

1381
bead
[bíːd]
名 小さな飾り玉、ビーズ

bead bead

1382
intact
[ɪntǽkt]
形 無傷の

intact intact

1383
cemetery
[sémətətri]
名 墓地、（教会に付属しない）共同墓地

cemetery cemetery

1384
seam
[síːm]
名 ①縫い目、継ぎ目
②（厚い地層にはさまれた）薄層

seam seam

1385
relic
[rélɪk]
名 遺物、遺跡、名残り

relic relic

1386
authenticity
[ɔ̀ːθentísəti]
名 真正であること、信頼性

authenticity authenticity

1387
glaze
[gléɪz]
名 釉薬（ゆうやく）
動 ～に釉薬をかける、～のつやを出す

glaze glaze

1388
depict
[dɪpíkt]
動 ～を描く

depict depict

［解答］
1377 Unfortunately / pyramid / been / looted / of / treasures
1378 tools / beneath / small / mound / of / earth
1379 Fragments / of / bone / found / site / archaeologists
1380 Vases / basic / pottery / items / ancient / civilisation
1381 archaeologists / discovered / small / stone / beads / necklace
1382 remains / dinosaur / were / intact / bones / whatsoever

(U), the (p) had (b)(l) (o) its (t) years before.
残念ながら、そのピラミッドは何年も前に宝物が略奪されていた。

Ancient (t) were found (b) a (s) (m)(o)(e) in Ireland.
アイルランドの小さな盛り土の下で古代の道具が発見された。

(F)(o)(b) were (f) on the (s) by the (a).
その遺跡で考古学者が骨の破片を見つけた。

(V) and other (b)(p)(i) were made by this (a)(c).
この古代文明では花瓶などの基礎的な陶器が作られた。

The (a)(d) some (s)(s) (b) that had been part of a (n).
考古学者たちはネックレスの一部だった小さな石の飾り玉を発見した。

The (r) of the (d)(w)(i), with no breaks in the (b)(w).
その恐竜の化石は無傷で、骨に亀裂さえ入っていなかった。

The (a)(c)(c) the (b) of (a)(l) nine people from 8,500 years ago.
その古代墓地には 8500 年前の遺体が少なくとも 9 体あった。

The (d) was so well (p) that the (s) (d) the (s) were still (v).
そのドレスは保存状態が非常によく、脇の縫い目がまだくっきりとしていた。

The (a)(u) some (r)(f) the (s) which had been very well (p).
考古学者はその遺跡から保存状態が非常によい遺物を発掘した。

Before the (a) are (a) to the museum's (c), they are (t)(f)(a).
遺物は、博物館に収蔵される前に、本物かどうか鑑定される。

The (p) are then (c)(w) a (g) to (m) them (w).
それから、つぼには防水のために釉薬が塗られる。

Ms Tan, the (a) of the (p), says it (d) her (e)(l)(i) Dubai.
その絵を描いたタンさんは、それはドバイでの自分の子ども時代を表していると言っている。

1383 ancient / cemetery / contained / bodies / at / least
1384 dress / preserved / seams / down / sides / visible
1385 archaeologists / uncovered / relics / from / site / preserved
1386 artefacts / added / collection / tested / for / authenticity
1387 pots / coated / with / glaze / make / waterproof
1388 artist / painting / depicts / early / life / in

芸術 Art

1389
inscribe
[ɪnskráɪb]
動〈名前・文字など〉を記す、刻む

inscribe inscribe

1390
improvise
[ímprəvàɪz]
動（～を）即興で作る［演奏する］

improvise improvise

1391
rim
[rím]
名（円形の物の）縁、へり

rim rim

1392
fascinate
[fǽsənèɪt]
動〈人〉をうっとりさせる、魅了する

fascinate fascinate

1393
craftsman
[krá:ftsmæn]
名 工芸家；職人

craftsman craftsman

1394
pigment
[pígmənt]
名 ①顔料 ②（生物の）色素

pigment pigment

1395
gimmick
[gímɪk]
名 仕掛け、からくり

gimmick gimmick

1396
witty
[wíti]
形 機知のある、気のきいた

witty witty

1397
attribute
動 [ətríbju:t] 名 [ǽtrəbjù:t]
動 ①～を（…の）作品だと考える ②～を（…に）帰する 名 属性、特質

attribute attribute

1398
defiant
[dɪfáɪənt]
形 挑戦的な、反抗的な

defiant defiant

1399
eccentric
[ɪkséntrɪk]
形 風変わりな、常軌を逸した
名 奇人、変人

eccentric eccentric

1400
tilt
[tílt]
動 ①～を傾ける ②傾く

tilt tilt

［解答］ 1389 wrote / tribute / is / inscribed / above / statue
1390 ability / to / improvise / sets / musicians / apart
1391 body / painted / gold / band / at / rim
1392 visitors / straight / stand / fascinated / by / painting
1393 craftsmen / were / artistic / delicate / woodwork / designs
1394 cave / using / blood / natural / red / pigment

Cortissoz (w) the (t) which (i)
(i)(a) the (s) of Abraham Lincoln.
コーティーザスはエイブラハム・リンカーン像の上に刻まれている賛辞を書いた。

The (a)(t)(i) is what (s) jazz
(m)(a) from other artists.
即興で演奏できることが、ジャズミュージシャンがほかのアーティストと違うところだ。

The (b) of the pot is (p) in blue, up to the (g)
(b)(a) the (r).
そのつぼは全体が青で塗られ、口は金で縁取られている。

Many (v) to the museum go (s) to *Las Meninas* and
(s) there, (f)(b) the (p).
その美術館を訪れる多くの人がまっすぐ『ラス・メニーナス』のところへ行き、その絵にうっとりとしてそこにたたずむ。

The (c)(w)(a), creating (d)
pieces of (w) with beautiful (d).
その工芸家たちは技巧に優れ、美しいデザインの精巧な木工品を制作した。

The paintings in the (c) were created (u)(b)
as a (n)(r)(p).
その洞窟絵画は血を天然の赤色顔料として使って描かれた。

3D (c) has (l) been (s)(a) a
(g) rather than the (f) of film.
3D 映画は一般的には未来の映画というよりはむしろ仕掛けとして見られている。

The (c) is known for his (i) sense of (h),
(m) a lot of (w)(j).
そのコメディアンは知的なユーモアのセンスで知られていて、当意即妙のジョークをよく言っている。

The Egyptian (p)(a) now (a)
(t) paid (w) and not (s).
エジプトのピラミッドは、今では奴隷ではなく賃金をもらう労働者が建てたと考えられている。

Early Impressionist painters (t) a (d)(a)
(t)(t)(f) of painting.
初期の印象派の画家は伝統的な画法に挑戦的な態度をとった。

The (f) designer was known for her (e)(s) and
(t), which (s) very (u) at the time.
そのファッションデザイナーは風変わりなスタイルとセンスで知られていて、それは当時非常に珍しいことだったようだ。

Early cinema created many interesting styles, such as (t) the (c)
(t) the (s) for (d)(e).
初期の映画は多くの面白い手法を生み出した。例えば、劇的な効果をねらってカメラを傾けたりした。

1395 cinema / largely / seen / as / gimmick / future
1396 comedian / intelligent / humour / making / witty / jokes
1397 pyramids / are / attributed / to / workers / slaves
1398 took / defiant / attitude / towards / traditional / forms
1399 fashion / eccentric / style / tastes / seemed / unusual
1400 tilting / camera / to / side / dramatic / effect

芸術 Art

1401
obtrusive
[əbtrúːsɪv]
形 ①目障りな、ひどく目立つ ②押しつけがましい、出しゃばりの

obtrusive obtrusive

1402
laud
[lɔ́ːd]
動 ～を称賛する、ほめたたえる

laud laud

1403
haphazard
[hæphǽzəd]
形 無計画な、行き当たりばったりの

haphazard haphazard

1404
feat
[fiːt]
名 偉業、離れ業

feat feat

1405
absurdity
[əbsə́ːdəti]
名 ばかげたこと［もの］

absurdity absurdity

1406
stun
[stʌ́n]
動 〈人〉をぼう然とさせる

stun stun

1407
overlap
動 [əʊvəlǽp] 名 [ə́ʊvəlæ̀p]
動 (部分的に) 重なり合う、重複する
名 重複 (部分)

overlap overlap

1408
painstaking
[péɪnztèɪkɪŋ]
形 〈仕事などが〉丹念な、骨の折れる

painstaking painstaking

1409
premiere
[prémièə]
名 (映画の) 封切り；(演劇の) 初日

premiere premiere

1410
outrageous
[àʊtréɪdʒəs]
形 ①常軌を逸した、とんでもない ②非道な

outrageous outrageous

1411
incongruous
[ɪnkáːŋgruəs]
形 ちぐはぐな、似つかわしくない

incongruous incongruous

1412
imagery
[ímɪdʒəri]
名 像、画像、彫像

imagery imagery

［解答］
1401 Due / size / thought / many / be / obtrusive
1402 brother / lauded / for / their / work / popular
1403 abstract / clear / haphazard / mess / of / colour
1404 feat / of / creating / incredible / deaf / admiration
1405 absurdity / of / actions / physical / comedy / actor
1406 be / stunned / by / incredible / sculpture / courtyard

(D) to its (s), *the Angel of the North* was (t) by (m) to (b)(o).
『エンジェル・オブ・ザ・ノース』は、その大きさのために多くの人に目障りに思われた。

Eilish and her (b) were (l)(f)(t) (w) in (p) music.
アイリッシュと彼女の兄は、ポップミュージックにおける活動を称賛された。

Some (a) paintings have a (c) meaning; others look like a (h)(m)(o)(c).
抽象画の中には明確な意味を持つものもあるが、色をめちゃくちゃに塗りたくっただけに見えるものもある。

The (f)(o)(c)(i) music even while (d) has earned Beethoven long-lasting (a).
ベートーベンは耳が聞こえなくても素晴らしい曲を作ったという偉業により、長く称賛されている。

The (a)(o) his (a) are what made him such a popular (p)(c)(a).
そのパフォーマンスがばかばかしいからこそ、彼は体で演じるコメディアンとして人気者になったのだ。

Visitors to the building cannot help but (b)(s) (b) the (i)(s) in the (c).
その建物を訪れる人は、中庭の素晴らしい彫刻にただただぼう然とする。

In (a) paintings, such as the (w) of Picasso, (s) (a)(i) often (o).
ピカソの作品のような抽象画においては、形と像がしばしば重なり合う。

The artwork (h) such (p)(a)(t) (d) that most people think it's a (p).
その挿絵は細部に至るまで丹念に注意深く描かれているので、ほとんどの人は写真だと思う。

Many (c)(a) the (p), which was (h) one week before the film's (g)(r).
多くの著名人が、その映画の一般公開の 1 週間前に行われたプレミアに参加した。

Francis Bacon's work was (d)(o)(b) people at the time, (w) now it (f) more (r).
フランシス・ベーコンの作品は当時の人々には常軌を逸していると思われていたが、今ではむしろ生々しいと感じられる。

The (h)(v) of the singer (s)(i) (w) his large (p) build.
その歌手の甲高い声は大きな体格に似つかわしくない感じがする。

(C)(i)(d) the art (s) from the (f) of the Western Roman Empire.
西ローマ帝国の滅亡を切り抜けて現存している芸術の大半はキリスト像だ。

1407 abstract / works / shapes / and / images / overlap
1408 has / painstaking / attention / to / detail / photograph
1409 celebrities / attended / premiere / held / general / release
1410 deemed / outrageous / by / whereas / feels / raw
1411 high-pitched / voice / seems / incongruous / with / physical
1412 Christian / imagery / dominates / surviving / fall

芸術 Art

1413
cultivate
[kʌ́ltəvèɪt]
動 ①～をはぐくむ、養う ②～を耕す

cultivate cultivate

1414
arouse
[əráuz]
動 〈関心・感情など〉を呼び起こす、刺激する

arouse arouse

1415
aesthetic
[iːsθétɪk]
形 美の、美的な

aesthetic aesthetic

1416
recreate
[rìːkriéɪt]
動 ～を再現する

recreate recreate

1417
rendition
[rendíʃən]
名 (絵画・音楽などによる) 表現、描写、演奏

rendition rendition

1418
embellish
[ɪmbélɪʃ]
動 ～を飾る、粉飾する

embellish embellish

1419
aptitude
[ǽptətjùːd]
名 素質、能力

aptitude aptitude

1420
restrained
[rɪstréɪnd]
形 ①抑制した、控えめな
②〈人・ふるまいが〉冷静な

restrained restrained

1421
murky
[mə́ːki]
形 ①〈闇・霧などが〉濃い ②〈水が〉濁った

murky murky

1422
poignant
[pɔ́ɪnjənt]
形 ①心に強く訴える、感動的な
②〈皮肉・批評などが〉辛辣な

poignant poignant

1423
adorn
[ədɔ́ːn]
動 ～を飾る

adorn adorn

1424
resonance
[rézənəns]
名 ①共鳴、共振 ②反響、響き

resonance resonance

[解答] 1413 unique / artistic / were / cultivated / over / hundreds
1414 aroused / interest / in / buyers / throughout / country
1415 judged / by / aesthetic / value / effect / society
1416 actors / recreated / typical / battle / have / watched
1417 release / compilation / albums / renditions / of / songs
1418 painted / portrait / was / embellished / with / frame

The (u)(a) styles of the Italian Renaissance (w)
(c)(o)(h) of years.
イタリアルネサンスの独特の芸術形態は何百年にもわたってはぐくまれた。

The artist's work (a)(i)(i)(b)
(t) the (c).
そのアーティストの作品は全国のバイヤーの興味を呼び起こした。

Art is (j) not only (b) its (a)(v)
but also its (e) on (s).
芸術はその美的な価値だけでなく社会に与える影響によっても判断される。

The (a)(r) a (t)(b) that would
(h) been (w) at the Colosseum.
俳優たちはコロッセオで見られただろう典型的な闘いを再現した。

Each year many popular musicians (r)(c)(a) of
their (r)(o) famous Christmas (s).
毎年多くのポップミュージシャンが、有名なクリスマスソングを独自にアレンジしたコンピレーションアルバムを発売する。

The (p)(p) of the Queen (w)
(e)(w) a beautiful golden (f).
描き終わった女王の肖像画は美しい金の額に入れられた。

William Hoare (s) an (a)(f)(d)
and was sent to (s)(u) Italian painter Giuseppe Grisoni.
ウィリアム・ホーアは絵を描く才能を示し、イタリアの画家ジュゼッペ・グリソーニのもとに送られた。

Minimalism's (r)(a)(s)(f) on
the (b), trying not to (c) art.
ミニマリズムの抑制された芸術様式は基礎に焦点を絞り、芸術を複雑なものにしないようにした。

The picture shows the (m)(m)(l)
(b) through (t) on a cold (w) day.
その写真は、寒い冬の日に薄暗い朝の木漏れ日が差しているところを撮ったものだ。

This (p)(i)(o) her (c) is both
sweet and (s) at the (s) time.
この彼女の子ども時代の心を打つ映像は、美しくもあり、また悲しくもある。

The (i)(r)(w)(a)
(w) beautiful (d) of gold and silver.
中に入ると、壁には金銀の美しい装飾が施されていた。

Audiences (f)(p)(r)(w) the
main (c) due to her (i) with love and happiness.
主人公が愛と幸せの問題にぶつかるので、視聴者は彼女に特に共鳴した。

1419 showed / aptitude / for / drawing / study / under
1420 restrained / artistic / style / focused / basics / complicate
1421 murky / morning / light / breaking / trees / winter's
1422 poignant / image / of / childhood / sad / same
1423 interior / revealed / walls / adorned / with / decorations
1424 felt / particular / resonance / with / character / issues

芸術 Art

1425
intricate
[íntrɪkət]
形 ①(模様・構造が)細かい、多くの部分からなる ②入り組んだ、難解な

intricate intricate

1426
prodigy
[prɔ́dədʒi]
名 天才、奇才

prodigy prodigy

1427
budding
[bʌ́dɪŋ]
形 新進気鋭の

budding budding

1428
renaissance
[rənéɪsəns]
名 ①再興、復興 ②ルネサンス、文芸復興

renaissance renaissance

1429
destitute
[déstətjù:t]
形 貧しい、極貧な

destitute destitute

1430
tribute
[tríbju:t]
名 称賛［尊敬、感謝］の印

tribute tribute

1431
porcelain
[pɔ́:səlɪn]
名 磁器：磁器製品

porcelain porcelain

1432
interplay
[íntəplèɪ]
名 相互作用、相互影響

interplay interplay

1433
workmanship
[wə́:kmənʃɪp]
名 職人芸

workmanship workmanship

1434
fusion
[fjú:ʒən]
名 融合（物）

fusion fusion

1435
deride
[dɪráɪd]
動 ～をあざ笑う

deride deride

1436
prodigious
[prədídʒəs]
形 ①並外れた、驚くべき ②巨大な

prodigious prodigious

[解答]
1425 brush / strokes / intricate / each / subject's / eyelashes
1426 child / known / intelligence / regarded / as / prodigy
1427 Budding / artists / encouraged / investment / local / governments
1428 There / renaissance / in / usage / film-based / cameras
1429 end / life / was / destitute / sold / piece
1430 concert / was / tribute / to / different / versions

The painter's (b)(s) are so (i) that one can see (e) of the (s)(e).

この絵は非常に細かく描き込まれているので、人物のまつ毛一本一本まで見て取れる。

As a (c), she was (k) for her (i) and (r)(a) a (p).

彼女は子どもの頃、頭のよさで知られ、天才と見なされていた。

(B)(a) were (e) by the (i) in the arts from (l)(g).

自治体は芸術に投資して、新進気鋭のアーティストたちを応援した。

(T) has been a (r)(i) the (u) of (f)(c).

フィルムカメラの使用が見直されている。

At the (e) of his (l), Van Gogh (w) (d), having (s) only one (p) of art.

ファン・ゴッホはわずか1枚の絵しか売れず、貧困のうちにその生涯を終えた。

The (c)(w) a (t)(t) Stevie Wonder, each musician playing (d)(v) of his songs.

そのコンサートはスティーヴィー・ワンダーをたたえるもので、それぞれのミュージシャンが彼の曲を独自のスタイルで演奏した。

Her (s) are mostly (m)(o)(o) (m) and (p).

彼女の彫刻はほとんどが大理石か磁器から彫り出される。

His beautiful (p) of the (w) bring to one's (a) the (i)(b) water and (l).

彼の波をとらえた美しい写真を見ると、水と光の相互作用に引きつけられる。

Many (c) after the Roman Empire (f), we still see (e) of their (w)(i) their (b).

ローマ帝国が崩壊して何世紀も経つが、その建造物ではいまだに職人技の例が見られる。

The mid-twentieth century saw a (f)(o)(c) (a)(c) art forms that hadn't come together (p).

20世紀半ばに、それまで一体となることがなかった古典的芸術形態と現代的芸術形態の融合が起きた。

Although the album (w)(d)(b) (c), it was (w) by the musician's (l) fans.

そのアルバムは評論家には酷評されたが、そのミュージシャンの長年のファンたちには好評だった。

From an early age Mozart was (r) for his (p)(a) (t)(p) the piano and (c) music.

モーツァルトは幼い頃からピアノ演奏と作曲の並外れた才能で際立っていた。

1431 sculptures / made / out / of / marble / porcelain
1432 photographs / waves / attention / interplay / between / light
1433 centuries / fell / examples / workmanship / in / buildings
1434 fusion / of / classical / and / contemporary / previously
1435 was / derided / by / critics / well-received / longtime
1436 remarkable / prodigious / ability / to / play / compose

芸術／文学 Art / Literature

1437
idiosyncratic
[ìdiəʊsɪŋkrǽtɪk]
形 (一個人に) 特有の

idiosyncratic idiosyncratic

1438
encase
[ɪnkéɪs]
動 ～を (箱などに) 入れる、すっぽりと覆う

encase encase

1439
interpretation
[ɪntə̀ːprətéɪʃən]
名 解釈、理解

interpretation interpretation

1440
hue
[hjúː]
名 色調、色合い

hue hue

1441
repertoire
[répətwɑ̀ː]
名 ①技能 [技術] のすべて、レパートリー ②(上演できる) 演目、レパートリー

repertoire repertoire

1442
revere
[rɪvíə]
動 ～を崇敬する、あがめる

revere revere

1443
marvellous
[mɑ́ːvələs]
形 驚くべき、不思議な

marvellous marvellous

1444
doomsday
[dúːmzdèɪ]
名 最後の審判の日

doomsday doomsday

1445
gritty
[gríti]
形 ①〈描写などが〉現実的な、真に迫った ②砂の、砂混じりの

gritty gritty

1446
glossary
[glɔ́səri]
名 (巻末の) 用語集、用語辞典

glossary glossary

1447
sublime
[səbláɪm]
形 ①荘厳な、崇高な ②卓越した

sublime sublime

1448
miscellaneous
[mìsəléɪniəs]
形 種々雑多な、様々な

miscellaneous miscellaneous

[解答]
1437 initially / similar / has / own / idiosyncratic / features
1438 council / debating / encase / sculpture / leave / out
1439 based / on / interpretation / beautiful / frightening / others
1440 recognisable / mixture / of / orange / yellow / hues
1441 studio / huge / repertoire / of / skills / aspects
1442 work / is / revered / by / millions / originality

Many abstract paintings can (i) seem very (s), but each (h) its (o)(i)(f).

多くの抽象画は最初は非常に似通って見えることがあるが、それぞれ特有の特徴を持っている。

The museum (c) is (d) whether to (e) the (s) or (l) it (o) in the open.

美術館の評議員会は、その彫刻を展示ケースに入れるか、野外に置くかについて討議している。

Art is (b)(o)(i); a painting that seems (b) to some may be (f) to (o).

芸術は解釈に基づく。ある人には美しく見える絵が別の人には恐ろしいこともある。

Van Gogh's *Sunflowers* are (r) for their (m)(o) (o) and (y)(h).

ファン・ゴッホの『ひまわり』は混じり合ったオレンジと黄色の色調で見分けられる。

The (s) was known for its (h)(r) (o)(s) in all (a) of animation.

そのスタジオはアニメのすべての面における技能の膨大なレパートリーで知られていた。

Kandinsky's (w)(i)(r)(b) (m) because of its (o) and colour.

カンディンスキーの作品はその独創性と色彩のために何百万人もの人々に崇敬されている。

The (c)(o)(m)(w) of (a) was sadly (l) during the Second World War.

その驚くべき芸術作品群は、残念ながら第二次世界大戦中に失われた。

The film (p) a (d)(s) in which (p)(a)(a) Earth.

その映画では、強力な宇宙人が地球を襲う破局のシナリオが描かれる。

The novel (d) the (g)(s) of the city, (f) on (c) and the (l) classes.

その小説は犯罪や下層階級の人々に焦点を絞っていて、その都市のありのままの姿を描いている。

A (g)(o)(t) was (p) to help (b) understand the (l) used.

初心者が使われている言葉を理解できるように、用語集が作られた。

The (s)(b)(o)(n) has (i) a great number of (p) over the centuries.

自然の荘厳な美しさは何世紀にもわたって多くの詩人たちをかき立ててきた。

Aside from his (n), the (m)(w) of Tolstoy covered topics of (r), (e), and (p).

小説以外にも、トルストイの著作は、宗教、倫理、政治の話題など多岐にわたった。

1443 collection / of / marvellous / works / art / lost
1444 portrays / doomsday / scenario / powerful / aliens / attack
1445 depicts / gritty / side / focusing / crime / lower
1446 glossary / of / terms / produced / beginners / language
1447 sublime / beauty / of / nature / inspired / poets
1448 novels / miscellaneous / writings / religion / ethics / politics

文学 Literature

1449
banal
[bənɑ́:l]
形 陳腐な

banal banal

1450
impersonal
[ɪmpə́:sənl]
形 ①私情を交えない、非個人的な ②人間味のない、よそよそしい ③非人称の

impersonal impersonal

1451
backdrop
[bǽkdrɔ̀p]
名 （景色・出来事などの）背景

backdrop backdrop

1452
folklore
[fóʊklɔ̀:]
名 民間伝承

folklore folklore

1453
recount
[rɪkáʊnt]
動 ～を詳しく話す、物語る

recount recount

1454
archetype
[ɑ́:kɪtàɪp]
名 典型、代表例

archetype archetype

1455
paradoxical
[pæ̀rədɔ́ksɪkl]
形 ①逆説的な ②矛盾した

paradoxical paradoxical

1456
acclaim
[əkléɪm]
名 絶賛、喝采
動 ～を絶賛する

acclaim acclaim

1457
narrative
[nǽrətɪv]
名 物語
形 物語の、物語形式の

narrative narrative

1458
lucid
[lú:sɪd]
形 〈説明・文章などが〉明快な

lucid lucid

1459
metaphor
[métəfə]
名 隠喩

metaphor metaphor

1460
drab
[drǽb]
形 ①面白みのない、単調な ②淡褐色の、くすんだ色の

drab drab

［解答］ 1449 banal / tone / of / voice / bored / character
1450 fictional / essays / have / objective / impersonal / style
1451 novel / set / against / backdrop / of / century
1452 insight / cultural / social / gained / reading / folklore
1453 autobiography / recounts / author's / childhood / during
1454 archetype / of / wise / teacher / stories / world

The poet uses a (b)(t)(o)(v) to describe how (b) the (c) was.
詩人はその登場人物がいかに退屈していたかを表すのに陳腐な言い回しを使っている。

Unlike (f) writing, reports and (e) should (h) an (o) and (i)(s).
小説と違って、ルポや評論は客観的で私情を交えない文体にすべきだ。

James Joyce's (n) *Dubliners* is (s)(a) a (b)(o) early 20th (c) Dublin.
ジェイムズ・ジョイスの小説『ダブリン市民』は 20 世紀前半のダブリンを背景にした設定になっている。

Many students enjoy the (i) into (c) and (s) history that is (g) from (r)(f).
民間伝承を読むことによって得られる文化や社会の歴史への洞察を楽しむ学生は多い。

The (a)(r) the (a)(c) (d) the Second World War.
その自伝には第二次世界大戦中の著者の子ども時代のことが詳しく書かれている。

The (a)(o) the (w) old (t) has been used in (s) around the (w) for hundreds of years.
賢い老師というのは何百年もの間世界中の物語に登場してきた典型例だ。

Hamlet (m) the (p)(s), "I (m) be (c) to be (k)".
ハムレットは「親切であるために残酷でなければならない」と逆説的なことを言う。

Kazuo Ishiguro's *The Remains of the Day* (a) great (c) (a), even (e) the (p) Booker Prize.
カズオ・イシグロの『日の名残り』は評論家に大絶賛され、名誉あるブッカー賞をも受賞した。

The (a) makes learning interesting by (t) historical (e)(i)(a)(n).
この作家は歴史上の出来事をアクション満載の物語に変えることによって、学ぶことを楽しくしている。

Noah Harari's (f) *Sapiens* is a (l)(a) (o) the (h) of (m).
ノア・ハラリの名著『サピエンス全史』は人類の歴史を明快に説明している。

Many (r)(s) to (u) Shakespeare's (d)(m) because they are too (a).
シェイクスピアの深遠な隠喩はあまりにも抽象的なので、多くの読者は理解するのに苦労する。

Allen Ginsberg is known for his (d)(r)(o) his (p), expressing (b) and (m).
アレン・ギンズバーグは自分の詩をつまならそうに一本調子で読む面白みのない朗読で知られている。

1455 makes / paradoxical / statement / must / cruel / kind
1456 achieved / critical / acclaim / earning / prestigious
1457 author / turning / events / into / action-packed / narratives
1458 fantastic / lucid / account / of / history / mankind
1459 readers / struggle / understand / deep / metaphors / abstract
1460 drab / readings / of / poetry / boredom / monotony

文学／言語学 Literature / Linguistics

1461
highbrow
[háɪbràʊ]
形 高尚な、インテリ向きの
名 知識人、インテリぶる人

highbrow highbrow

1462
serial
[síəriəl]
形 連続した、通しの
名 連続読み物、シリーズ

serial serial

1463
intertwine
[ìntətwáɪn]
動 ～を（…と）絡み合わせる

intertwine intertwine

1464
esoteric
[èsəʊtérɪk]
形 ①難解な、深遠な ②秘教的な、秘伝の

esoteric esoteric

1465
archive
[ɑ́:kaɪv]
名 ①古文書、公文書 ②古文書保管所

archive archive

1466
ingenious
[ɪndʒí:niəs]
形 巧妙な、創意工夫に富んだ

ingenious ingenious

1467
descriptive
[dɪskríptɪv]
形 描写的な、説明的な

descriptive descriptive

1468
bilingual
[baɪlíŋgwəl]
形 2 か国語を話せる
名 2 言語使用者

bilingual bilingual

1469
acronym
[ǽkrənɪm]
名 頭字語

acronym acronym

1470
terminology
[tə̀:mənɔ́lədʒi]
名（特定分野の）専門用語、術語

terminology terminology

1471
liken
[láɪkən]
動 ～をたとえる、なぞらえる

liken liken

1472
articulate
動 [ɑ:tíkjəlèɪt] 形 [ɑ:tíkjələt]
動 ～をはっきり表現する
形 はっきりものを言う

articulate articulate

［解答］ 1461 Demand / highbrow / literature / popularity / fiction / increased
1462 released / in / a / serial / publication / August
1463 beautifully / intertwines / stories / of / teenagers / travel
1464 clearly / written / average / much / vocabulary / esoteric
1465 Library / archives / digitised / keep / up / modern
1466 Literary / praised / ingenious / use / of / narrative

(D) for (h)(l) fell as the (p) of young adult (f)(i).
若者向けの小説の人気が高まるとともに、高尚な文学の需要は減った。

Dickens' *Great Expectations* was (r)(i)(a) (s)(p) from December 1860 to (A) 1861.
ディケンズの『大いなる遺産』は、1860 年 12 月から 1861 年 8 月にかけて連続刊行物の中で発表された。

Pullman (b)(i) the (s)(o) two (t) who (t) through different worlds.
プルマンは異なる世界を旅する 2 人のティーンエージャーの物語を見事に絡み合わせている。

The book is (c) not (w) for the (a) reader because (m) of the (v) is (e).
その本は明らかに一般読者向けに書かれたものではない。難解な言葉がたくさん使われているからだ。

(L)(a) have started to become (d) to (k)(u) with (m) times.
図書館の古文書は今の時代に合わせてデジタル化され始めている。

(L) experts (p) the author's (i) (u)(o)(n) style.
文学界の大御所たちはその作家が物語体を巧みに用いたことを称賛した。

The (r) said that the book (w)(u) (d), making it (f) too (l).
レビューによると、その本は不必要な描写が多くてあまりにも長すぎるということだった。

A (b)(p) can (c)(f) in two languages (w)(e).
バイリンガルは 2 つの言語でこともなく流ちょうにコミュニケーションが取れる。

We (p)(a) such as NATO and UNESCO as (w) instead of (s) their (l)(i).
NATO や UNESCO などの頭字語は、一文字ずつ読むのではなく、単語として発音する。

To (a)(c)(p), doctors try not to (u)(s)(t) when talking to them.
医師は患者を混乱させないように、患者と話すときには科学用語の使用を極力避ける。

When learning a (l), it is (u) to (l) (v)(t)(w) you already know.
言語学習では、語彙を既知の語で言い換えるのが効果的だ。

Children need a (c) of (y) before they are able to (a) their (w) and (n)(v).
子どもが欲求や要求を言葉ではっきりと表現できるようになるまでには数年かかる。

1467 reviews / was / unnecessarily / descriptive / far / long
1468 bilingual / person / communicate / fluently / with / ease
1469 pronounce / acronyms / words / saying / letters / individually
1470 avoid / confusing / patients / use / scientific / terminology
1471 language / useful / liken / vocabulary / to / words
1472 couple / years / articulate / wants / needs / verbally

言語学 Linguistics

1473 **verbal**
[vɔ́ːbl]
形 言葉による、口頭の

verbal verbal

1474 **interchangeable**
[ìntətʃéɪndʒəbl]
形 交換できる、置き換えられる

interchangeable interchangeable

1475 **connotation**
[kɔ̀nəutéɪʃən]
名 含意（がんい）、言外の意味

connotation connotation

1476 **semantic**
[səmǽntɪk]
形 （言葉の）意味の

semantic semantic

1477 **literal**
[lítərəl]
形 文字通りの、逐語的な

literal literal

1478 **enunciate**
[ɪnʌ́nsièɪt]
動 ①～を明確に述べる
②〈言葉〉を明確に発音する

enunciate enunciate

1479 **linguistic**
[lɪŋgwístɪk]
形 言語の、言語学の

linguistic linguistic

1480 **decipher**
[dɪsáɪfə]
動 ～を解読する

decipher decipher

1481 **buzzword**
[bʌ́zwɔ̀ːd]
名 専門的な流行語、業界用語

buzzword buzzword

1482 **dialect**
[dáɪəlèkt]
名 ①方言、地方なまり
②（職業・階級による）言語

dialect dialect

1483 **manifold**
[mǽnəfə̀uld]
形 多岐にわたる、多種多様な

manifold manifold

1484 **mimic**
[mímɪk]
動 ①～をまねる ②～に擬態する

mimic mimic

［解答］
1473 Domesticated / animals / verbal / physical / instructions / humans
1474 explains / similar / fantastic / not / always / interchangeable
1475 have / negative / connotations / referring / to / weight
1476 semantic / understanding / occurs / relate / words / each
1477 idiom / be / understood / for / literal / meaning
1478 speaker / enunciates / in / formal / accurate / way

(D)(a) such as dogs and cats take (v) and (p)(i) from (h).

犬や猫など飼いならされた動物は、人間が口や体を使って出す指示に従う。

The book (e) that many (s) words, such as "(f)" and "marvellous", are (n)(a)(i).

その本によると、fantastic と marvellous のように似た単語が常に交換できるとは限らないことが多いということだ。

The word "healthy" can (h)(n)(c) when (r)(t) a person's (w).

healthy という語は、人の体重について言うときにはネガティブなニュアンスを持つことがある。

Dr Amee Shah said that a child's (s)(u)(o) when they (r)(w) to (e) other.

子どもが言葉と言葉を結びつけたときにその子は言葉の意味を理解したことになる、とアミー・シャー博士は言った。

An (i), such as "raining cats and dogs", shouldn't (b) (u)(f) its (l)(m).

「土砂降り」のような慣用句は文字通りの意味に取ってはいけない。

Received Pronunciation is where a (s)(e) their English (i) a (f) and (a)(w).

容認発音とは、話者が英語を正式かつ正確な仕方で明瞭に発音することだ。

(L)(d) are (c)(t) the United Kingdom, with many different (a) and (d).

イギリスには様々な訛りや方言があるので、全国的な言語の違いは明らかだ。

(A) many (y) of (s), Jean-François Champollion (d)(E)(h) in 1822.

ジャン=フランソワ・シャンポリオンは長年の研究の末、1822 年にエジプト象形文字を解読した。

"Green" (b) the (b) of the (d), as companies tried to (p) themselves as (e)(a).

「エコ」がこの 10 年の流行語になった。企業が自社の環境意識の高さを押し出そうとしたためだ。

The book is (w)(i) an (u)(d) from a small (a) in the (n) of the country.

その本はその国の北部の狭い地域でしか話されていない珍しい方言で書かれている。

The (m)(m)(o) certain (s) English (w) often (c) learners.

簡単な英単語でも多岐にわたる意味を持つものがあり、しばしば学習者を混乱させる。

Beginner language (l) are (t)(t) (m)(w) the teacher (s).

言語学習を始めたばかりの人は、先生が言うことをまねるよう教えられる。

1479 Linguistic / differences / clear / throughout / accents / dialects
1480 After / years / study / deciphered / Egyptian / hieroglyphics
1481 became / buzzword / decade / promote / environmentally / aware
1482 written / in / unusual / dialect / area / north
1483 manifold / meanings / of / simple / words / confuse
1484 learners / taught / to / mimic / what / says

言語学 Linguistics

1485
ironic
[aɪrɔ́nɪk]
形 反語的な、皮肉な

ironic ironic

1486
overstate
[òʊvəstéɪt]
動 ～を誇張して話す、大げさに言う

overstate overstate

1487
lexical
[léksɪkl]
形 語彙の；辞書の

lexical lexical

1488
corpus
[kɔ́:pəs]
名 コーパス、(研究のために集められた) 資料

corpus corpus

1489
variant
[véəriənt]
形 異形の
名 異形、変異形

variant variant

1490
adage
[ǽdɪdʒ]
名 格言、ことわざ

adage adage

1491
utterance
[ʌ́tərəns]
名 ①発声、言葉を発すること ②発言

utterance utterance

1492
epithet
[épəθèt]
名 形容辞、添え名

epithet epithet

1493
dub
[dʌ́b]
動 ～を (…と) 呼ぶ

dub dub

1494
vernacular
[vənǽkjələ]
名 ①専門用語 ②地方語、方言
形 その国の (言葉を使った)

vernacular vernacular

1495
immerse
[ɪmə́:s]
動 ①〈人〉を没頭させる
②～を (液体に) 浸す、漬ける

immerse immerse

[解答] **1485** newspapers / thought / environmental / promises / been / ironic
1486 success / is / overstated / praise / receive / shared
1487 lexical / analysis / looked / how / vocabulary / changed
1488 database / detailed / analysis / is / called / corpus
1489 Variant / spellings / occur / languages / regions / communicate
1490 what / particularly / accurate / adage / comes / health

Certain (n)(t) that the company's (e) (p) must have (b)(i).
その会社の環境についての約束は反語だったのだという論調の新聞もあった。

A person's (s)(i) often (o), as the (p) they (r) should be (s) with their team.
人の成功はしばしば誇張される。その人が浴びる称賛はその人の仲間にも向けられるべきなのに。

A (l)(a)(l) at (h) English (v)(c) in the 2010s.
ある語彙の分析で、2010 年代に英語の語彙がどのように変わったかが示された。

A (d) of language created for (d)(a) (i)(c) a (c).
詳細な分析のために作成された言語のデータベースはコーパスと呼ばれる。

(V)(s)(o) in (l) when speakers of different (r) do not (c) often.
言語の中でつづりの異なる語ができるのは、別々の地域でその言語を話す人たちの間であまりコミュニケーションがとられない場合だ。

"You are (w) you eat" is a (p)(a) (a) when it (c) to our (h).
健康に関しては、「人は食で決まる」がとりわけ的を射た格言だ。

A child (b) to (s) with (s)(s) (u), such as (m).
子どもは「ママ」のような簡単な 1 語を発することから話し始める。

Dogs have (e) the (e) "Man's Best (F)" (f)(b)(l) animals.
犬は忠実な動物なので、「人間の最良の友」という別称を得ている。

After (b) the world record in the 100 meter (d), he (w)(d) "the (f)(h) on earth".
100 メートル走で世界記録を破ると、彼は「地球上で最速の人間」と呼ばれた。

The text is not (r) for (b) because it is (w) (i)(t)(v).
その本は技術用語を使って書かれているので、初心者にはお勧めしない。

Many English language students (c) to (s) in the UK to (f)(i)(t)(i) the language.
イギリスに留学して完全に英語漬けになることを選択する英語学習者は多い。

1491 begins / speak / simple / single-word / utterances / mum
1492 earnt / epithet / Friend / for / being / loyal
1493 breaking / dash / was / dubbed / fastest / human
1494 recommended / beginners / written / in / technical / vernacular
1495 choose / study / fully / immerse / themselves / in

穴埋めディクテーションの学習プラン

ここでは本書を使った効果的な学習プランをご紹介しておきましょう。ここに挙げるのは1回分の学習プランですが、p.214にも書いたとおり、右ページのトレーニングは、ヒントあり、ヒントなしのPDFを無料でダウンロードすることができるので、何度も練習しましょう。

■ 穴埋めディクテーションの手順

❶ 音声のみに集中し、1～3回再生

↓

❷ テキストを見て穴埋め

↓

❸ 書き取れない部分は再度再生し、挑戦

↓

❹ 最大7～8回程度再生し、書き取ったものをページ下の正解で確認

↓

❺ 正解を書き入れ、音声をもう1度聞き直す。

＊ 1は難しい場合はテキストを見ながらでも構いません。
＊ 音声が速すぎる場合はスピードを落とすことをお勧めします。
＊ トラックリピート機能をオンにし、同じトラックの自動繰り返し再生を活用しましょう。

■ ワンランクアップのための学習法

• パラレルリーディング ➛ シャドーイング ➛ リピーティングの勧め

上記1～5が終わったら、音声と同時に英文を読み上げる「パラレルリーディング」を行いましょう。次に、英文を見ずに音声と一緒に発話する「シャドーイング」を行いましょう。そして最後に、英文を見ずに、音声が再生された後に英文を口頭で再現する「リピーティング」も試してみましょう。(「リピーティング」は、音声を記憶して再現しなければならないので、「シャドーイング」より難易度の高い訓練です。)

いずれのトレーニングも、最初はスピードを落とし、正確な内容・発音を意識しながら行ってください。そして自信がついたらナチュラルスピードに戻します。それぞれ5回程度を目安に行いましょう(もちろん、回数は多くてもOKです)。これらは、リスニング力の向上だけでなく、スピーキングのトレーニングにもなります。

• 多聴トレーニング

穴埋めディクテーションの練習が48問(1ページ12問×4セット)終わった段階で、この量を一度に聞く「多聴」トレーニングも併用しましょう。この量でIELTSのリスニング本試験音声1つ分程度の長さになります。「聞き流し」ではなく、細部の内容も理解しながら聞くことを意識してください。

研究・調査その他の重要語

Research & Other Keywords

研究・調査 Research

1496
collate
[kəléɪt]
動 ①〈原稿など〉を照合する
②～をページ順にそろえる

collate collate

1497
experimentation
[ɪkspèrəméntéɪʃən]
名 実験すること、試すこと、実験作業

experimentation experimentation

1498
presume
[prɪzjúːm]
動 ～と推定する、見なす

presume presume

1499
contend
[kənténd]
動 ①～を強く主張する ②争う、戦う

contend contend

1500
replicate
[répləkèɪt]
動 ①〈実験など〉を再現する、検証する
②～を複製する

replicate replicate

1501
baffling
[bǽflɪŋ]
形 不可解な、困惑させる

baffling baffling

1502
verify
[vérəfàɪ]
動 ～を確認する、証明する

verify verify

1503
projection
[prədʒékʃən]
名 ①予測 ②映写、投射

projection projection

1504
dissect
[dɪsékt]
動 ①～を解剖する ②～を詳細に調べる

dissect dissect

1505
theorem
[θíərəm]
名 定理

theorem theorem

1506
contradict
[kɑ̀ntrədíkt]
動 ～と矛盾する

contradict contradict

1507
forge
[fɔ́ːdʒ]
動 (着実に) 前進する

forge forge

[解答] **1496** collated / information / from / sources / produce / results
1497 Scientific / experimentation / on / animals / banned / instead
1498 It / presumed / that / died / out / century
1499 contends / that / advances / meaningful / communication / common
1500 replicate / results / of / theory / rejected
1501 tropical / birds / spread / throughout / is / baffling

The group (c)(i)(f) many different (s) to (p) their (r).
そのグループは、結果を生み出すために様々な情報源から得た情報を照合した。

(S)(e)(o)(a) is (b) within the company; they test on humans (i).
その会社では動物に対する科学実験が禁じられており、代わりに人間が実験台になっている。

(I) is (p)(t) the dodo (d) (o) in the 17th (c).
ドードーは 17 世紀に絶滅したと推定されている。

The author (c)(t)(a) in technology are making (m)(c) between friends and family less (c).
科学技術の発達により友人や家族の間での有意義なコミュニケーションが減ってきている、と著者は主張している。

He was unable to (r) the (r)(o) the first study, so the (t) was (r).
彼は最初の研究結果を再現できず、そのために仮説は認められなかった。

How the (t)(b)(s)(t) the UK (i)(b).
その熱帯の鳥たちがどうやってイギリス中に分布したのか不可解だ。

Villagers (v)(t) one (f) tiger was (r) for the (d) of 13 people in (c) India.
インド中央部で 13 人が亡くなったのは 1 頭のメストラに襲われたためだと村人たちは証言した。

(A)(t) their (p), the (g) (p) will begin (d) around 2050.
彼らの予測によると、世界人口は 2050 年頃に減少し始める。

Many young (p) in (b)(c) are given the (o) to (d) a (f).
生物の授業で多くの年少の生徒たちがカエルを解剖する機会を与えられた。

After (p) has been (f), an (i) or (s) then (b) a (t).
証拠が発見されると、見解や意見が定理になる。

(R) can (c)(e)(o) if an (e) is not (w) carefully.
実験が注意深く観察されていなければ、結果が互いに矛盾することもある。

(D) the (w) the team (f)(a) and made great (p) in their (e).
天候には恵まれなかったが、遠征隊はたゆみなく歩き、大いに前進した。

研究・調査
その他の重要語

1502 verified / that / female / responsible / deaths / central
1503 According / to / projections / global / population / decreasing
1504 pupils / biology / classes / opportunity / dissect / frog
1505 proof / found / idea / statement / becomes / theorem
1506 Results / contradict / each / other / experiment / watched
1507 Despite / weather / forged / ahead / progress / expedition

研究・調査 Research

1508
predictable
[prɪdíktəbl]
形 予測のつく、予言［予想］できる

predictable predictable

1509
initiate
[ɪníʃièɪt]
動 ～を始める

initiate initiate

1510
daunting
[dɔ́:ntɪŋ]
形 人の気力をくじく、非常に困難な

daunting daunting

1511
exclusive
[ɪksklú:sɪv]
形 ①独占的な、排他的な
②〈店・ホテルなどが〉高級な

exclusive exclusive

1512
conjecture
[kəndʒéktʃə]
名 推測

conjecture conjecture

1513
deduce
[dɪdjú:s]
動 〈結論など〉を推定する、推論する

deduce deduce

1514
anomaly
[ənɔ́məli]
名 例外、異例

anomaly anomaly

1515
paradigm
[pǽrədàɪm]
名 （理論などの）枠組み、パラダイム

paradigm paradigm

1516
anecdotal
[ænɪkdóutl]
形 ①個々の観察［報告］に基づいた
②逸話の

anecdotal anecdotal

1517
elapse
[ɪlǽps]
動 〈時が〉経過する、過ぎ去る

elapse elapse

1518
credibility
[krèdəbíləti]
名 信憑性、信用できること

credibility credibility

1519
quantify
[kwɔ́ntɪfàɪ]
動 ～を数量化する

quantify quantify

［解答］
1508 animals' / behaviours / are / predictable / sleep / times
1509 experiment / was / initiated / by / putting / acid
1510 researchers / daunting / task / of / classifying / galaxies
1511 exclusive / access / to / ancient / tomb / archaeologists
1512 climate / change / was / conjecture / solid / evidence
1513 deduce / that / pushing / specific / sequence / access

Many (a)(b)(a)(p), as they eat and (s) at the same (t) every day.

多くの動物は毎日同じ時間に食べたり寝たりするので、その行動は予測可能だ。

The (e)(w)(i)(b) (p) a strong (a) into the test tube.

実験は強酸を試験管に入れることから始められた。

The (r) were faced with the (d)(t) (o)(c) millions of (g).

研究員たちは何百万もの星雲の分類という気の遠くなるような作業と向き合っていた。

Dr Korevaar was given (e)(a)(t) the (a)(t); no other (a) were allowed to enter.

コレヴァール博士は、その古代墳墓に唯一立ち入ることが許された。ほかに立ち入りが許された考古学者はいなかった。

The idea of (c)(c)(w)(c) decades ago; now, there is (s)(e).

気候変動という概念は数十年前は推測だったが、今では確固とした証拠がある。

Ravens can (d)(t)(p) the buttons in a (s)(s) results in (a) to food.

ワタリガラスは一定の手順でそのボタンを押せばえさにありつけるということを推定できる。

Experiments must be (r) again and (a) to (e) any (a) do not (a) the (r).

実験は何度も行って、異なる結果が出るような例外はないことを確証しなければならない。

Their (i) work (s) a (n)(p) (f) all future (r).

彼らの偉業は今後のあらゆる研究のための新たな枠組みを創設した。

Although (a)(e) is (i) to people, it cannot be used to (s)(s)(t).

個々人の事例は人々にとって大事だが、科学的理論の裏付けには使えない。

(A) a (y) had (e), they (r) to the (a) to see what had (h).

1年経ってから、彼らはその地域がどうなったか確認しに戻った。

The (c)(o)(s)(w) is (i) with (e) and research.

科学的研究は調査をして根拠を示すことによってその信憑性が増す。

The (r) have (q) the (h)(r) of (f)(f).

研究者たちは高脂肪食の健康リスクを数値化した。

1514 run / again / ensure / anomalies / affect / results
1515 incredible / set / new / paradigm / for / research
1516 anecdotal / evidence / important / support / scientific / theories
1517 After / year / elapsed / returned / area / happened
1518 credibility / of / scientific / work / improved / evidence
1519 researchers / quantified / health / risks / fatty / foods

研究・調査 Research

1520
sober
[sóubə]
形 ①真面目な、冷静な ②しらふの、酔っていない

sober sober

1521
fruitless
[frú:tləs]
形〈努力などが〉実を結ばない、無益な

fruitless fruitless

1522
quest
[kwést]
名 探求
動 ～を探し求める

quest quest

1523
embark
[ɪmbá:k]
動 ①（困難な事業などに）着手する、乗り出す ②（船・航空機などに）乗る

embark embark

1524
respondent
[rɪspɔ́ndənt]
名 回答者、応答者

respondent respondent

1525
seal
[sí:l]
動 ～を密封［密閉］する
名 封印

seal seal

1526
surmount
[səmáunt]
動〈障害・困難など〉を克服する、乗り越える

surmount surmount

1527
hypothesise
[haɪpɔ́θəsàɪz]
動 ～だと仮説を立てる

hypothesise hypothesise

1528
preliminary
[prɪlímɪnəri]
形 予備の、準備の
名 ①下準備 ②予選

preliminary preliminary

1529
exhaustive
[ɪgzɔ́:stɪv]
形（調査・研究などが）徹底的な、完全な

exhaustive exhaustive

1530
methodology
[mèθədɔ́lədʒi]
名（科学・芸術などある分野の）方法論

methodology methodology

1531
superficial
[sù:pəfíʃəl]
形 ①表面的な、浅薄な ②表面の

superficial superficial

［解答］
1520 sober / analysis / sudden / increase / violent / crime
1521 Despite / best / efforts / research / been / fruitless
1522 quest / to / discover / cure / cancer / continue
1523 researchers / embarked / upon / journey / with / hopes
1524 Respondents / of / survey / positive / towards / current
1525 tissue / be / sealed / in / container / contaminated

A (s)(a) of the year showed a (s) (i) in (v)(c).

その年を慎重に分析したところ、凶悪犯罪が急増していた。

(D) their (b)(e), their (r) had (b)(f).

彼らは最善の努力をしたが、調査は実を結ばなかった。

The (q)(t)(d) a (c) for (c) will (c) for many more years.

がんの治療法の探求はこの先長い間続くだろう。

The (r)(e)(u) their three-month (j)(w) high (h).

調査隊は大きな期待を胸に 3 か月の調査旅行に出発した。

(R)(o) the (s) reported (p) feelings (t) the (c) government.

調査の回答者は現在の政府を好意的に見ていることがわかった。

The (t) sample must (b)(s)(i) an air-tight (c) so that it does not get (c).

組織検体は菌がつかないように気密容器に密閉しなければならない。

(S) the (t)(o)(l) a (r) on Mars took (d) of hard work.

火星にロボットを着陸させるという課題の克服には何十年もの大変な作業を要した。

(I) has (b)(h)(t) life could have (e) on Mars, but it is (u).

火星には生物がいた可能性があるという仮説が立てられているが、そんなことはないだろう。

The (p)(f)(g) them (h), but they had to do more (t) to make (s).

予備実験の結果は彼らに希望を与えたが、確認のために彼らはさらなる試験をしなければならなかった。

At over 1,200 (p), *War and Peace* is Tolstoy's (e) (i)(i) 19th (c)(R).

1200 ページ以上に及ぶ『戦争と平和』は、トルストイが 19 世紀のロシアを徹底的に究明したものだ。

Modern (s)(m)(r) careful (o), (d), and (a).

現代科学の方法論は、慎重に観測し、疑い、仮定することを求める。

Some (b) writers who (c) to be (e) on a (t) may have only (s)(k) of it.

あるトピックについて専門家を自称するブロガーが、実は表面的な知識しか持ち合わせていないこともある。

1526 Surmounting / task / of / landing / robot / decades
1527 It / been / hypothesised / that / existed / unlikely
1528 preliminary / findings / gave / hope / tests / sure
1529 pages / exhaustive / insight / into / century / Russia
1530 scientific / methodology / requires / observation / doubt / assumptions
1531 blog / claim / experts / topic / superficial / knowledge

研究・調査 Research

1532 **tightrope**
[táɪtròʊp]
名 (綱渡りの) 張り綱

tightrope tightrope

1533 **rekindle**
[rìːkíndl]
動 〈感情・興味など〉を再び燃え立たせる

rekindle rekindle

1534 **refute**
[rɪfjúːt]
動 ～の誤りを証明する、～を論破する

refute refute

1535 **mishap**
[míshæp]
名 災難、不運な事故

mishap mishap

1536 **gauge**
[géɪdʒ]
動 ①～を判断する、評価する
②(計器で)～を正確に測る 名 計器、ゲージ

gauge gauge

1537 **theoretical**
[θìərétɪkl]
形 理論の、理論的な

theoretical theoretical

1538 **revise**
[rɪváɪz]
動 ～を改訂する、修正する

revise revise

1539 **classify**
[klǽsəfàɪ]
動 ～を分類する

classify classify

1540 **thereby**
[ðèəbáɪ]
副 それによって

thereby thereby

1541 **skew**
[skjúː]
動 ～をゆがめる、偏らせる

skew skew

1542 **shuffle**
[ʃʌ́fl]
動 ～をシャッフルする、混ぜる

shuffle shuffle

1543 **ambiguous**
[æmbígjuəs]
形 (複数の意味にとれるため) あいまいな

ambiguous ambiguous

[解答] 1532 journey / North / walking / tightrope / danger / strike
1533 discovery / facts / rekindled / academic / interest / period
1534 purpose / expedition / refute / theories / Earth / flat
1535 Boating / accidents / mishaps / encountered / during / journey
1536 event / gauge / public's / opinion / of / policies
1537 Theoretical / physics / maths / computers / predict / theories

Their (j) to the (N) Pole was like (w) a (t); (d) could (s) at any moment.
彼らの北極への旅は綱渡りのようなものだった。いつ危険に見舞われるかわからなかった。

The (d) of new (f) has (r)(a) (i) in the (p).
新事実が明らかになり、その時代への学術的関心が再び高まっている。

The (p) of Columbus's (e) was not to (r) (t) that the (E) was (f).
コロンブスの探検旅行の目的は、地球は平らだという説の誤りを証明することではなかった。

(B)(a) were just one of the (m) Lewis and Clark (e)(d) their (j).
船の事故はルイスとクラークが旅行中に遭遇した災難の一つにすぎなかった。

The (e) was used to (g) the (p) (o)(o) the new (p).
その出来事は新しい政策に対する世論を探るのに使われた。

(T)(p) uses (m) and (c) to understand and (p)(t).
理論物理学は数学やコンピュータを使って仮説を理解したり立てたりする。

The (e) was (u), so they (r) their (a) and (t) a different (m).
実験がうまくいかなかったため、彼らはやり方を変え、別の方法を試した。

One study (c) children's (d)(i) three (g): healthy, (u), and (d).
ある調査が子どもたちの食生活を、健康的、不健康、危険という 3 つのグループに分類した。

(S) is (a) to water, (t) creating a (s) to (r)(t).
水に塩が加えられ、それによって歯痛を和らげる溶液が作られる。

The (r)(w)(s)(b) some (e) in the (d).
その結果はデータの誤りによってゆがめられていた。

The puzzle (p)(w)(s), and the (a) were able to (s) put them (b) together again.
パズルのピースはシャッフルされたが、サルは再びそれを上手に並べて完成することができた。

The scientist (r)(a)(r); they neither (c) nor (d) her (i).
その科学者はあいまいな結果を得た。その結果は彼女の考えを立証も反証もしなかった。

研究・調査
その他の重要語

1538 experiment / unsuccessful / revised / approach / tried / method
1539 classified / diets / into / groups / unhealthy / dangerous
1540 Salt / added / thereby / solution / relieve / toothache
1541 results / were / skewed / by / errors / data
1542 pieces / were / shuffled / apes / successfully / back
1543 received / ambiguous / results / confirmed / denied / idea

研究・調査 Research

1544
elude
[ɪlúːd]
動 ～を（巧みに）避ける、～から逃れる

elude elude

1545
taxonomy
[tæksɑ́nəmi]
名（動植物の）分類法；分類

taxonomy taxonomy

1546
rigorous
[rígərəs]
形 ①正確な、精密な ②厳しい、厳格な

rigorous rigorous

1547
underway
[ʌ̀ndəwéɪ]
形 動き出している、進行中の

underway underway

1548
grapple
[grǽpl]
動 ①（問題に）取り組む ②取っ組み合う

grapple grapple

1549
discrepancy
[dɪskrépənsi]
名 矛盾、不一致

discrepancy discrepancy

1550
induce
[ɪndjúːs]
動 ①～を引き起こす、誘発する
②〈人〉を～する気にさせる

induce induce

1551
hence
[héns]
副 それゆえに、したがって

hence hence

1552
compile
[kəmpáɪl]
動〈本など〉をまとめる、編集する

compile compile

1553
persist
[pəsíst]
動 ①固執する、貫く ②存続する

persist persist

1554
questionnaire
[kwèstʃənéə]
名 アンケート、質問票

questionnaire questionnaire

1555
contaminate
[kəntǽmənèɪt]
動 ～を汚染する、汚す

contaminate contaminate

［解答］
1544 cure / cancer / eluded / scientists / despite / research
1545 taxonomy / to / classify / things / diseases / concepts
1546 rigorous / study / into / disease / cause / treatment
1547 research / underway / to / determine / discovered / disease
1548 grapple / with / ideas / understand / learn / patient
1549 Discrepancies / in / results / meant / experiment / carried

A (c) for (c) has (e)(s)
(d) decades of (r).

科学者たちは何十年もがんの治療法を研究しているが、いまだに見つけられずにいる。

We use (t)(t)(c)(t) such as
plants and (d), as well as business (c).

分類法は、植物や病気、さらにはビジネスのコンセプトといったことを分類するのに使われる。

A (r) decade-long (s)(i) the
(d) found the (c) and a possible (t).

10 年間にわたる緻密な研究によって、その病気の原因と可能な治療法とが明らかにされた。

There is already (r)(u)(t)(d) a
possible treatment for the newly (d)(d).

新たに見つかった病気の治療法になりうるものを決める研究がすでに動き出している。

As we (g)(w) new (i) and try to
(u) them, we must (l) to be (p).

新しい考え方に取り組んで理解しようとするときは忍耐強くならなければならない。

(D)(i) the (r)(m) that the
(e) needed to be (c) out again.

結果に矛盾があったので、実験をやり直さなければならなかった。

The (g) of (p) were (g) a (d)
to (i)(s).

そのグループの患者は睡眠導入剤を投与された。

(T) have been (r)(r), (h) the
need for (s) action on the (c).

気温は急上昇しており、それゆえ気候対策を強化する必要がある。

The (r) of the sea level (c)(w)
(c)(i) one (g).

海面変動の結果は 1 つのグラフにまとめられた。

They (p)(w) the (m), (c) for a
few more weeks in the (h) of (p) results.

彼らはよい結果が出ることを願って、さらに数週間粘り強く任務を続けた。

Children were asked to (c) a (q)(g) their
(o) on (s)(l).

子どもたちは給食についてのアンケートに意見を書き込むように求められた。

Strict testing (e) that the blood (s) do not (g)
(c)(b) outside (s).

厳格な検査によって、確実に血液検体が混入物に汚染されないようにできる。

研究・調査

その他の重要語

1550 group / patients / given / drug / induce / sleep
1551 Temperatures / rising / rapidly / hence / stronger / climate
1552 results / changes / were / compiled / into / graph
1553 persisted / with / mission / continuing / hope / positive
1554 complete / questionnaire / giving / opinions / school / lunches
1555 ensures / samples / get / contaminated / by / sources

研究・調査 Research

1556
quantitative
[kwɔ́ntɪtətɪv]
形 量的な、量の

quantitative quantitative

1557
criterion
[kraɪtíəriən]
名 基準、標準

criterion criterion

1558
drawback
[drɔ́:bæ̀k]
名 ①欠点 ②払戻金

drawback drawback

1559
ascertain
[æ̀sətéɪn]
動 ～を突き止める、確かめる

ascertain ascertain

1560
reasoning
[rí:znɪŋ]
名 論拠、理由づけ

reasoning reasoning

1561
speculate
[spékjəlèɪt]
動 ～だと推測する

speculate speculate

1562
implication
[ìmpləkéɪʃən]
名 ①（予想される）影響、結果 ②含意

implication implication

1563
empirical
[empírɪkl]
形 実験［経験］に基づく、経験的な

empirical empirical

1564
shard
[ʃá:d]
名 （陶器・ガラスなどの）破片

shard shard

1565
disprove
[dɪsprú:v]
動 〈考え・理論など〉の誤りを立証する

disprove disprove

1566
inspection
[ɪnspékʃən]
名 調査

inspection inspection

1567
qualitative
[kwɔ́lɪtətɪv]
形 質の、質的な

qualitative qualitative

［解答］
1556 Quantitative / research / consumers / prefer / dislike / certain
1557 identified / specific / sets / of / criteria / legs
1558 Highlighting / upsides / drawbacks / of / plan / essential
1559 Historians / ascertain / truth / about / happened / during
1560 should / then / explain / reasoning / behind / decisions
1561 been / speculated / that / rising / bring / disappearance

(Q)(r) is important to understand how many (c)(p) or (d) a (c) product.
ある製品を好む、あるいは嫌う消費者がどのくらいいるかを把握するには、量的調査が重要だ。

Insects are (i) using (s)(s)(o) (c), such as number of (l).
昆虫は脚の数といった一連の特定基準を使って分類される。

(H) the (u) and the (d)(o) any (p) is (e).
どんな計画でもよい点と悪い点をはっきりさせることが大事だ。

(H) are trying to (a) the (t)(a) what (h)(d) the war.
歴史学者たちは戦時中に起きたことについての真実を突き止めようとしている。

You (s)(t)(e) the (r) (b) your (d).
あなたは次に決断に至った論拠を説明すべきだ。

It has (b)(s)(t)(r) sea levels could (b) about the (d) of small island nations.
海面上昇によって小さな島国は消滅するかもしれないと推測されている。

The (i)(o)(c)(c) are already (v) as the ice caps are (m) rapidly.
気候変動の影響はすでに目に見えている。氷冠が急速に溶けているのだから。

Scientific (t) are (l)(i) unless there is (e)(e) to back up the (c) being made.
科学の仮説は、その主張を裏付ける実験に基づいた証拠がない限り、ほとんどが顧みられない。

In their first (e), the (g)(s), (b) into many (t)(s).
彼らの最初の実験では、ガラスが砕けてたくさんの小さな破片が散らばった。

Scientific research (d) the (i) that the shape of the (s)(a) one's (c) and (i).
頭の形が人の性格や知能に影響を与えるという説は、科学的な研究によって誤りであることが立証された。

(U)(c)(i), they (d) that the two (r) were not the same (s).
詳しく調査してみると、2 頭のサイは同種ではないことがわかった。

Feedback (s) most often (a)(q) (r)(t), asking for opinions and (s).
フィードバック調査では、意見やコメントを求める質的調査の手法が最もよく使われる。

1562 implications / of / climate / change / visible / melting
1563 theories / largely / ignored / empirical / evidence / claims
1564 experiment / glass / shattered / breaking / tiny / shards
1565 disproved / idea / skull / affects / character / intelligence
1566 Upon / closer / inspection / discovered / rhinos / species
1567 surveys / apply / qualitative / research / techniques / statements

研究・調査／その他の重要語 Research / Other Keywords

1568
boost
[búːst]
動 ～を引き上げる、押し上げる
名 増加

boost boost

1569
intriguing
[ɪntríːgɪŋ]
形 興味をそそる

intriguing intriguing

1570
rationale
[ræʃənáːl]
名 論理的根拠

rationale rationale

1571
scrupulous
[skrúːpjələs]
形 ①綿密な、細心の ②良心的な

scrupulous scrupulous

1572
surmise
[səmáɪz]
動 ～を推測する

surmise surmise

1573
guesswork
[géswəːk]
名 当て推量、憶測

guesswork guesswork

1574
factual
[fǽktʃuəl]
形 事実の、事実に基づく

factual factual

1575
meticulously
[mətíkjələsli]
副 細心の注意を払って

meticulously meticulously

1576
monumental
[mɔ̀njəméntl]
形 ①非常に重要な ②記念碑の

monumental monumental

1577
peril
[pérəl]
名 （重大な）危険

peril peril

1578
discrete
[dɪskríːt]
形 別々の、個別的な

discrete discrete

1579
supposedly
[səpóuzɪdli]
副 たぶん、おそらく

supposedly supposedly

［解答］
1568 Race / research / was / boosted / by / investment
1569 case / was / intriguing / to / researchers / travelled
1570 employees / understand / rationale / behind / profitable / branch
1571 researchers' / scrupulous / approach / resulted / highly-detailed / paper
1572 initial / surmised / that / accident / caused / error
1573 criticised / based / on / guesswork / empirical / foundation

During the Space (R) of the 1960s, NASA's science (r) (w)(b)(b) heavy (i).

1960 年代の宇宙開発競争の間、NASA の科学研究は多額の投資によって後押しされた。

The (c)(w)(i)(t) the (r); how had people (t) all the way to Hawaii?

その問題は研究者たちの興味をそそった。人々ははるばるハワイまでどうやって渡ったのか?

The (e) could not (u) the (r) (b) closing a (p)(b).

社員は黒字の支社を閉鎖する理由がわからなかった。

The (r)(s)(a) to the study (r) in a (h) research (p).

研究者たちはその研究に周到に取り組み、その結果、非常に詳細な研究論文を書けた。

In their (i) report, they (s)(t) the (a) could have been (c) by human (e).

当初の報告では、事故は人為的ミスによるものと推測された。

The research was (c) for being (b)(o) (g), with no firm, (e)(f).

その研究は、実験による確固とした根拠がなく、当て推量に基づいている、と批判された。

(F)(e) must be (c) in order for the (t) to be (c)(p).

その理論が証明されたと見なされるためには、事実に基づく証拠が集められなければならない。

The (r) was known for (m)(s) her (s), (n)(t) that nobody else had.

その研究者は自らのテーマを綿密に研究することで知られており、誰も気づかなかったことに気づくことができた。

Fleming's (d) of penicillin was a (m)(a) in the (h) of (m).

フレミングによるペニシリンの発見は、医学史における非常に重要な偉業だった。

As (t)(d), the scientist was (p)(i) great (p), with the (r) of death increasing rapidly.

気温が下がるにつれ、死の危険がどんどん高まり、その科学者は大変な危機に陥った。

Paris is (k) to (h) many (s) and (d)(s)(s).

パリは短い脇道がたくさん散在していることで知られている。

She (s)(l)(o) her uncle's (s) (s), but this is very (d).

彼女はおじの安月給に頼って暮らしていることになっているが、それは非常に疑わしい。

1574 Factual / evidence / collected / theory / considered / proven
1575 researcher / meticulously / studying / subject / noticing / things
1576 discovery / monumental / achievement / history / medicine
1577 temperatures / dropped / put / in / peril / risk
1578 known / have / small / discrete / side / streets
1579 supposedly / lives / off / small / salary / doubtful

その他の重要語 Other Keywords

1580
enigma
[ənígmə]
名 不可解なこと、なぞ

enigma enigma

1581
paramount
[pǽrəmàunt]
形 最高の、卓越した

paramount paramount

1582
nonetheless
[nʌ̀nðəlés]
副 それにもかかわらず

nonetheless nonetheless

1583
self-evident
[sèlfévədənt]
形 自明の

self-evident self-evident

1584
irresponsible
[ìrɪspɔ́nsəbl]
形 無責任な、責任感のない

irresponsible irresponsible

1585
virtually
[və́ːtʃuəli]
副 実質的には、ほとんど

virtually virtually

1586
myriad
[míriəd]
名 [a myriad of で] 無数の～
形 無数の

myriad myriad

1587
predominant
[prɪdɔ́mɪnənt]
形 主要な、支配的な

predominant predominant

1588
perpetuate
[pəpétʃuèɪt]
動 ～を永続させる、長続きさせる

perpetuate perpetuate

1589
breakneck
[bréɪknèk]
形 〈速度などが〉無謀な、非常に危険な

breakneck breakneck

1590
underpin
[ʌ̀ndəpín]
動 〈理論など〉を支える、根拠づけする

underpin underpin

1591
phenomenal
[fɪnɔ́mənl]
形 驚異的な、並外れた

phenomenal phenomenal

[解答] 1580 financial / crisis / enigma / to / many / predicted
1581 professor / lecture / of / paramount / importance / to
1582 Multiple / recession / Nonetheless / refused / acknowledge
1583 declares / equality / men / be / self-evident / truth
1584 assist / student / fired / for / irresponsible / conduct
1585 remained / virtually / untouched / humans / attracting / explorers

The (f)(c) was an (e)(t)
(m), but not to Nouriel Roubini, one of the few who (p) it.
金融危機は多くの人には不可解だったが、それを予言した数少ない人の一人であるヌリエル・ルービニにはそうではなかった。

The (p) said the next (l) would be (o)
(p)(i)(t) the course.
教授は、次回の講義はこのコースで一番大事だと言った。

(M) reports showed the country was entering a (r).
(N), the President (r) to (a) them.
その国が不況に突入しつつあるという報道が相次いだ。しかし、大統領はそれを断固として認めなかった。

The Declaration of Independence (d) the (e) of all
(m) to (b) a (s)(t).
独立宣言には、すべての人が平等であることは自明の真実だと謳われている。

If teachers (a) a (s) during a test, they will be
(f)(f)(i)(c).
教師が試験中に生徒を助けたら、無責任な行為をしたとして解雇されるだろう。

Antarctica (r)(v)(u) by (h)
until it began (a)(e) in the nineteenth century.
南極は実質的に人跡未踏の地だったが、19 世紀になると探検家たちを引きつけ始めた。

(A) now (o) cheap tickets to (a)
(m)(o)(d) all across the world.
航空会社は、今や世界各地のありとあらゆる目的地への格安チケットを提供している。

The (r)(h) weather is thought to be a (p)
(f)(i) the people's (p) for strong alcohol.
その地域の厳しい気候が、人々が強いアルコールを好む主要な要因だと考えられている。

Fears about the (v)(s)(w)(p)
by (f) reports on social (m).
ウィルスの拡散に関する恐れはソーシャルメディア上の誤った報道によって長期化した。

The (c) was (c)(a)(b)
(s), the large building being (e) in only one month.
その建設は無謀な速さで終わり、大きなビルがわずか 1 か月で建ってしまった。

(D)(a)(u)(b) free and
(f)(e) and systems.
民主主義は自由で公正な選挙と制度によって支えられる。

The author's first books became a (p)(s) and
(t) into a (f)(f)(s).
その作家の第一作は驚異的な成功を収め、有名な映画シリーズになった。

1586 Airlines / offer / a / myriad / of / destinations
1587 region's / harsh / predominant / factor / in / preference
1588 virus / spreading / were / perpetuated / false / media
1589 construction / completed / at / breakneck / speed / erected
1590 Democracies / are / underpinned / by / fair / elections
1591 phenomenal / success / turned / famous / film / series

その他の重要語 Other Keywords

1592
rash
[rǽʃ]
形 性急な、軽率な
名 ①頻発、多発 ②発疹

rash rash

1593
renounce
[rɪnáuns]
動（公式に）～を放棄する

renounce renounce

1594
tremendous
[trəméndəs]
形 ①〈大きさ・程度が〉非常に大きい
②素晴らしい

tremendous tremendous

1595
culminate
[kʌ́lmənèɪt]
動（～で）最高潮に達する

culminate culminate

1596
accentuate
[əkséntʃuèɪt]
動 ～を強調する、際立たせる

accentuate accentuate

1597
onset
[ɔ́nsèt]
名 始まり、開始；発病

onset onset

1598
unprecedented
[ʌnprésədəntɪd]
形 前例のない

unprecedented unprecedented

1599
optimum
[ɔ́ptəməm]
形 最適の、最善の

optimum optimum

1600
undue
[ʌndjúː]
形 過度な、必要以上の

undue undue

1601
lessen
[lésn]
動 ①～を少なくする、減らす ②減少する

lessen lessen

1602
balk
[bɔ́ːk]
動 ひるむ、たじろぐ

balk balk

1603
augment
[ɔːgmént]
動 ～を増補する；増加させる

augment augment

[解答] 1592 Rash / decision-making / leads / increase / possibility / failure
1593 Initially / artists / renounce / photography / as / believe
1594 tremendous / heatwave / hit / state / problems / area
1595 presidential / campaign / culminated / in / victory / candidate
1596 Growing / consumption / processed / accentuates / need / healthier
1597 onset / of / winter / start / period / sales

(R)(d)(l) to an (i) in the (p) of (f).

決断を急ぐと失敗の可能性が高くなる。

(I)(a) were told to (r)(p) (a) people did not (b) it could be art.

当初、芸術家は写真撮影などやめろと言われた。写真が芸術になりうるとは思われていなかったのだ。

A (t)(h)(h) the (s), causing (p) for all life in the (a).

ひどい熱波がその州を襲い、地域の全生物に問題をもたらした。

The (p)(c)(c)(i) a great (v) for the female (c).

大統領選挙戦は女性候補者の大勝利で最高潮に達した。

(G)(c) of (p) foods (a) the (n) for (h) children's' lunches at school.

加工食品の消費が増加しているだけに、学校で子どもたちが食べる昼食はますます健康によいものにする必要がある。

The (o)(o)(w) is the (s) of a (p) of slow (s) in many industries.

冬の始まりは多くの産業において売上の停滞期の始まりだ。

The (r) in (t)(w)(u); they had never (s) such (w) before.

その気温上昇は前例がないほどのものだった。彼らはそれまでそんな天気を経験したことがなかった。

(G) speaking, the (o)(a) to (s) on (h) is no more than 30% of your (s).

一般的には、住宅にかける費用は収入の30%以内が最適だと言われている。

(A) will (a)(d) any (u) (a) by (h) in trees and bushes.

動物は木立や茂みに隠れることで余計な注意を引かないようにする。

To (l) the (e)(o)(t), (a) began (c) more to enter the site.

観光による影響を少なくするために、当局はその遺跡の入場料を値上げした。

Investors (b)(a) the huge (a) of (m)(r) to finish the (p).

投資家たちはそのプロジェクトをやり遂げるのに必要な巨額の費用にひるんだ。

It is far (c) to (a) an (e)(d) than to (d) something (e) new.

まったく新しいものを開発するよりも既存の設計を増補する方がはるかに安上がりだ。

1598 rise / temperature / was / unprecedented / seen / weather
1599 Generally / optimum / amount / spend / housing / salary
1600 Animals / avoid / drawing / undue / attention / hiding
1601 lessen / effect / of / tourism / authorities / charging
1602 balked / at / amount / money / required / project
1603 cheaper / augment / existing / design / develop / entirely

その他の重要語 Other Keywords

1604
decisive
[dɪsáɪsɪv]
形 ①決定的な ②断固とした

decisive decisive

1605
quirk
[kwə́:k]
名 きまぐれ、おかしな癖

quirk quirk

1606
substantially
[səbstǽnʃəli]
副 かなり、相当

substantially substantially

1607
grossly
[gróʊsli]
副 ひどく、はなはだしく

grossly grossly

1608
salient
[séɪliənt]
形 顕著な、目立った

salient salient

1609
extol
[ɪkstóʊl]
動 ～を絶賛する、激賞する

extol extol

1610
suffice
[səfáɪs]
動 十分である

suffice suffice

1611
enduring
[ɪnd(j)ʊ́ərɪŋ]
形 永続的な、長く続く

enduring enduring

1612
cumbersome
[kʌ́mbəsəm]
形 (大きくて・重くて) 運びにくい；扱いづらい

cumbersome cumbersome

1613
ceaseless
[sí:sləs]
形 絶え間のない

ceaseless ceaseless

1614
prohibitive
[prəʊhíbətɪv]
形 ①法外な、〈価格が〉高くて手が出ない ②〈法律などが〉禁止する

prohibitive prohibitive

1615
distinctive
[dɪstíŋktɪv]
形 特徴的な、際立った

distinctive distinctive

[解答]
1604 political / transformation / decisive / victory / for / democracy
1605 little / quirks / inconsistencies / of / language / interesting
1606 Investment / dropped / substantially / after / vote / leave
1607 Mental / resources / were / grossly / inadequate / population
1608 salient / features / of / painting / subtle / aspects
1609 dietitians / extol / benefits / herbal / recommend / daily

Hungary's (p)(t) in 1989 was a (d) (v)(f)(d).

1989 年のハンガリーの政変は民主主義にとっての決定的な勝利だった。

It is the (l)(q) and (i)(o) a (l) that make it (i).

言語を面白くするのは、ちょっとしたひねりや不整合だ。

(I) in the UK (d)(s)(a) the (v) to (l) the European Union.

欧州連合からの離脱を可決したあと、イギリスへの投資はかなり減った。

(M) health (r)(w)(g) (i) for the elderly (p) of the country.

精神的な医療の財源は、その国の高齢者に対処するにはひどく不足していた。

The course covered only the (s)(f)(o) Spanish (p) and not its more (s)(a).

そのコースはスペイン絵画の顕著な特徴だけを取り上げ、さらに細かい点には触れなかった。

Many (d)(e) the health (b) of (h) teas and (r) drinking them (d).

ハーブティーの健康効果を絶賛して毎日飲むことを推奨する栄養士は多い。

Instead of a (p) call, an e-mail would (s)(t) (h) teams (w) more (e).

電話の代わりにメールにすれば、作業チームの効率を上げるのに十分役立つだろう。

The (e)(a)(o) Shakespeare's (w) is due to the universal (t) he (e).

シェイクスピア作品がいつまでも魅力的なのは、彼が探究した普遍的テーマのためだ。

The first (m)(p)(w)(c), but they became (s) and (l) over the years.

最初の携帯電話は持ち運びにくかったが、年月がたつにつれてより小さく軽くなった。

The (c)(p)(o) the (a) (e) brought (s) to the company.

そのアプリを絶え間なく販売促進したことが最終的にその企業に成功をもたらした。

Test (c) were (p), (m) that (s) most of the (p) was not (r).

検査費用は恐ろしく高く、大部分の国民を検査するのは現実的ではなかった。

These (b) can be (i)(b) the (d) (c) on their (b).

このハチは特徴的な体色で特定できる。

1610 phone / suffice / to / help / work / efficiently
1611 enduring / appeal / of / work / themes / explored
1612 mobile / phones / were / cumbersome / smaller / lighter
1613 ceaseless / promotion / of / application / eventually / success
1614 costs / prohibitive / meaning / screening / population / realistic
1615 bees / identified / by / distinctive / colours / bodies

その他の重要語 Other Keywords

1616
lengthy
[léŋkθi]
形 非常に長い、延々と続く

lengthy lengthy

1617
analogous
[ənǽləgəs]
形 類似した、似ている

analogous analogous

1618
sequence
[síːkwəns]
名 ①連続(するもの)、ひと続き
②順序、並び

sequence sequence

1619
shred
[ʃréd]
名 ① [a shred] 少量、わずか
② (細長い) 切れ端、断片 動 ~を切り刻む

shred shred

1620
tickle
[tíkl]
動 ~をくすぐる

tickle tickle

1621
characterise
[kǽrəktəràɪz]
動 ①~を特徴づける ②~を (…と) 見なす

characterise characterise

1622
chunk
[tʃʌ́ŋk]
名 ①まとまった量
② (パン・肉・木材などの) 大きな塊

chunk chunk

1623
weighty
[wéɪti]
形 ①重大な、深刻な ②重い

weighty weighty

1624
exceptional
[ɪksépʃənl]
形 ①特に優れた ②例外的な、特別な

exceptional exceptional

1625
arguably
[ɑ́ːgjuəbli]
副 おそらく、たぶん

arguably arguably

1626
foremost
[fɔ́ːmə̀ʊst]
形 主要な、第一位の

foremost foremost

1627
notable
[nə́ʊtəbl]
形 注目すべき、目を引く

notable notable

[解答] 1616 explanation / is / lengthy / lose / interest / listening
1617 Illegal / logging / is / analogous / to / hazardous
1618 article / detailed / sequence / of / events / disaster
1619 Despite / a / shred / of / evidence / support
1620 process / trout / involves / tickling / underside / fish
1621 is / characterised / by / lights / variety / unique

If an (e)(i) too (l), a student might (l)(i) and stop (l).
説明が長々と続くと、生徒は興味を失って聞くのをやめてしまうかもしれない。

(I)(l)(i)(a)(t) burning our waste, as both are (h) to our health and environment.
違法な森林伐採はごみの焼却と似ている。どちらも私たちの健康と環境に有害だ。

The (a)(d) the (s)(o) (e) that led to the (d).
その記事には惨事に至るまでの一連の出来事が詳しく書かれていた。

(D) all his efforts, he had not found even (a) (s)(o)(e) to (s) his claims.
あらゆる努力をしたにもかかわらず、彼は自分の主張を裏付けるほんのわずかな証拠さえ見つけていなかった。

The strange (p) of catching (t)(i) (t) the (u) of the (f) until it stops moving.
その変わったマスの釣り方には、マスが動かなくなるまでマスのおなかをくすぐるという過程もある。

The city (i)(c)(b) its bright (l) and (v) of (u) food.
その都市の特徴はにぎやかな繁華街と種々の独特な料理だ。

Some students find that (s)(i)(s) (c) is far more (u) than in long (s).
長時間続けるよりも少しずつ区切って勉強する方がはるかに有益だと考える学生もいる。

The (i) of plastic (w) in our (o) is a (w)(p) that the people of the world must (a).
海洋プラスティックごみの増加は世界中の人々が取り組まなければならない重い問題だ。

(W)(s) an (e), (c) (a), the chameleon would be in (d).
あの体色を変える並外れた能力がなければ、カメレオンは危機に瀕するだろう。

Picasso's *Guernica* is (a) the (m)(i) (p) of the 20th (c).
ピカソの『ゲルニカ』はおそらく20世紀で最も影響力があった絵だろう。

The politician (s) that the problem of (h) would be something she would (s)(f)(a)(f).
ホームレスの問題は私が最優先で解決する問題です、とその政治家は言った。

The John Rylands (L)(i)(n)(f) its (n)(d).
ジョン・ライランズ図書館はそのネオゴシック様式で知られている。

1622 studying / in / small / chunks / useful / sessions
1623 increase / waste / oceans / weighty / problem / address
1624 Without / such / exceptional / colour-changing / ability / danger
1625 arguably / most / influential / painting / century
1626 stated / homelessness / solve / first / and / foremost
1627 Library / is / notable / for / neo-Gothic / design

その他の重要語 Other Keywords

1628
empower
[ɪmpáuə]
動 ①～に権限を与える ②～に…する力を与える、…できるようにする

empower empower

1629
varied
[véərid]
形 変化に富んだ、種々雑多な

varied varied

1630
perplex
[pərpléks]
動（難問などで）〈人〉を当惑させる

perplex perplex

1631
uphill
[ʌ́phíl]
形 困難な、骨の折れる
副 坂を上って、上り坂で

uphill uphill

1632
indispensable
[ìndɪspénsəbl]
形 不可欠な

indispensable indispensable

1633
embed
[ɪmbéd]
動 ①～を埋め込む、はめ込む
②〈考え・態度・感情など〉を刻み込む

embed embed

1634
mystify
[místəfàɪ]
動〈人〉を当惑させる、煙に巻く

mystify mystify

1635
impetus
[ímpətəs]
名 推進力、刺激

impetus impetus

1636
eschew
[ɪstʃúː]
動（意図的に）～を避ける

eschew eschew

1637
halve
[hǽv]
動 ①〈量・時間など〉を半分に減らす
②～を2等分する

halve halve

1638
perfection
[pərfékʃən]
名 完璧、完全（なこと）

perfection perfection

1639
bizarre
[bɪzɑ́ːr]
形 奇妙な

bizarre bizarre

[解答] **1628** latter / focus / education / exams / empowered / teachers
1629 Nutritionists / recommend / varied / diet / order / stay
1630 perplexed / by / decline / in / sales / shoppers
1631 Solving / climate / uphill / battle / for / environmentalists
1632 Advisors / researchers / indispensable / to / political / campaign
1633 Culture / is / deeply / embedded / in / language

In the (l) half of the 20th century, a (f) on (e) — rather than (e) — (e)(t).
20 世紀後半には試験よりもむしろ教育に関心が集まり、教師たちの権限が増した。

(N)(r) a (v)(d) in (o) to (s) healthy.
栄養士は健康でいるためには変化に富んだ食事がよいと言う。

Store owners are (p)(b) the (d)(i) (s); they cannot understand why (s) are spending less.
店主たちは売上の減少に当惑している。客がなぜ買い控えをしているのか見当がつかないのだ。

(S)(c) change has been an (u) (b)(f)(e).
気候変動の解決は環境保護主義者にとって困難な闘いだ。

(A) and (r) are (i)(t) a successful (p)(c).
選挙戦を制するには助言者と調査員が欠かせない。

(C)(i)(d)(e)(i) the (l) of every country.
どの国の言語にも文化が深く埋め込まれている。

Many people (w)(m)(b) the (r) of Pluto as a (d)(p).
冥王星が準惑星に再分類されて、多くの人が当惑した。

The (i)(b) the (p) was the (n) for (a)(h) near the city centre.
市の中心部に手頃な家を求めている人がいることが、そのプロジェクトの推進力になっていた。

Escher's (s)(e)(p)(s) as it was (u) anything ever seen (b).
エッシャーの画風はそれまでに見たことのないようなもので、過去の標準的な画風と一線を画していた。

The (p) was advised to make the (f) that she'd (h)(u)(c) to her (c).
その政治家は、失業率を半減したという事実を選挙戦の中心に置くようアドバイスを受けた。

The (l) football (m)(e)(p) from his (p); nothing less was (s).
その伝説的なサッカーの監督は選手たちに完璧を求めた。それ以外の何物にも満足しなかった。

Some (g) will (f) over when (s); this (b)(b) is (t) protect them from other animals.
ヤギの中には恐怖を感じると倒れるものがいる。この奇妙な行動は、ほかの動物から身を守るためのものだ。

1634 were / mystified / by / reclassification / dwarf / planet
1635 impetus / behind / project / need / affordable / housing
1636 style / eschewed / past / standards / unlike / before
1637 politician / fact / halved / unemployment / central / campaign
1638 legendary / manager / expected / perfection / players / satisfactory
1639 goats / fall / scared / bizarre / behaviour / to

その他の重要語 Other Keywords

1640
tricky
[tríki]
形 ①〈仕事などが〉困難な、扱いにくい
②〈人・行為などが〉狡猾な

tricky tricky

1641
slash
[slǽʃ]
動 ～を（大幅に）削減する

slash slash

1642
compel
[kəmpél]
動〈人〉に～させる、～せずにいられなくする

compel compel

1643
whim
[wím]
名 気まぐれ

whim whim

1644
lateral
[lǽtərəl]
形 横の、横への、水平な

lateral lateral

1645
probability
[prɔ̀bəbíləti]
名 見込み；起こりそうなこと

probability probability

1646
nominal
[nɔ́mənl]
形（価格などが）わずかな

nominal nominal

1647
roundly
[ráundli]
副 ①広く、多くの人々から ②徹底的に
③厳しく

roundly roundly

1648
millennium
[mɪléniəm]
名 千年間

millennium millennium

1649
preponderance
[prɪpɔ́ndərəns]
名（数・力などの上での）優位、多数

preponderance preponderance

1650
simultaneously
[sìməltéɪniəsli]
副 同時に、いっせいに

simultaneously simultaneously

1651
bedrock
[bédrɔ̀k]
名 基盤、根底

bedrock bedrock

[解答]
1640 Knowing / invest / be / tricky / pay / wait
1641 slashing / fossil / fuel / usage / achieved / cooperation
1642 benefits / compel / potential / employees / to / apply
1643 allows / question / on / a / whim / right
1644 crab's / lateral / movement / unique / in / nature
1645 probability / of / earthquake / edge / oceanic / continental

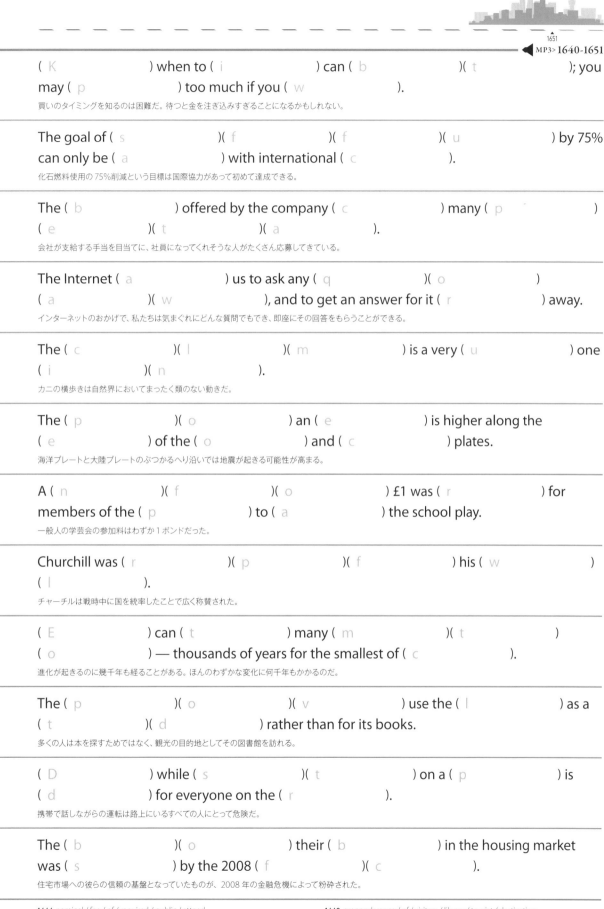

(K) when to (i) can (b)(t); you may (p) too much if you (w).
買いのタイミングを知るのは困難だ。待つと金を注ぎ込みすぎることになるかもしれない。

The goal of (s)(f)(f)(u) by 75% can only be (a) with international (c).
化石燃料使用の75%削減という目標は国際協力があって初めて達成できる。

The (b) offered by the company (c) many (p)(e)(t)(a).
会社が支給する手当を目当てに、社員になってくれそうな人がたくさん応募してきている。

The Internet (a) us to ask any (q)(o)(a)(w), and to get an answer for it (r) away.
インターネットのおかげで、私たちは気まぐれにどんな質問でもでき、即座にその回答をもらうことができる。

The (c)(l)(m) is a very (u) one (i)(n).
カニの横歩きは自然界においてまったく類のない動きだ。

The (p)(o) an (e) is higher along the (e) of the (o) and (c) plates.
海洋プレートと大陸プレートのぶつかるへり沿いでは地震が起きる可能性が高まる。

A (n)(f)(o) £1 was (r) for members of the (p) to (a) the school play.
一般人の学芸会の参加料はわずか1ポンドだった。

Churchill was (r)(p)(f) his (w)(l).
チャーチルは戦時中に国を統率したことで広く称賛された。

(E) can (t) many (m)(t)(o) — thousands of years for the smallest of (c).
進化が起きるのに幾千年も経ることがある。ほんのわずかな変化に何千年もかかるのだ。

The (p)(o)(v) use the (l) as a (t)(d) rather than for its books.
多くの人は本を探すためではなく、観光の目的地としてその図書館を訪れる。

(D) while (s)(t) on a (p) is (d) for everyone on the (r).
携帯で話しながらの運転は路上にいるすべての人にとって危険だ。

The (b)(o) their (b) in the housing market was (s) by the 2008 (f)(c).
住宅市場への彼らの信頼の基盤となっていたものが、2008年の金融危機によって粉砕された。

1646 nominal / fee / of / required / public / attend
1647 roundly / praised / for / wartime / leadership
1648 Evolution / take / millennia / to / occur / changes
1649 preponderance / of / visitors / library / tourist / destination
1650 Driving / simultaneously / talking / phone / dangerous / road
1651 bedrock / of / belief / shattered / financial / crisis

その他の重要語 Other Keywords

1652 **ample**
[ǽmpl]
形 十分な、豊富な
ample ample

1653 **materialise**
[mətíəriəlàɪz]
動 (期待通りに) 実現する
materialise materialise

1654 **in-depth**
[índépθ]
形 徹底的な、詳細な
in-depth in-depth

1655 **weird**
[wíəd]
形 風変わりな、奇妙な
weird weird

1656 **fortuitous**
[fɔːtjúːətəs]
形 思いがけない、偶発的な
fortuitous fortuitous

1657 **staggering**
[stǽgərɪŋ]
形 途方もない、驚くべき
staggering staggering

1658 **willingness**
[wílɪŋnəs]
名 (～するのを) いとわないこと
willingness willingness

1659 **confirmation**
[kɔ̀nfəméɪʃən]
名 確認、承認
confirmation confirmation

1660 **presumably**
[prɪzjúːməbli]
副 おそらく、たぶん
presumably presumably

1661 **contingent**
[kəntíndʒənt]
形 (不確かな事柄に) 依存する、左右される
contingent contingent

1662 **marginal**
[mάːdʒɪnl]
形 ①わずかな、ささいな ②周辺部の
marginal marginal

1663 **consistency**
[kənsístənsi]
名 一貫性
consistency consistency

[解答] 1652 Opportunities / get / ample / exercise / lessening / societies
1653 Plans / extra / investment / failed / to / materialise
1654 offers / in-depth / analysis / effect / deodorants / environment
1655 marine / mammal / has / weird / feature / sea-creature
1656 Farmers / area / profitable / thanks / fortuitous / weather
1657 local / government / spent / staggering / million / project

(O) for children to go outside and (g)(a) (e) are (l) in modern (s).
現代社会では子どもが外に出て十分な運動をする機会が減っている。

(P) for (e)(i) in the health service (f)(t)(m).
医療サービスへの追加投資計画は実現しなかった。

The text (o) an (i)(a) of the (e) of aerosol (d) on the (e).
その文書は消臭スプレーが環境に及ぼす影響について徹底的に分析している。

One (m)(m), the narwhal, (h) a (w)(f) for a (s): it has a tusk.
海洋ほ乳類の一種であるイッカクは海の生物としては風変わりな特徴を持っている。牙があるのだ。

(F) in the (a) have had a (p) few years (t) to the (f)(w).
その地域の農家はここ数年、思いがけない天気に恵まれて利益を上げている。

The (l)(g) has already (s) a (s) £100 (m) on the (p).
その地方自治体はすでにそのプロジェクトに1億ポンドという途方もない額を注ぎ込んでいる。

The (c)(w)(t)(a) changes is one of the biggest (i) in (g) design.
依頼主が変更を快く受け入れてくれるかどうかということが、グラフィックデザインの最大の問題の一つだ。

Children (r)(s)(c) that (w) they are doing is (c) or (a).
子どもはいつも自分のしていることが正しいとかそれでいいとか言ってもらいたい。

They (p)(u) gold as (d), to (d) their (w) and (s).
彼らはおそらく富と地位を誇示するために金を装飾に使ったのだろう。

Young workers argue that (p) should (b)(c) (u)(p), not (s).
若い社員は、年功ではなく仕事ぶりで昇進を判断すべきだ、と主張する。

Even a (m)(i)(i)(s) can improve the (h) of a company's (e).
わずかな昇給でも社員の満足度が上がることがある。

Most (e)(d)(c), that (e) (t) up on time every day at the (s) time.
大部分の経営者は、一定していること、つまり、従業員が毎日同時刻に出社することを求める。

1658 client's / willingness / to / accept / issues / graphic
1659 regularly / seek / confirmation / what / correct / acceptable
1660 presumably / used / decoration / display / wealth / status
1661 promotions / be / contingent / upon / performance / seniority
1662 marginal / improvement / in / salaries / happiness / employees
1663 employers / demand / consistency / employees / turn / same

その他の重要語 Other Keywords

1664 **admittedly**
[ədmítɪdli]
副 確かに、明らかに

admittedly admittedly

1665 **hinder**
[híndə]
動 ～を妨げる、妨害する

hinder hinder

1666 **straightaway**
[stréɪtəwéɪ]
副 すぐに

straightaway straightaway

1667 **circumscribe**
[sə́:kəmskràɪb]
動 ①～を制限［制約］する ②～の周りに境界線を引く

circumscribe circumscribe

1668 **optimal**
[ɔ́ptəml]
形 最適の、最善の

optimal optimal

1669 **detract**
[dɪtrǽkt]
動（価値・名声などを）損なう

detract detract

1670 **decouple**
[di:kʌ́pl]
動 ～を切り離す、分離させる

decouple decouple

1671 **jolt**
[dʒə́ult]
動 ①〈人〉に衝撃を与えて（…の状態に）する ②がたがた揺れる 名 激しい揺れ

jolt jolt

1672 **robust**
[rəubʌ́st]
形 頑丈な、力強い

robust robust

1673 **collateral**
[kəlǽtərəl]
形 二次的な、付随する
名 担保

collateral collateral

1674 **uptake**
[ʌ́ptèɪk]
名 ①利用、受け入れること ②（物質の）摂取 ③理解、飲み込み

uptake uptake

1675 **deceptive**
[dɪséptɪv]
形 ①見かけと違う ②人をだますような

deceptive deceptive

［解答］
1664 Admittedly / faults / plan / thought / future / costs
1665 extend / were / hindered / by / increasing / cost
1666 corporations / react / act / straightaway / advantage
1667 circumscribe / certain / governmental / institutions / ensure / power
1668 optimal / environment / for / growing / mushrooms / moist
1669 Exciting / detract / from / learning / experience / improve

1675

MP3> 1664-1675

(A), there were (f) with the (p); they had not (t) about the (f)(c).
確かにその計画には穴があった。将来かかるコストが考慮されていなかったのだ。

Plans to (e) the railway (w)(h) (b) the (i)(c) of steel.
鉄道の延伸計画は鉄鋼価格が上昇していたために遅れた。

Large (c) cannot (r) quickly to changes, which gives small businesses that can (a)(s) an (a).
大企業は変化に素早く対応できないので、その点ではすぐに動ける小さな会社が有利だ。

It is important to (c)(c)(g)(i) to (e) they do not have too much (p).
特定の政府機関に制限を加えて、力を持ちすぎないよう万全を期すことが重要だ。

The (o)(e)(f)(g) (m) is a (m), dark place.
キノコ栽培に最適な環境は湿った暗い場所だ。

(E) activities do not (d)(f) the (l)(e); they (i) it.
わくわくする活動をして学習経験が損なわれることはない。むしろ学習経験はよりよいものになる。

For better (m) health, some (r)(d) your (w) life (f) your (p) life.
仕事とプライベートを切り離す方が精神衛生によいと言って勧める人もいる。

The (r) spread of the (d)(j) the (g)(i)(a).
その病気が急速に広まったため、政府は慌てて対策に乗り出した。

Even the (m)(r) and (d)(p) can (g) horribly (w).
非常に強固で綿密に練られた計画でも全然うまくいかないことがある。

One (e) of the (c)(d) that (o) with modern (a) is the (d) in bee populations.
近代農業の二次的な被害の1つは、ミツバチの個体数の減少だ。

Scientists are (c)(f) quicker (u) of (r)(s) of (e), such as solar and wind power.
科学者たちは太陽光や風力といった再生可能なエネルギー源の利用を早めるよう求めている。

The plant's (a) as a (n) flower (i) (d); it is (a) a (t) for insects.
その植物は普通の花のように見えるが、それは見かけだけで、実はそれは虫へのわななのだ。

1670 mental / recommend / decoupling / working / from / personal
1671 rapid / disease / jolted / government / into / action
1672 most / robust / detailed / plans / go / wrong
1673 example / collateral / damage / occurs / agriculture / decrease
1674 calling / for / uptake / renewable / sources / energy
1675 appearance / normal / is / deceptive / actually / trap

その他の重要語 Other Keywords

1676
mutually
[mjúːtʃuəli]
副 相互に、互いに

mutually mutually

1677
arise
[əráɪz]
動 起こる

arise arise

1678
propound
[prəpáʊnd]
動〈意見・問題など〉を提起する

propound propound

1679
likelihood
[láɪklihʊ̀d]
名 可能性

likelihood likelihood

1680
irresistible
[ìrɪzístəbl]
形 ①非常に魅力的な ②〈欲求などが〉抑えきれない、抵抗できない

irresistible irresistible

1681
underlie
[ʌ̀ndəlάɪ]
動〈思想・行動など〉の根底にある

underlie underlie

1682
conversely
[kɔnvə́ːsli]
副 逆に（言えば）

conversely conversely

1683
plug
[plʌ́g]
名 ①栓、詰め物 ②（コンセントに差し込む）プラグ 動 ～に栓をする

plug plug

1684
keenly
[kíːnli]
副 ①鋭敏に、敏感に ②熱心に

keenly keenly

1685
identical
[aɪdéntɪkl]
形 同一の

identical identical

1686
comprise
[kəmpráɪz]
動 ～から成る、～で構成される

comprise comprise

1687
inexorable
[ɪnéksərəbl]
形 ①〈運命などが〉変えられない ②容赦ない、冷酷な

inexorable inexorable

［解答］
1676 form / mutually / beneficial / relationship / with / bugs
1677 lifestyles / need / for / convenient / food / arisen
1678 propounded / theory / that / acid / beneficial / human
1679 likelihood / of / accidents / increases / builders / work
1680 Flowers / irresistible / to / insects / provide / food
1681 varying / factors / underlie / drop / in / demand

Oxpeckers (f) a (m)(b)(r)
(w) hippos by eating the ticks and (b) on their backs.
ムクドリはカバの背中のダニや虫を食べることによって、カバとの互恵関係を築いている。

Due to busy (l), the (n)(f) quick and
(c)(f) has (a).
忙しい生活によって手早く便利な食品の必要性が生じている。

Scientist Ilya Mechnikov (p) the (t)(t) lactic
(a) bacteria are (b) to (h) health in 1907.
科学者イリヤ・メチニコフは 1907 年、乳酸菌が人間の健康に有益だという理論を提起した。

The (l)(o)(a)(i) when
(b) are asked to (w) more quickly.
建設業者に作業を急がせると事故の可能性が高まる。

(F) are (i)(t) many (i), as they
(p) much-needed (f).
花は多くの昆虫にとって非常に魅力的だ。虫が大いに必要としているえさを与えてくれるからだ。

There are (v)(f) that may (u) the
(d)(i)(d) for their products.
彼らの製品に対する需要が落ち込んだ根底には、様々な要因があるかもしれない。

(C), plants (s) animal life by (a)
(c) dioxide and (r)(o).
逆に、植物は二酸化炭素を取り込み、酸素を放つことによって動物の生活を支えている。

The (l) of rock covers the (v) and (a)
(a) a (p), allowing (p) to build.
岩の層が火山を覆って栓の働きをし、圧力が高まることになる。

The kind (p)(r) the public that she (w)
(k)(a) of the (p) they faced.
その心優しい政治家は、皆さんが直面している問題はよくわかっていますと言って人々に安心感を与えた。

(I)(t) often dress and (b) the same way, even
if they (g) up in (d)(e).
一卵性双生児は、たとえ別々の環境で育ったとしても、しばしば同じような着こなしや振る舞いをする。

The (c) of ants (i)(c)(o) four
main (g) with their own (s) jobs.
アリのコロニーはそれぞれ特定の役割を持つ 4 つの主要グループから成る。

Although (c) can be (d) to (t), it
(i)(c) not (i).
がんは治療が難しいこともあるが、どうにもできないものでないことは確かだ。

1682 Conversely / support / absorbing / carbon / releasing / oxygen
1683 layer / volcano / acts / as / plug / pressure
1684 politician / reassured / was / keenly / aware / problems
1685 Identical / twins / behave / grew / different / environments
1686 colony / is / comprised / of / groups / specific
1687 cancer / difficult / treat / is / certainly / inexorable

その他の重要語 Other Keywords

1688
forthcoming
[fɔ:θkʌ́mɪŋ]
形 今度の、来たるべき

forthcoming forthcoming

1689
downside
[dáʊnsàɪd]
名 (物事の) 否定的な面

downside downside

1690
apportion
[əpɔ́:ʃən]
動 ～を分配する、割り当てる

apportion apportion

1691
pronounced
[prənáʊnst]
形 目立つ、顕著な

pronounced pronounced

1692
granular
[grǽnjələ]
形 粒状の、ざらざらした

granular granular

1693
outright
[áʊtràɪt]
形 ①はっきりした、あからさまな ②完全な、徹底的な 副 完全に

outright outright

1694
inhibit
[ɪnhíbət]
動 ～を抑制する、阻害する

inhibit inhibit

1695
outset
[áʊtsèt]
名 初め

outset outset

1696
diminish
[dɪmínɪʃ]
動 減少する

diminish diminish

1697
vicious
[víʃəs]
形 ①獰猛な、危険な ②悪意のある

vicious vicious

1698
heighten
[háɪtn]
動 ～ (の量・程度) を増す、強める

heighten heighten

1699
counterpart
[káʊntəpɑ̀:t]
名 同等物、よく似た人 [もの]

counterpart counterpart

[解答] 1688 forthcoming / work / differs / previous / project / involves
1689 downside / to / nuclear / power / reactor / failing
1690 forests / were / apportioned / between / residents / claims
1691 known / for / extremely / pronounced / moustache / paintings
1692 ability / make / granular / products / transporting / goods
1693 statement / criticised / as / outright / lie / element

The (f)(w)(d) from their (p)
(p) as it (i) people from the whole country.
今度の仕事は前回のプロジェクトとは違って、参加者が全国から集まる。

Perhaps the greatest (d)(t)(n)
(p) is the danger of a nuclear (r)(f).
おそらく原子力発電の最大のマイナス面は、原子炉が故障する危険性だろう。

The (f)(w)(a)(b) local
(r), giving ownership based on their historical (c).
森林は地元住民の間で分割され、それぞれの歴史を踏まえた請求に基づいて所有権が与えられた。

Salvador Dali is (k)(f) his (e)
(p)(m), as well as his (p).
サルバドール・ダリは、その絵はもちろん、ことのほか目立つ口ひげでも知られている。

The (a) to (m)(g)(p) in a
factory made (t)(g) such as sugar much easier.
工場で粒状の製品を作れるようになったことで、砂糖のような物品の輸送がはるかに楽になった。

The (s) was (c)(a) an (o)
(l), having no (e) of truth.
その発言はひとかけらの真実もない明らかなうそだと批判された。

A (h)(i) in (t)(i) the
(s) at which workers can finish (t).
気温が非常に上がると、労働者が仕事を終えられる速度が遅くなる。

(F) the (o), Google (s) the (s)
people to (t) the company (f).
グーグルは会社を発展させるために初めから最高に頭脳明晰な人々を求めた。

The (d)(i)(o)(n) is
(l) due to the (s) of the Internet.
新聞の影響力の減少は主にインターネットの普及によるものだ。

The guide (w) that the (m) could (b)
(v) and (t) should (s) away from them.
ガイドは観光客に、サルは乱暴をすることがあるから離れていてください、と注意した。

By sharing her (s) with ALS, the actress (h)(p)
(a)(o) the (d).
ALS（筋萎縮性側索硬化症）との闘病を共有することで、その女優はその病気に対する人々の関心を高めた。

The British (b) was (j) on (s)
(b) his (F)(c).
イギリスの生物学者に続いてフランスの同業者が登壇した。

1694 huge / increase / temperature / inhibits / speed / tasks
1695 From / outset / sought / smartest / take / forward
1696 diminishing / influence / of / newspapers / largely / spread
1697 warned / monkeys / be / vicious / tourists / stay
1698 struggle / heightened / public / awareness / of / disease
1699 biologist / joined / stage / by / French / counterpart

その他の重要語 Other Keywords

1700
scourge
[skə́:dʒ]
名 災いの元凶、たたり

scourge scourge

1701
fraction
[frǽkʃən]
名 ごく一部、断片

fraction fraction

1702
overshadow
[òuvəʃǽdou]
動 ①～に影を投げかける、～を暗くする ②～を見劣りさせる

overshadow overshadow

1703
deliberately
[dɪlíbərətli]
副 ①故意に ②慎重に

deliberately deliberately

1704
definitive
[dɪfínətɪv]
形 ①決定的な、最終的な ②一番信頼のおける

definitive definitive

1705
noteworthy
[nóutwə̀:ði]
形 注目に値する、顕著な

noteworthy noteworthy

1706
lone
[lóun]
形 1人［1つ］きりの、唯一の

lone lone

1707
blight
[bláɪt]
名 ①破滅の元 ②（植物の）胴枯れ病、虫害
動 ①～をくじく ②～を枯らす

blight blight

1708
startling
[stá:tlɪŋ]
形 驚くべき

startling startling

1709
unpredictable
[ʌ̀nprɪdíktəbl]
形 予測のつかない

unpredictable unpredictable

1710
erratic
[ɪrǽtɪk]
形 不安定な、一貫性のない

erratic erratic

1711
deviate
[dí:vièɪt]
動 それる

deviate deviate

［解答］
1700 victim / scourge / of / disease / infecting / plants
1701 fraction / of / people / positive / results / whereas
1702 lives / citizens / are / overshadowed / constant / threat
1703 anthropologist / deliberately / avoided / each / other / conflict
1704 definitive / complete / solution / required / issue / fixed
1705 liquid-fueled / made / noteworthy / contributions / to / study

The trees fell (v) to the (s)(o)
(d)(i)(p) across the country.
木々は全国の植物にまん延する病気という災いの犠牲になった。

A (f)(o)(p) reported (p)
(r), (w) most did not.
ごく一部の人はよい結果を報告したが、大半はそうではなかった。

The (l) of Japan's (c)(a)(o) by
the (c)(t) of earthquakes.
日本人の生活には地震の危険に常にさらされているという不安材料がある。

The (a) believes that the tribes (d)(a)
(e)(o) to reduce violent (c).
部族は戦闘を減らすため、故意に互いを避けていたとその人類学者は考えている。

A (d) and (c)(s) is (r) for the
(i) to be (f) once and for all.
その問題にきっぱりと決着をつけるためには、確定的かつ全面的な解決策が必要だ。

Robert Goddard, who built the world's first (l) rocket, (m)
(n)(c)(t) the (s) of modern rocketry.
ロバート・ゴダードは世界初の液体燃料ロケットを造り、現代のロケット工学研究に著しい貢献をした。

After the (d), a (l)(t)(r), and it
was seen as a (s) of (h).
その災害のあとで木が 1 本だけ残り、それは希望の象徴と見なされた。

Grey (s) have (b) a (b)(t) the
(n) red ones, as they carry a (d) disease.
ハイイロリスは固有種のアカリスを激減させている。致死性の病気を持っているからだ。

The introduction of new (s) can (h)(s)
(c)(f) the native animal (p).
新種が持ち込まれると、その土地固有の動物の個体数に驚くべき影響が出ることがある。

Due to (u)(r), (f) are now (r)
on (g)(i).
雨は予測がつかないため、農家は今では雨ではなく地下水に頼っている。

They (o)(e) and (u)(w)
(b) as temperatures (r) across the country.
気温が全国的に上昇すると、不安定で予測不能な天候状況が観測された。

(C)(a) because the engineer had (d)
(f) the (o)(p), rather than following it.
混乱が起きたのは、エンジニアが最初の計画に従わずにそこからそれていったからだった。

1706 disaster / lone / tree / remained / symbol / hope
1707 squirrels / become / blight / to / native / deadly
1708 species / have / startling / consequences / for / population
1709 unpredictable / rainfall / farmers / reliant / groundwater / instead
1710 observed / erratic / unpredictable / weather / behaviour / rose
1711 Confusion / arose / deviated / from / original / plan

その他の重要語 Other Keywords

1712
muddle
[mʌ́dl]
動 ～を混乱させる

muddle muddle

1713
conspicuous
[kənspíkjuəs]
形 目立った、顕著な

conspicuous conspicuous

1714
avert
[əvə́:t]
動 ～を回避する、防ぐ

avert avert

1715
morsel
[mɔ́:sl]
名 ①少量、ほんのひとかけら
②（食べ物の）ひと口分、一片

morsel morsel

1716
beneficial
[bènəfíʃəl]
形 ①有益な ②利益をもたらす

beneficial beneficial

1717
minuscule
[mínəskjù:l]
形 非常に小さい

minuscule minuscule

1718
inaugurate
[ɪnɔ́:gjərèɪt]
動 ①〈人〉を就任させる
②～を始める、発足させる

inaugurate inaugurate

1719
equivalent
[ɪkwívələnt]
形 相当する、〈数量などが〉同等の
名 同等のもの

equivalent equivalent

1720
ambivalent
[æmbívələnt]
形 相反する感情を持つ、どちらとも決めかねる

ambivalent ambivalent

1721
sweeping
[swí:pɪŋ]
形 ①徹底的な、完全な ②広い範囲にわたる

sweeping sweeping

1722
smear
[smíə]
動 ①～を汚す、不鮮明にする ②～を中傷する

smear smear

1723
astounding
[əstáundɪŋ]
形 驚くべき

astounding astounding

［解答］
1712 Although / excellent / writing / is / rather / muddled
1713 Surreal / conspicuous / rejection / of / realistic / imagery
1714 company / hired / help / avert / financial / crisis
1715 Tiny / morsels / of / food / customers / wanting
1716 importantly / beneficial / effects / of / diet / numerous
1717 efforts / provide / minuscule / benefit / to / environment

(A) James Joyce is an (e) writer, the (w) in *Finnegans Wake* (i)(r)(m).
ジェイムズ・ジョイスは素晴らしい作家だが、『フィネガンズ・ウェイク』の文体はかなり混乱している。

(S) artists, such as Salvador Dali, are noted for a (c) (r)(o)(r)(i).
サルバドール・ダリのようなシュルレアリスム画家は写実画を断固拒絶することで有名だ。

The (c)(h) a new CFO to (h) them (a) a (f)(c).
その企業は財務危機回避に力を貸してもらうために新しいCFOを雇った。

(T)(m)(o)(f) keep the (c) of the restaurant (w) more.
料理を少しずつ出すと、レストランの客はどんどん次を求める。

More (i), (b)(e)(o) a well-balanced (d) are (n), with much lower cancer rates reported.
さらに重要なことに、バランスの取れた食事の有益な効果は数えきれず、がん罹患率もはるかに低いことが報告されている。

Some feel that their (e) to recycle only (p) a (m)(b)(t) the (e).
一生懸命リサイクルしても環境への貢献はほんのわずかだと感じる人もいる。

(P) Francis (w)(i)(o) the 19th of (M) 2013.
フランシスコ教皇は2013年3月19日に就任した。

The AI (p) was able to (d) the (e) (o) ten software (e)(w) in one day.
その人工知能プログラムはソフトウェアエンジニア10人分に相当する仕事を1日でやってのけた。

Nutritionists (a)(a)(a) new (d); many have positive (e), but they come with a (p).
栄養士は新しい食餌療法の良し悪しを決めかねている。プラスの効果はあるが代償を伴うものが多いのだ。

A report (d) the need for (b) and (s) (c) to how (h) is (d).
医療の提供方法を全面的かつ徹底的に変える必要があることが詳細に報告された。

(W) had (s) the (i), so the (l) was (d) to (r).
水でインクがにじんでいたので、その手紙は読みにくかった。

The (v)(i) already an (a)(s), having (s) out before its (r).
その車はすでに驚くべき成功を収めている。発売前に売り切れたのだから。

1718 Pope / was / inaugurated / on / March
1719 program / do / equivalent / of / engineers' / work
1720 are / ambivalent / about / diets / effects / price
1721 detailed / broad / sweeping / changes / healthcare / delivered
1722 Water / smeared / ink / letter / difficult / read
1723 vehicle / is / astounding / success / sold / release

その他の重要語 Other Keywords

1724
dispense
[dɪspéns]
動 ①[dispense withで]～を処分する、～なしで済ます ②～を投薬する ③～を分配する

dispense dispense

1725
conform
[kənfɔ́:m]
動 ①一致する ②（規則などに）従う

conform conform

1726
ludicrous
[lú:dəkrəs]
形 こっけいな、ばかげた

ludicrous ludicrous

1727
invariably
[ɪnvéəriəbli]
副 常に、必ず

invariably invariably

1728
diverse
[daɪvə́:s]
形 ①多様な、様々な ②異なる

diverse diverse

1729
emanate
[émənèɪt]
動 発する、生じる

emanate emanate

1730
disproportionately
[dìsprəpɔ́:ʃənətli]
副 偏って、不釣り合いに

disproportionately disproportionately

1731
irrelevant
[ɪréləvənt]
形 関連のない

irrelevant irrelevant

1732
tangible
[tǽndʒəbl]
形 ①明白な、明確な ②触れられる、有形の

tangible tangible

1733
instrumental
[ìnstrəméntl]
形 ①（何かをするにあたって）重要な、役立つ ②器楽用の

instrumental instrumental

1734
incomplete
[ìnkəmplí:t]
形 不完全な、不十分な

incomplete incomplete

1735
stark
[stá:k]
形 まったくの、純然たる

stark stark

［解答］
1724 dispensed / with / spacecraft / worth / destroying / completely
1725 poetry / conform / to / standards / time
1726 predictions / are / considered / ludicrous / riding / whales
1727 weather / equatorial / invariably / warm / throughout / year
1728 from / diverse / backgrounds / easier / adapt / surroundings
1729 earthquake / low / noise / emanating / from / ground

NASA (d)(w) Cassini (its (s)(w) $3.26 billion) in 2017, (d) it (c).
NASAは32億6千万ドルをかけた探査機カッシーニを2017年に完全破壊によって処分した。

Emily Dickinson's (p) did not (c)(t) the (s) of her (t).
エミリー・ディキンソンの詩は彼女の生きた時代の尺度には合わなかった。

Most (p) from the 1800s (a)(c) (l) now, such as the idea of (r)(w).
クジラに乗っての移動といった1800年代の予言の大半は今ではこっけいに思われている。

The (w) in (e) countries is (i) (w)(t) the (y).
赤道付近の国々の気候は1年を通して常に暖かい。

People (f)(d)(b) have found it much (e) to (a) to new (s).
多様な経歴を持つ人々が新しい環境はずっとなじみやすいと感じている。

Before the (e), they had heard a (l)(n) (e)(f) the (g).
彼らは地震の前に地面が低くうなっているのを聞いた。

Developing nations (a)(d)(a)(b) changes in weather; natural (d) can (r) their economies.
気候変動のしわ寄せは発展途上国に偏っている。自然災害は経済を破壊しかねない。

We usually (i) things which (a)(i) (t) our (l), instead (f) on what we really need.
私たちはたいてい、自分の生活に関連のないことは無視し、代わりに本当に必要なことに集中する。

The (t)(b)(o) the malaria (t) can be seen (w)(h).
マラリア治療の具体的な効果は数時間のうちに表れる。

Pixar Animation Studios (w)(i)(i) the (d) of (a)(f).
ピクサー・アニメーション・スタジオはアニメ映画の成長に貢献した。

The (r) of the (t)(w)(i) as they could not finish the (e) in (t).
実験が時間内に終わらなかったので、実験結果は不完全なものだった。

Cambodia's (d) on imported electricity is (i)(s) (c)(t) its (n), which it relies on heavily.
カンボジアは輸入電力に頼っており、カンボジアが大いに依存している周辺諸国とまったく対照的だ。

1730 are / disproportionately / affected / by / disasters / ruin
1731 ignore / are / irrelevant / to / lives / focusing
1732 tangible / benefit / of / treatment / within / hours
1733 was / instrumental / in / development / animated / films
1734 results / test / were / incomplete / experiment / time
1735 dependence / in / stark / contrast / to / neighbours

その他の重要語 Other Keywords

1736
occurrence
[əkʌ́rəns]
名 出来事、発生

occurrence occurrence

1737
spectacular
[spektǽkjələ]
形 目を見張る、壮観な

spectacular spectacular

1738
prevalent
[prévələnt]
形 普及している、まん延している

prevalent prevalent

1739
trample
[trǽmpl]
動 ～を踏みつける、踏みにじる

trample trample

1740
consequential
[kɑ̀nsɪkwénʃəl]
形 ①結果として生じる ②重要な、重大な

consequential consequential

1741
profound
[prəfáund]
形 ①〈影響などが〉深刻な、重大な
②〈思想などが〉深遠な

profound profound

1742
inextricably
[ìnɪkstríkəbli]
副 切り離せないほどに、密接に

inextricably inextricably

1743
tenuous
[ténjuəs]
形〈根拠などが〉弱い

tenuous tenuous

1744
curb
[kə́:b]
動 ～を抑制する、制限する
名 ①抑制、制限 ②縁石

curb curb

1745
overlay
[òuvəléɪ]
動 ～に（…を）かぶせる

overlay overlay

1746
alternatively
[ɔ:ltə́:nətɪvli]
副 その代わり、あるいは

alternatively alternatively

1747
relentless
[rɪléntləs]
形 ①過酷な、容赦のない ②執拗な

relentless relentless

[解答] 1736 extremely / region / snowfall / is / rare / occurrence
1737 known / for / spectacular / colours / complex / patterns
1738 Psychological / were / prevalent / among / passengers / survived
1739 audience / trampled / injured / power / panicked
1740 pollution / consequential / harm / to / public / increasing
1741 medicine's / effect / profound / managed / reverse / disease

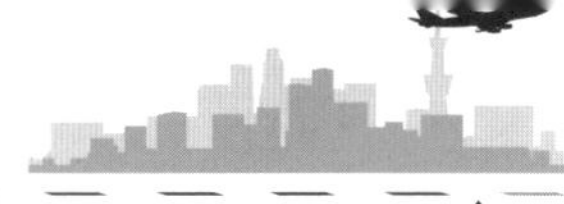

The Sahara Desert is an (e) hot and dry (r), so (s)(i) a very (r)(o).
サハラ砂漠は非常に暑く乾燥した地域なので、降雪は非常に珍しい現象だ。

Some plants are (k)(f) their (s) (c) and (c)(p).
植物の中には目を見張る色や複雑な模様で知られるものもある。

(P) problems (w)(p)(a) the (p) who (s) the airplane crash.
その飛行機事故を生き延びた乗客の多くが心理的な問題を抱えた。

Around 18 members of the (a) were (t) and (i) when the (p) went out and the people in the stadium (p).
停電が起きてスタジアムの人々がパニックとなり、18 人前後の人が踏みつけられて負傷した。

Air (p) and the (c)(h)(t) the (p) is (i) daily.
大気汚染とそれが社会にもたらす害は日々増加している。

The (m)(e) was (p), as they had (m) to (r) the effects of the (d).
その薬の効果は絶大だった。病気の症状を好転させることができたのだから。

(W) and (a) have (b)(i) (l) since the beginning of (r) history.
書くことと芸術は有史以来分かちがたく結びついている。

The (t)(l)(b) the (e) and her (t) needed to be stronger to be taken (s).
その証拠と彼女の理論の関連が弱く、本格的に取り上げてもらうためには、その関連を強める必要があった。

Farmers are (c) their (u)(o)(f) by (t) to (o) methods.
農家は有機農法に転換することによって化学肥料の使用を抑制している。

The (i) map shows different countries (o)(w) (o)(a) to (d) their true size.
そのインタラクティブマップで違う国同士を重ねると、本当の大きさがわかる。

(A), (p) may (t) their (o) (t) if they do not (w) to take the bus.
バスに乗りたくなければ、その代わりに各自お好きな交通手段をご利用いただいて構いません。

(D) the (p)(r)(c), they (l) the (e).
その政党は過酷な選挙運動を行ったのにもかかわらず、負けた。

1742 Writing / art / been / inextricably / linked / recorded
1743 tenuous / link / between / evidence / theory / seriously
1744 curbing / usage / of / fertilisers / turning / organic
1745 interactive / overlaid / with / one / another / depict
1746 Alternatively / people / take / own / transport / want
1747 Despite / party's / relentless / campaigning / lost / election

その他の重要語 Other Keywords

1748
perpetual
[pəpétjuəl]
形 ①絶え間ない ②永続的な

perpetual perpetual

1749
trivial
[tríviəl]
形 ささいな、つまらない

trivial trivial

1750
render
[réndə]
動 ～を（ある状態に）する、させる

render render

1751
tuck
[tʌ́k]
動 ～をしまい込む、押し込む

tuck tuck

1752
auspicious
[ɔːspíʃəs]
形 幸先のよい、縁起のよい

auspicious auspicious

1753
ascribe
[əskráɪb]
動 ～を（…に）帰する、（…の）せいにする

ascribe ascribe

1754
recurring
[rɪkə́ːɪŋ]
形 繰り返し起きる

recurring recurring

1755
batch
[bǽtʃ]
名 ひとまとまり、束

batch batch

1756
reinforce
[rìːɪnfɔ́ːs]
動 ①～を強化する、補強する
②〈考えなど〉を強固にする

reinforce reinforce

1757
uncanny
[ʌnkǽni]
形 ①不思議な、尋常ではない
②〈感覚などが〉異常なまでに鋭い

uncanny uncanny

1758
unwittingly
[ʌnwítɪŋli]
副 知らないうちに、無意識のうちに

unwittingly unwittingly

1759
premier
[prémiə]
形 首位の、最初の
名 首相

premier premier

［解答］
1748 Atoms / in / perpetual / motion / constantly / bouncing
1749 trivial / issues / make / stressed / everyone's / problems
1750 storm / rendered / helicopters / useless / dangerous / fly
1751 afraid / stress / tuck / tails / between / legs
1752 auspicious / debut / novel / successful / career / author
1753 Marine / pollution / ascribed / to / industrial / waste

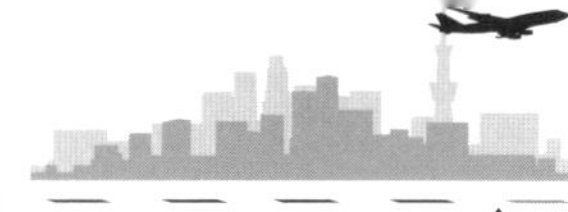

(A) are (i)(p)(m), (c) moving and (b) off each other.
原子は絶え間なく動いていて、常に移動して互いにぶつかり合っている。

Even (t)(i) can (m) people (s), so we should take (e)(p) seriously.
ささいな問題でも人はストレスに感じることがあるので、私たちは誰の問題でも真剣に受け止めるべきだ。

The (s)(r)(h)(u), as it was far too (d) for them to (f).
嵐のせいでヘリコプターは使い物にならなかった。飛ばすには危険すぎたからだ。

When (a) and under (s), dogs will (t) their (t)(b) their (l).
犬はおびえていたりストレスを感じていたりすると、しっぽを脚の間にしまい込む。

Her (a)(d)(n) began what was to be a long and (s)(c) for the (a).
彼女の幸先のよいデビュー小説は、その後長く続くことになる順風満帆な作家人生の始まりだった。

(M)(p) in the area is mostly (a) (t)(i)(w).
その地域の海洋汚染は大部分が産業廃棄物によるものだ。

In order to (m) the (i)(p) of a language, it helps to (g)(r)(p).
言語の難解な部分を覚えるには、繰り返し出てくるパターンを分類するのが有効だ。

One (t) for dealing with the (s) of a large project is (d) the work (i)(m)(b).
大プロジェクトの負荷に対処する１つの方策は、作業を扱いやすいまとまりに小分けすることだ。

Her work (r) the (i)(t)(a) should be (c)(a).
彼女の作品によって、作家は芸術家と見なされるべきだという考えが強まった。

Cats (h) the (u)(a)(o) always being able to (l) on their (f).
猫には常に足で着地できるという不思議な能力がある。

As the hikers (c), they were (u)(c) the (b) into the (U)(S).
ハイカーたちは進んでいるうちに、知らぬ間に国境を越えてアメリカに入りそうになっていた。

The Eiffel Tower has (b) the (c)(p) (l), (i) to (e).
エッフェル塔はパリと言えば誰もが思い浮かべる一番のランドマークだ。

1754 memorise / intricate / parts / group / recurring / patterns
1755 tactic / stress / dividing / into / manageable / batches
1756 reinforced / idea / that / authors / considered / artists
1757 have / uncanny / ability / of / land / feet
1758 continued / unwittingly / crossing / border / United / States
1759 become / city's / premier / landmark / iconic / everyone

その他の重要語 Other Keywords

1760 **confound**
[kənfáʊnd]
動 ～を混乱させる

confound confound

1761 **explicit**
[ɪksplísɪt]
形 明白な、あからさまな

explicit explicit

1762 **disparate**
[díspərət]
形 共通点のない、まったく異なる

disparate disparate

1763 **dire**
[dáɪə]
形 ①恐ろしい、不吉な
②〈必要・危険などが〉差し迫った

dire dire

1764 **subtle**
[sʌ́tl]
形 かすかな、微妙な

subtle subtle

1765 **mock**
[mɔ́k]
形 ①模擬の ②見せかけの
動 ～をあざける

mock mock

1766 **prevailing**
[prɪvéɪlɪŋ]
形 行きわたっている、支配的な

prevailing prevailing

1767 **inclusion**
[ɪnklúːʒən]
名 ①含む［含まれる］こと、含有 ②含有物

inclusion inclusion

1768 **recede**
[rɪsíːd]
動 後退する、遠ざかる

recede recede

1769 **dabble**
[dǽbl]
動 ちょっと手を出す、かじる

dabble dabble

1770 **legion**
[líːdʒən]
形 多数で、無数で
名 軍隊、部隊

legion legion

1771 **plummet**
[plʌ́mət]
動 急落する

plummet plummet

［解答］
1760 group / was / confounded / plastic / consumed / died
1761 computer / explicit / instructions / to / operate / magnets
1762 Previously / disparate / political / parties / reduce / usage
1763 dire / consequences / of / warming / extreme / predictions
1764 poems / filled / subtle / references / to / events
1765 mock / meat / products / billion / vegetarianism / daily

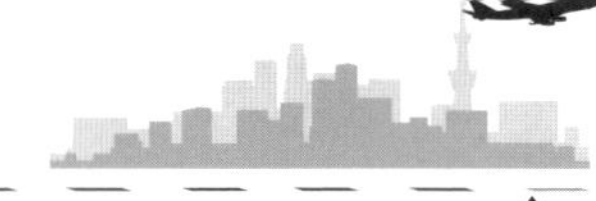

The (g)(w)(c); how was that much (p)(c) by the animal before it (d)?

その団体は当惑した。どうしてこの動物が死に至るほど大量のビニールを飲み込むことになったのか？

The (c) came with (e)(i)(t) not (o) it near (m).

そのコンピュータには磁石のそばで使用しないようにとはっきりと書かれた説明書がついていた。

(P)(d)(p)(p) have come together to (r) plastic (u).

以前は共通点がなかった政党が、プラスチックの使用を減らすために団結した。

Although the (d)(c)(o) global (w) can seem (e), the (p) are based on evidence.

地球温暖化の恐ろしい結果は極端に感じられるかもしれないが、その予想は根拠に基づいている。

The (p) were (f) with (s)(r) (t)(e) of the time.

それらの詩は当時の出来事へのそれとない言及であふれていた。

The market for (m)(m)(p) reached almost $1 (b) by 2019, with (v) increasing (d).

代替肉製品市場は2019年までに10億ドル近くに達した。そこには菜食主義が日々拡大しているという事情がある。

The (p)(t) is that we (e) from (a), though some do not (a) with this (i).

有力な説は、私たちは類人猿から進化したというものだが、この考えに賛同しない人もいる。

The (i)(o) all (c) in class (a) is (h) important for their emotional (g).

クラスの活動に子どもたち全員が参加することが情緒面の成長のために極めて重要だ。

The team of scientists (s) years studying the (g) that (c)(h)(t)(r) in some men.

その科学者チームは男性の髪の生え際を後退させる遺伝子の研究に何年も費やした。

Anthony Burgess, (a) most famous as a (n), is known for (d)(i) many (d)(d).

アンソニー・バージェスは小説家として最も有名だが、様々な分野に首を突っ込んだことで知られている。

Reports of (l) of (p)(i) have (b)(l) in (r) years.

近年、個人情報の漏洩に関する報道は数知れない。

(B)(p)(p) in winter, as they (s) to (s) in (c) weather.

ハチの数は冬になると激減する。寒さを乗り切るのが大変だからだ。

1766 prevailing / theory / evolved / apes / agree / idea
1767 inclusion / of / children / activities / hugely / growth
1768 spent / genes / cause / hairlines / to / recede
1769 although / novelist / dabbling / in / different / disciplines
1770 leaks / personal / information / become / legion / recent
1771 Bee / populations / plummet / struggle / survive / cold

その他の重要語 Other Keywords

1772
stout
[stáut]
形 ①どっしりとした、頑丈な
②〈人が〉太った

stout stout

1773
projectile
[prəudʒéktaɪl]
名 発射物、発射体

projectile projectile

1774
obstruct
[əbstrʌ́kt]
動〈進行・視界など〉を妨げる

obstruct obstruct

1775
integral
[íntɪgrəl]
形 不可欠な、必須の

integral integral

1776
preoccupation
[prìɔkjəpéɪʃən]
名 没頭、執心

preoccupation preoccupation

1777
verge
[və́ːdʒ]
名 端、境界

verge verge

1778
ripple
[rípl]
動 さざ波のように広がる
名 さざ波

ripple ripple

1779
outweigh
[àutwéɪ]
動 ～を上回る、～に勝る

outweigh outweigh

1780
broaden
[brɔ́ːdn]
動 ～を広げる、広くする

broaden broaden

1781
proposition
[prɔ̀pəzíʃən]
名 提案、申し出

proposition proposition

1782
pervasive
[pəvéɪsɪv]
形 まん延する、行き渡る

pervasive pervasive

1783
superb
[su(ː)pə́ːb]
形 素晴らしい、極上の

superb superb

[解答] 1772 stout / trunk / of / transfers / roots / leaves
1773 Explosive / projectiles / designed / harm / enemy / distance
1774 obstructed / path / for / fish / numbers / zero
1775 activities / are / integral / to / productive / classroom
1776 preoccupation / with / profits / forget / duty / customers
1777 development / intelligence / on / verge / of / revolution

The (s)(t)(o) the tree (t) water from the (r) to the (l).
木のどっしりとした幹は根から葉まで水を運ぶ。

(E)(p) were (d) in order to (h) the (e) from a (d).
榴弾は遠方から敵を傷つける目的で作られた。

The dam (o) the (p)(f)(f), so their (n) dropped to almost (z) the next year.
そのダムが魚の通り道をふさいだために、翌年には魚がほとんどいなくなった。

Social (a), such as team-building, (a)(i) (t) a (p)(c).
チーム作りのような社会性を育てる活動は、建設的なクラスを作るのに欠かせない。

The company's (p)(w)(p) caused them to (f) about their (d) to their (c).
その会社は利益を追求するあまり、顧客への務めを忘れた。

With the rapid (d) of artificial (i), the world is (o) the (v)(o) an AI (r).
人工知能の急速な発達により、世界で AI 革命が始まろうとしている。

(E)(r)(t) the (c) as the first results of the (e) were (a).
選挙結果の第一報が発表されると、群衆の間に興奮が広がった。

The (c) of the (b)(o) the (e) (b) to the (c).
その橋の費用は町にもたらされると考えられていた恩恵を上回った。

The NGO is used to (b)(h), (e) (p) about (w)(i).
その NGO は視野を広げる役割を果たし、人々に世界の問題を教える。

(C) the building (p) was not an (a) (p) because they had (s) millions (a).
すでに何百万も費やしていたので、建設計画の中止はうれしい提案ではなかった。

The plant (r) a (p)(o) that can be (s)(t) the (f).
その植物は森の至るところでかぎ取れるほどまん延するにおいを発する。

The (c) has (b) a (s)(e) of how (d) can (i) the lives of thousands.
その慈善事業は寄付金が何千人もの人々の生活を改善できることを示す素晴らしい例だ。

1778 Excitement / rippled / through / crowd / election / announced
1779 cost / bridge / outweighed / expected / benefit / city
1780 broaden / horizons / educating / people / world / issues
1781 Cancelling / project / attractive / proposition / spent / already
1782 releases / pervasive / odour / smelt / throughout / forest
1783 charity / been / superb / example / donations / improve

その他の重要語 Other Keywords

1784
militant
[mílɪtənt]
形 好戦的な、攻撃的な

militant militant

1785
respectively
[rɪspéktɪvli]
副 それぞれ

respectively respectively

1786
venerate
[vénərèɪt]
動 ～を尊敬する、あがめる

venerate venerate

1787
markedly
[mά:kɪdli]
副 著しく、際立って

markedly markedly

1788
indulge
[ɪndʌ́ldʒ]
動 ①気ままに振る舞う ②〈人〉を甘やかす

indulge indulge

1789
mundane
[mʌndéɪn]
形 ①つまらない、平凡な ②世俗的な

mundane mundane

1790
unparalleled
[ʌnpǽrəlèld]
形 比類のない、並ぶもののない

unparalleled unparalleled

1791
hollow
[hɔ́ləu]
形 ①空洞の ②くぼんだ、へこんだ
名 ①空洞 ②くぼみ、へこみ

hollow hollow

1792
duration
[d(j)uréɪʃən]
名（継続）期間、時間

duration duration

1793
drastic
[drǽstɪk]
形 ①〈手段などが〉思いきった、徹底した
②〈変化などが〉急激な

drastic drastic

1794
ramification
[rǽməfikéɪʃən]
名（出来事・決定などの予期せぬ）影響、結果

ramification ramification

1795
continuum
[kəntínjuəm]
名 連続（体）、徐々の変化

continuum continuum

[解答] 1784 Militant / rights / activists / regularly / free / laboratories
1785 levels / coal / usage / dropped / respectively
1786 Although / popular / is / venerated / across / world
1787 aesthetic / style / was / markedly / different / century
1788 Although / healthily / indulge / once / in / while
1789 complained / classes / were / mundane / tried / entertaining

(M) animal (r)(a)(r)
(f) animals from their cages in (l).
積極的に動物の権利を守ろうとする活動家たちは、実験室のおりに入れられている動物を定期的に逃がす。

The UK's CO_2 (l) from (c)(u)
(d) by 5.8% and 2.6% in 2016 and 2017 (r).
イギリスでの石炭使用による二酸化炭素レベルは、2016 年には 5.8%、2017 年には 2.6%、それぞれ下落した。

(A) not (p) in his time, the artist (i) now
(v)(a) the (w).
その芸術家は生前は人気がなかったが、今では世界中で尊敬されている。

The (a)(s) of the early 20th century (w)
(m)(d) from that of early 19th (c).
20 世紀初頭の美の様式は 19 世紀前半のそれとは著しく異なっていた。

(A) one should eat (h) most of the time, it is OK to
(i)(o)(i) a (w).
ほとんどの時は健康的な食生活を送るべきだが、たまには好きなものを好きなだけ食べても問題ない。

Some students (c) that the (c)(w)
(m), so the teachers (t) to make them more (e).
授業がつまらないとこぼす生徒がいたため、教師たちはもっと楽しく学べるものにしようと試行錯誤した。

The (s)(w) an (u)(s); never in
history had so many (c) of books been (s).
そのシリーズは類のない成功を収めた。このシリーズほど多くの本が売れたことは歴史上一度もなかった。

The (w) Trojan Horse (w)(h)(i)
and had (s) for a small group of (f).
トロイの木馬の内側は空洞で、兵士の小隊が入れる空間があった。

They (w) a (d)(o) three (h)
before (c) the (w) again.
彼らは 3 時間の間待ってからもう一度天気を確認した。

(D)(m) will be (r) if the world's
(p)(c) to (i).
世界人口が増え続けたら、思い切った対策が必要になるだろう。

A (f) to invest in better (i)(h)
(l)(r)(f) the country.
インフラを改善するための投資をしなかったことがその国に長く影響した。

People with the (d) are (o) the (c)
(b) not being able to (c) and being very (s).
障がいを持つ人と言っても、意思疎通が図れない人から非常に社交的な人まで幅広い。

研究・調査

その他の重要語

1790 series / was / unparalleled / success / copies / sold
1791 wooden / was / hollow / inside / space / fighters
1792 waited / duration / of / hours / checking / weather
1793 Drastic / measures / required / population / continues / increase
1794 failure / infrastructure / had / long-lasting / ramifications / for
1795 disorder / on / continuum / between / communicate / social

その他の重要語 Other Keywords

1796
avidly
[ǽvɪdli]
副 夢中に、熱心に

avidly avidly

1797
floral
[flɔ́:rəl]
形 花の

floral floral

1798
inflict
[ɪnflíkt]
動 〈打撃・損害など〉を与える

inflict inflict

1799
flip
[flíp]
動 ①裏がえる、反転する
②〈レバーなど〉をぐいと動かす

flip flip

1800
destine
[déstɪn]
動 ①～の目的を定める ②～を目的地とする

destine destine

1801
dwindle
[dwíndl]
動 〈数や量が〉徐々に減る

dwindle dwindle

1802
shortcoming
[ʃɔ́:tkʌ̀mɪŋ]
名 欠陥、欠点

shortcoming shortcoming

1803
existent
[ɪgzístənt]
形 既存の、実在する

existent existent

1804
devise
[dɪváɪz]
動 ～を考案する、工夫する

devise devise

1805
deem
[dí:m]
動 ～を（…と）見なす、考える

deem deem

1806
conjure
[kʌ́ndʒə]
動 ①（魔法のように）～を素早く作る、用意する ②～を思い起こさせる

conjure conjure

1807
bounty
[báʊnti]
名 ①豊富な物質、恵み ②報奨金

bounty bounty

[解答]
1796 young / children / avidly / followed / space / race
1797 candles / with / floral / scents / like / lavender
1798 tackles / inflict / severe / damage / on / brains
1799 disorder / flip / from / happy / to / sad
1800 are / destined / for / supermarket / shelves / across
1801 population / been / dwindling / since / falling / approximately

Many (y)(c)(a)(f) the (s)(r) of the 1960s.
多くの小さな子どもたちが 1960 年代の宇宙開発競争を夢中になって見守った。

It was one of the first companies to sell (c)(w) (f)(s)(l) rose and (l).
そこはろうそくにバラやラベンダーのような花の香りをつけて販売した最初の会社の一つだった。

Hard (t) during football games could (i)(s) (d)(o) children's (b).
フットボールの試合中の激しいタックルは子どもの脳に深刻なダメージを及ぼしうる。

The (d) makes people (f)(f)(h) (t)(s) seemingly at random.
その疾患を抱えた人は見たところランダムに機嫌がよくなったり悪くなったりする。

The cows (a)(d)(f)(s) (s)(a) the country.
この牛たちは全国のスーパーの棚に行く運命だ。

Hungary's (p) has (b)(d)(s) 1981, (f) by (a) 40,000 every year.
ハンガリーの人口は 1981 年から毎年およそ 4 万人のペースで徐々に減っている。

The bat (m)(u)(f) any (s) (i)(v) with a much better sense of hearing.
コウモリは視覚のあらゆる欠陥をはるかに優れた聴覚で補っている。

(E)(f)(o)(m) are unable to (p) or (c) autism.
既存の医療形態では自閉症の予防、治療はできない。

This was an (i)(d)(b) local (a) to (f)(h).
これが、ホームレスをなくすために地元当局者が考え出した案だった。

The (e)(w)(d) a (s); many things were sold and the (r) were (p).
多くの物が売れ、好評だったので、そのイベントは成功と見なされた。

The team (c)(u)(c)(a) that (a) to both children and (a).
そのチームは子どもも大人も引きつける創造的な広告をたちまち作り出した。

As the forests are (d), the (b)(o) (f) birds usually find is in (s)(s).
森林が破壊され、普段であれば鳥が見つける豊富なえさが不足している。

1802 makes / up / for / shortcomings / in / vision
1803 Existent / forms / of / medicine / prevent / cure
1804 idea / devised / by / authorities / fight / homelessness
1805 event / was / deemed / success / reviews / positive
1806 conjured / up / creative / advertisements / appealed / adults
1807 destroyed / bounty / of / food / short / supply

その他の重要語 Other Keywords

1808
successive
[səksésɪv]
形 連続する、相次ぐ

successive successive

1809
realm
[rélm]
名 ①領域、範囲 ②(学問などの)分野、部門 ③(動植物分布の)圏、帯

realm realm

1810
linger
[líŋgə]
動 ①後に残る、なかなか消えない ②居残る

linger linger

1811
compensate
[kɔ́mpənsèɪt]
動 ①～を補う、埋め合わせる ②補償する、賠償する

compensate compensate

1812
countless
[káʊntləs]
形 数え切れない、無数の

countless countless

1813
appreciably
[əpríːʃəbli]
副 目につくほど

appreciably appreciably

1814
bereavement
[bɪríːvmənt]
名 (近親に)先立たれること、死別

bereavement bereavement

1815
individualistic
[ìndɪvìdʒuəlístɪk]
形 ①個性的な ②個人主義の、利己主義の

individualistic individualistic

1816
prowess
[práʊəs]
名 技量、腕前

prowess prowess

1817
customary
[kʌ́stəməri]
形 習慣的な、しきたりの

customary customary

1818
arduous
[áːdjuəs]
形 努力を要する、骨の折れる

arduous arduous

1819
top-notch
[tɔ́pnɔ́tʃ]
形 最高の、一流の

top-notch top-notch

1820
compatriot
[kəmpǽtriət]
名 同胞、同国人

compatriot compatriot

[解答]
1808 Successive / dry / summers / resulted / vegetable / farmers
1809 Travelling / light / beyond / realm / of / possibility
1810 smell / strong / waste / cleared / odour / lingered
1811 Poor / vision / is / compensated / for / by
1812 Countless / theories / proposed / regarding / ships / disappear
1813 patients / improved / appreciably / clinical / trial / began

(S)(d)(s) have (r) in a difficult time for (v) and fruit (f).

雨の少ない夏が続いていて、野菜や果物の農家は苦労している。

(T) at the speed of (l) is (b) the (r)(o)(p).

光の速さで移動するのは可能性の領域を超えている。

The (s) was so (s) that even after the (w) had been (c) away the (o)(l).

その臭いはとても強く、ごみが回収されたあとでも悪臭が残っていた。

(P)(v) in one eye (i)(c) (f)(b) the other.

片目の視力が悪いともう片方の目がそれを補う。

(C)(t) have been (p)(r) why (s) and planes (d) in the Bermuda Triangle.

バミューダトライアングルで船や飛行機が消えてしまう理由について数々の理論が提起されてきた。

The (p) have (i)(a) since the (c)(t)(b).

その患者たちは臨床試験が始まってから目に見えて回復している。

(E) from three (f) were seen standing over the body (i) a (s)(o)(b).

3 家族のゾウが死んだゾウを悼むかのように寄り添って立っていた。

The (a) of the 1950s was (l)(i), (d) for (f) rather than (a).

1950 年代の建造物は外観より機能重視のため、没個性的だった。

(A)(p) is an (i)(a) of some US (c)(a).

アメリカの大学の中には、運動能力が出願する際の重要な要素であるところがある。

In England, if a (g)(v) your (h), it is (c)(t)(o) them tea.

イングランドでは家にお客が来たら紅茶を出すのが習慣になっている。

The (a)(j)(o) many African (t) are becoming more (d) due to water (s).

多くのアフリカ部族が行う骨の折れる移動が水不足によりますます難しくなっている。

The park is (w) for its (t)(p)(f), (i) a swimming pool and bike (l).

その公園は、プールや自転車専用道路といった最高の公共設備があるため、評判がよい。

Over 500 people (t) from the small (i)(n) to (c)(f) their (c) in the Olympics.

オリンピックで同胞を応援するために、500 人を超える人々がその小さな島国からやってきた。

1814 Elephants / families / in / state / of / bereavement
1815 architecture / less / individualistic / designed / function / appearance
1816 Athletic / prowess / important / aspect / college / applications
1817 guest / visits / house / customary / to / offer
1818 arduous / journeys / of / tribes / difficult / shortages
1819 well-regarded / top-notch / public / facilities / including / lanes
1820 travelled / island / nation / cheer / for / compatriots

音声について

■ スマートフォンで音声をダウンロードする場合

本書で紹介している見出し語と例文の音声（英語）を、abceed アプリを使って聞くことができます。

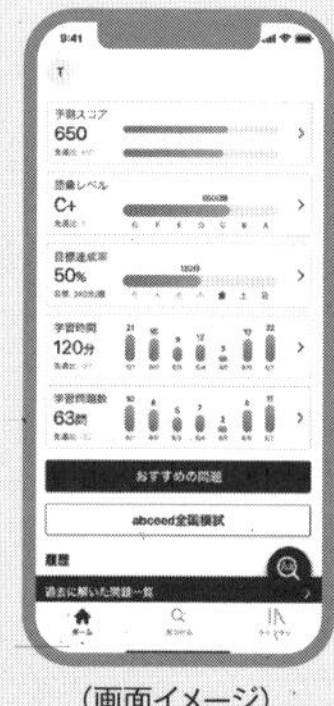

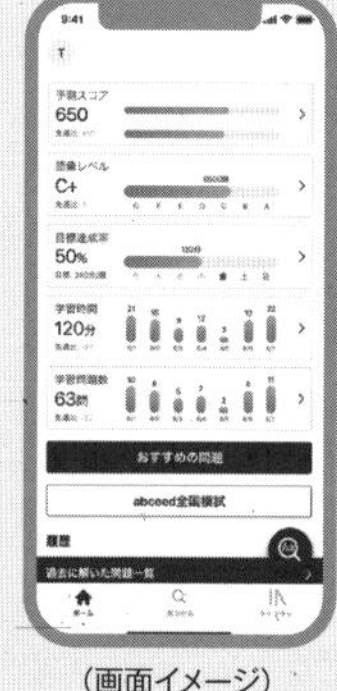

（画面イメージ）

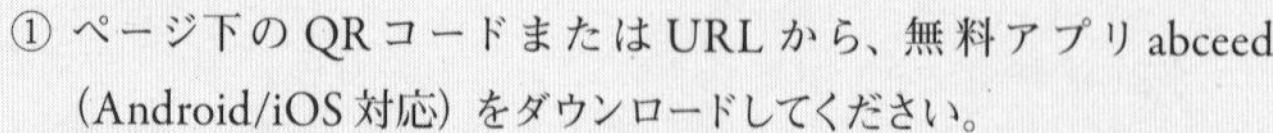

① ページ下の QR コードまたは URL から、無料アプリ abceed（Android/iOS 対応）をダウンロードしてください。

② 画面下の「見つける（虫メガネのアイコン）」タブをタップして、本書タイトルで検索します。表示された書影をタップし、音声の項目を選択すると、音声一覧画面へ遷移します。

③ 再生したいトラックを選択すると音声が再生できます。また、倍速再生など、学習に便利な機能がついています。

＊アプリの詳細については www.abceed.com にてご確認ください。

アプリのダウンロードはこちら

https://www.abceed.com/

abceed は株式会社 Globee の商品です。

アプリについてのお問い合せ先

info@globeejp.com

■ PC で音声をダウンロードする場合

弊社ウェブサイトの本書籍情報ページ（https://openg.co.jp/978-4-910265-01-8/）の「パソコンへのダウンロードはこちら」から MP3 形式の音声データをダウンロードできます。

分野別 IELTS 英単語 トレーニングブック

2020 年 6 月 24 日　初版　第 1 刷発行

著者　ロゴポート
監修者　西部有司
発行者　天谷修平
発行　株式会社オープンゲート
〒 101-0051 東京都千代田区神田神保町 2-14 SP 神保町ビル 5 階
TEL：03-5213-4125　FAX：03-5213-4126
印刷・製本　株式会社 ルナテック
装丁デザイン　清水裕久（Pesco Paint）
本文デザイン・DTP　清水裕久（Pesco Paint）
執筆協力　Adam Matthew Halliwell, Joel Edward Ian Wilson
録音・編集　ELEC 録音スタジオ
ナレーション　Emma Howard, Guy Perryman

ISBN 978-4-910265-01-8